DAS BUCH

W0352167

PETRA TOMSCHI

DIPLOM-PSYCHOLOGIN

SELBSTÄNDIG ALS BERATERIN UND COACH
FÜR UNTERNEHMEN UND PRIVATPERSONEN

DIPL. FITNESS- UND GESUNDHEITSTRAINERIN
ZERTIFIZIERTER INTROVISIONS-COACH

MITBEGRÜNDERIN DES MÜNCHENER ZENTRUMS
FÜR HOCHSENSIBILITÄT E.V.

RADLFAHRERIN . NATURLIEBHABERIN
BREZENBEISSERIN . ESPRESSOTRINKERIN

WWW.INSQUADRAT.DE . WWW. VIELFUEHLER.DE

DAS VIELFÜHLER BUCH

HOCHSENSIBILITÄT

STRUKTURIERTE MENSCHEN
lesen das Buch von vorn nach hinten.

ASSOZIATIVE MENSCHEN
springen zwischen den Kapiteln und folgen ihrem eigenen Gedankenfluss.

VISUELLE MENSCHEN
blättern durch die Bilder und steigen dort ein, wo ihr Auge hängen bleibt.

AUDITIVE MENSCHEN
suchen sich einen netten Partner, der ihnen aus dem Buch vorliest.

PRAGMATISCHE MENSCHEN
lesen nur die Empfehlungen.

NETTE MENSCHEN
schenken das Buch auch anderen, die sich für Hochsensibilität interessieren.

BUCH UND AUTORIN

WER WAS SCHREIBT UND WARUM

AUSSCHNITT

WARUM DAS BUCH NICHT AUF ALLES EINE ANTWORT GIBT

WAS ES ZUM BUCH UND ZUR AUTORIN
ZU SAGEN GIBT

FORM & INHALT

f&i

BUCH UND AUTORIN

WER WAS SCHREIBT UND WARUM

Wer alles aus der VOGELperspektive sieht, dem entgehen die Details.

Wer die MAULWURFperspektive einnimmt, sieht nur, was unter der Oberfläche passiert.

Wer alles aus der FROSCHperspektive sieht, dem fehlt der Überblick.

Wer alles im ELFENBEINTURM sitzend beschreibt, dem fehlt die emotionale Betroffenheit.

Wer selbst ein BETROFFENER ist, muss noch kein guter Ratgeber sein.

Ein WEGWEISER muss nicht gehen können, wer NICHT GEHEN kann, ist noch kein Wegweiser.

DIE AUTORIN

Seit 25 Jahren arbeite ich als Psychologin in der Beratung und als Coach für berufliche und private Themen. Als ich auf das Thema Hochsensibilität aufmerksam geworden bin, hat es mich sofort in seinen Bann gezogen, weil es mich persönlich betrifft und beruflich anspricht. Als Referentin bei Vorträgen, in Interviews und in der Weiterbildung engagiere ich mich für die Aufklärung und umfassende Vermittlung des Themas .

Jede Station meiner beruflichen Laufbahn fand ihre Entsprechung in einem anderen Ort: die Ausbildung, die Zeit als Angestellte und die Selbständigkeit. Geboren bin ich im Ländle Baden-Württemberg, für lange Zeit war ich im schönen Mainz am Rhein zuhause. Als Brezenbeisserin, Radlfahrerin, Freizeitvagabundin, Bergziegenfreundin und Sonnenscheinsucherin genieße ich seit mehr als zehn Jahren meine Wahlheimat Oberbayern, wo Natur und Stadt ganz dicht beieinander liegen und Italien näher ist als Heidelberg.

Eine Mischung aus beruflicher und persönlicher Erfahrung, Recherche, subjektiver Erkenntnis, Erklärung, Gedankenspielen, Pragmatik und Ermutigung, basierend auf fachlichem Fundament ist in dieses Buch geflossen. Damit verbinde ich die Hoffnung, dass jeder Leser nach dem bewährten Goldkörnchen-Prinzip das eine oder andere für sich herauspicken kann.

In diesem Buch wollte ich vereinen, was mir wichtig ist: Klartext und Nachdenklichkeit, Leichtigkeit und Ernsthaftigkeit, Faszination für das Thema und Freude an der Gestaltung.

DAS BUCH

___Ein Buch über hochsensible Menschen. Ein Buch für hochsensible Menschen. Ein Buch für Menschen, die sich für Hochsensibilität interessieren. Ein Buch von einer Vielfühlerin und Vieldenkerin für solche und für andere.

___Ein Buch, das sich eingliedern möchte in die Reihe guter Lektüre zu diesem Thema und eine wertvolle Ergänzung dazu sein will. Es fügt neue Facetten hinzu, ohne allumfassend zu sein. Es setzt bunte Farbtupfer in Aussehen und Sprache. Es erscheint anders als andere und will genauso ernst genommen sein.

___Es will Impulsgeber sein für neue Gedanken und Erfahrungen, die darauf warten, gedacht und erlebt zu werden. Ein Wegweiser, der begleitet und auf Sehenswertes und Erlebenswertes aufmerksam macht. Es will den Verstand ansprechen und das Gefühl.

___Kein pädagogischer Zeigefinger, keine Predigt, kein Rechthaber. Es soll andere darin unterstützen, liebevoll mit ihren Eigen-Arten umzugehen. Auch wenn vielleicht manche Botschaft hart und unbequem daher kommt, möchte es nicht aufregen, nicht ärgern, nicht besser-wissen. Es will aufrütteln, aufzeigen, anregen und dort noch einen Schritt weitergehen, wo es schwierig wird.

Es ist ein Botschafter zwischen mir und den Menschen, die lesen möchten, was ich sagen will.

AUSSCHNITT

WARUM DAS BUCH NICHT AUF ALLES EINE ANTWORT GIBT

Ein Buch zu schreiben ist eine Beschränkung in der Unendlichkeit formulierbarer Gedanken. Wie ein Foto, das nur einen klitzekleinen Teil der vieldimensionalen Welt auf ein paar Quadratzentimeter flachen Papiers bannen kann. Aus der Vielfalt der Themen, die es gibt, aus der Vielfalt der Worte, die zur Verfügung stehen, wählt man einen Teil aus, den man in den Mittelpunkt der Betrachtungen stellt. Strahlt man die Dinge von unten oder besser von der Seite an, mit vielen Kontrasten oder doch eher in weicher, wohlgefälliger Ausleuchtung?

Wie der Fotograf, der einen Ausschnitt wählt, habe ich mit der Entscheidung für gewisse Aspekte andere abgewählt. Die Entscheidung ist gefallen, wenn auch nicht leicht gefallen, für genau diesen Teil, den Sie nun vor sich haben. In der Summe ergänzen sich die verschiedenen Bücher zum Thema und es entsteht ein immer plastischerer Eindruck davon, was Hochsensibilität ist, wie sie sich zeigt, was sie mit den Menschen macht, was sie ihnen schenkt und was sie ihnen auferlegt, wie sie an ihr wachsen können und wie sie mit dieser Gabe ihren Platz im Leben finden.

Die dazu veröffentlichten Bücher, Artikel, Webseiten und Videoclips stehen aus meiner Sicht nebeneinander und nicht in Konkurrenz zueinander. Aus den vielen verschiedenen zweidimensionalen Bildern erwächst ein mehrdimensionales Ganzes, und alle tragen auf ihre Weise zu einem besseren Verstehen und Verständnis des Phänomens bei. Diesem 'Album' möchte ich mit meinem Buch einige Seiten hinzufügen.

An dieser Stelle ein Danke an alle, deren Beiträge ich mit Begeisterung gelesen und gesehen habe, von denen ich gelernt habe und die mich angeregt haben, selbst zu schreiben.

Danke auch für die Rückmeldungen zur ersten und zur zweiten Auflage. Sie haben mir gezeigt, dass ich mit diesem Buch erreicht habe, was mir wichtig ist, und das ist ein wunderbares Gefühl!

HOCHSENSIBILITÄT . DER BEGRIFF
WAS DAS WORT MEINT UND NICHT MEINT

HOCHSENSIBILITÄT . CHARAKTERISTIKA
WAS HOCHSENSIBILITÄT IST UND WIE SIE SICH ZEIGT

HOCHSENSIBILITÄT . PHANTOM ODER PHÄNOMEN
WARUM DAS GEFÜHL MANCHMAL WICHTIGER IST ALS DER BEWEIS

DER REIZENDE KLEINE UNTERSCHIED
WAS HINTER DEM PHÄNOMEN DER HOCHSENSIBILITÄT STECKT

FORSCHUNG . RÜCKBLICK . GEGENWART. AUSBLICK
WAS DIE WISSENSCHAFT DAZU WEISS UND SAGT

ENERGIE UND KAPAZITÄT
WESHALB HOCHSENSIBILITÄT ANSTRENGEND SEIN KANN

STRESSIGER HORMONCOCKTAIL
WIE DER KÖRPER AUF BELASTUNGEN REAGIERT

ADHS UND HSP
WARUM FEINFÜHLIGE KINDER OFT KRANK GESPROCHEN WERDEN

WAS ES WISSENSWERTES ZUM
THEMA GIBT

WISSENSCHAFT & WEISHEIT

2

w&w

HOCHSENSIBILITÄT . DER BEGRIFF

WAS DAS WORT MEINT UND NICHT MEINT

Es gibt viele Diskussionen über die richtige Übersetzung der von Elaine N. Aron gewählten Begriffe 'Sensory-Processing Sensitivity (SPS)' und 'Highly Sensitive Person (HSP)'. Ist die Person nun hoch- oder gar hyper-, ist sie sensibel oder sensitiv? Man kann sich in dieser Auseinandersetzung engagieren und sich dem einen oder anderen Lager anschließen oder es auch sein lassen. Ulrike Hensel, die ein Studium der Angewandten Sprachwissenschaften absolviert hat, ist in ihrem Buch "Mit viel Feingefühl" der Frage nachgegangen und hat nach verschiedenen Abwägungen den Begriff der Hochsensibilität als passendste Übersetzung heraus destilliert, dem ich mich ohne weitere Diskussion anschließen möchte. Nicht immer gibt es die einzig treffende Übersetzung und auch die naheliegende muss nicht immer die richtige sein. Entscheidend ist, dass man über dasselbe Phänomen spricht, gleichgültig wie man es nennt. Sprachliche Begriffe sind zunächst einmal mehrheitlich akzeptierte Festlegungen, die sich durchgesetzt haben und zumindest für eine gewisse Zeit Bestand haben.
Insofern werde ich in diesem Buch von Hochsensibilität oder einfach auch HS sprechen und von den Menschen als HSP, die Abkürzung für Highly Sensitive Person oder Hochsensible Person. Auf eine Unterscheidung in männliche und weibliche Formen habe ich verzichtet.

Entscheidend bei dem Begriff ist, dass es um eine 'sensory-processing sensitivity' geht, also eine sensorische oder die Sinne betreffende Feinfühligkeit, die auf eine neurologische Besonderheit zurückzuführen ist und keine emotionale Fähigkeit darstellen muss. Dass viele HSP außerdem über ein hohes Einfühlungsvermögen verfügen, ist zwar richtig, jedoch nicht ausschlaggebend für die Namensgebung.
Hier kommen wir zu einem wichtigen Punkt: HSP und die anderen. Da Menschen dazu neigen, Vergleiche anzustellen, liegt die Bewertung in Kategorien von besser und schlechter unmittelbar nahe. Das Wort 'high' lädt geradezu ein! Suggeriert es doch, dass es irgendwo auch ein 'low' geben muss. Low hat keinen guten Ruf, wenn es sich nicht gerade um Low Fat oder Low Carb oder ähnliches handelt. Einige Nicht-HSP monieren deshalb, sie wären schließlich auch sensibel und haben damit vollkommen Recht. Und schon sind wir

wieder in der Begriffsdebatte. Das im Alltagsgebrauch verwendete Wort 'Sensibilität' steht für eine Befähigung, die ein hohes Einfühlungsvermögen beschreibt. Das können alle Menschen in mehr oder weniger großer Ausprägung haben. Die Zuordnung zur Gruppe der HSP hat dagegen vielschichtigere Facetten.

Bei Hochsensiblen handelt es sich um Menschen, die aufgrund einer physiologischen Eigenheit eine erhöhte Empfänglichkeit des Nervensystems für innere und äußere Reize zeigen. Dadurch nehmen sie intensiver, differenzierter und ganzheitlicher wahr und verarbeiten diese Inputs sehr gründlich. Damit einher geht eine höhere emotionale Reaktivität, die sich in großen Feingefühl einerseits und höherer Empfindlichkeit andererseits auswirken kann. Diese Anlagen bewirken, dass sie schneller überstimuliert sind, was für sie selbst oft unangenehm ist und sich auch im Verhalten niederschlagen kann. Deshalb haben sie häufiger das Bedürfnis nach Rückzug und Regeneration. Man geht davon aus, dass es sich dabei um eine angeborene Disposition handelt, die 15-20 % der Menschen, sowohl Männern wie auch Frauen eigen ist. Auch bei vielen Tierarten kann man einen vergleichbaren Anteil an Hochsensiblen finden, auch wenn man es in der Forschung dort anders nennt.

Elaine Aron hat die Charakteristika von Hochsensibilität in einem leicht zu merkenden Akronym zusammengefasst: D.O.E.S
D steht für Depth of Processing – Tiefe der Informationsverarbeitung als Voraussetzung für alles andere.
O steht für Easily Overstimulated – Leicht überstimuliert oder überreizt sein. Der optimale Grad an Anregung ist schneller erreicht, insbesondere als Folge des vorherigen Punktes.
E steht für Emotionaly Reactivity and High Empathy – Emotionale Berührbarkeit. Hochsensible zeigen stärkere Gefühlsreaktionen auf positive und auf negative Reize.
S steht für Sensitivity to Subtile Stimuli – Wahrnehmung (auch) subtiler Reize, Bewusstsein und Wahrnehmung von Feinheiten.

Leider wird in Presseartikeln, die mittlerweile häufiger das Thema aufgreifen, vorwiegend der Aspekt der 'Empfindlichkeit' in den Vordergrund gestellt. Die besondere Qualität, die in der differenzierten Wahrnehmung und komplexen Verarbeitung von Informationen liegt, wird oft nur am Rande oder gar nicht erwähnt, was die Hochsensiblen zu Unrecht als lebensuntaugliche Warmduscher dastehen lässt. Die Überstimulation ist eine Folge der anderen Charakteristika und nicht der Kern des Phänomens. Empfindliche, im Sinne von leicht verletzbaren Menschen gibt es reichlich. Wenn die anderen Merkmale (D und S) nicht gleichfalls deutlich ausgeprägt sind, ist das kein Indiz für Hochsensibilität.

HSP sein heißt also eine ganze Menge mehr als im umgangssprachlichen Sinn sensibel zu sein und bringt sowohl Licht- wie auch Schattenseiten mit sich. Es ist nicht mit einer Wertung verbunden, die HSP zu besseren oder schlechteren Menschen macht, sie unterscheiden sich einfach in mancherlei Hinsicht von anderen. Auch im Vergleich des individuellen Verhaltens einzelner HSP findet man eine große Variationsbreite. Das liegt zum einen daran, dass nicht alle mit gleich starken Ausprägungen in allen Aspekten der Hochsensibilität geboren werden und des Weiteren jeder im Laufe seines Lebens eine andere Sozialisation erfährt, die die Anlagen in unterschiedlicher Weise zur Entfaltung bringt. Zu guter Letzt machen diese spezifischen Veranlagungen nur einen Teil des Wesens jedes Menschen aus. Viele Eigenschaften mehr prägen das Temperament und den Charakter, niemand ist auf sein HSP-Sein beschränkt.

Viele haben bis zu dem Zeitpunkt, an dem sie im Konzept der Hochsensibilität eine Erklärung für erlebte Schwierigkeiten und Inkompatibilitäten gefunden haben, ein Leben gelebt, in dem sie versucht haben, ihr Anderssein in irgendeiner Weise zu kompensieren. Die Erkenntnis, dass es noch mehr 'solche wie mich' gibt, führt bei den allermeisten, die vorher mehr oder weniger viele Zweifel und Probleme hatten, zu einer großen Erleichterung. Der Schlüssel passt ins Schloss, der Kreis schließt sich, offene Fragen beantworten sich, das fehlende Puzzleteil ist gefunden und das Bild komplett. Ich nehme an, jeder HSP erinnert sich noch an diesen Moment, an dem es 'Klick' gemacht hat. Oder stehen Sie vielleicht gerade kurz davor?

S E N S

HOCHSENSIBILITÄT . CHARAKTERISTIKA

WAS HOCHSENSIBILITÄT IST UND WIE SIE SICH ZEIGT

Da in anderen Büchern in ausführlicher Prosa auf die besonderen Eigenschaften Hochsensibler eingegangen wird, möchte ich in der folgenden Tabelle prägnant in Stichworten wiedergeben, wie sich Hochsensibilität zeigt. Darüber hinaus liegt der Schwerpunkt des Buches auf Empfehlungen, wie man mit dieser Veranlagung dem Alltag in einer 'artgerechten' Weise begegnen kann und wie man die spezifischen Fähigkeiten im positiven Sinne nutzen kann.

In der Tabelle sind typische Charakteristika hochsensibler Menschen dargestellt, ohne erschöpfend bzw. vollständig sein zu können.

Das heißt, diese Merkmale sind
___auffällig häufig bei HSP anzutreffen,
___auffällig häufig in dieser Kombination anzutreffen.

___
Das bedeutet nicht,
___dass alle HSP sämtliche Charakteristika besitzen,
___dass nicht auch andere Menschen, die nicht den HSP zuzuordnen sind, diese Merkmale haben.

Viele Eigenschaften und Fähigkeiten sind polar, sie bringen auf einer Seite Gutes, in der Übersteigerung aber auch Ungutes mit sich. Ordnungssinn, eine Tugend? Wenn er in Pedanterie ausartet, wird das nicht mehr so gesehen. Strukturiertheit, sehr gut? Nicht, wenn dadurch die Flexibilität leidet. Fleiß? Ja, wenn er nicht in Selbstausbeutung mündet.

So erklärt sich, warum viele der Charakteristika, die man HSP zuschreibt, einerseits sehr positiv sind, in den Augen derer, die andere Maßstäbe anlegen, aber auch zu einem Manko werden können und Kritik hervorrufen. Jeder urteilt nach eigenem Dafürhalten, und sogar HSP können ein 'zu viel des Guten' manchmal lästig, störend oder hinderlich empfinden. Gleichzeitig möchte ich mit dieser Form der Darstellung zeigen, dass vieles, worunter manche HSP oder ihr Umfeld leiden, eine positive Seite hat, die man entdecken und wertschätzen kann.

Deshalb einerseits ... und andererseits!

einerseits	andererseits
WAHRNEHMUNG UND INFORMATIONSVERARBEITUNG	
HSP ...	HSP ...
___nehmen die Umwelt intensiv , differenziert und ganzheitlich wahr, bemerken Feinheiten, nehmen vielschichtige Informationen auf ___können komplexe Dinge durchdenken und verstehen ___reagieren schneller und stärker auf äußere und innere Reize	___tun sich schwer mit 'unzulässigen' Vereinfachungen, können mit Schnellschüssen und Schwarz-Weiß-Denke(r)n nur schwer umgehen ___sind leicht überwältigt von zu vielen Eindrücken oder Aufgaben ___zeigen schneller Anzeichen von Überbelastung bei Mehrfachanforderungen und Zeitdruck ___brauchen Zeit für Regeneration, bevor sie wieder Neues aufnehmen können
___haben einen guten Überblick, schauen nach links und rechts, erkennen Querverbindungen und dahinterliegende Muster und Regeln ___verfügen über ein gutes induktives Denken (Ableitung von allgemeinen Regeln, Schlussfolgerungen) und ein gutes Assoziationsvermögen	___sind in ihren Gedankengängen für andere teilweise nicht nachvollziehbar, zu abstrakt oder zu sprunghaft ___scheinen in den Augen anderer manchmal zu kompliziert oder zu wenig fokussiert, weil sie immer wieder neue Aspekte aufbringen
___legen Wert auf Gründlichkeit und Genauigkeit ___zeigen Liebe zum Detail, haben einen hohen Qualitätsanspruch ___sind umsichtig, vorsichtig	___werden von anderen oft als langsam empfunden ___können sich nur schwer mit Fehlern abfinden, haben einen Hang zum Perfektionismus ___neigen zu erhöhter Ängstlichkeit
___überlegen, bevor sie handeln (pause-before-act), bedenken Konsequenzen in aller Tiefe und Breite ___sind vorsichtig und zurückhaltend im Urteil durch differenzierte Betrachtung der Umstände, beziehen bei Entscheidungen möglichst viele (alle!) Aspekte mit ein	___wirken manchmal zu zögerlich ___brauchen lange, bevor sie zu einer Entscheidung kommen, erscheinen schnell als Bedenkenträger, treffen nicht immer eindeutige Aussagen
___sind sehr aufmerksam und reaktionsschnell	___erschrecken leicht und heftig

einerseits	andererseits
SINNLICHE WAHRNEHMUNG	
___haben eine feine Nase und nehmen schon niedrige Dosen von Düften und Gerüchen wahr ___haben einen gut entwickelten Geschmackssinn, können feine Nuancen unterscheiden	___fühlen sich durch für sie unangenehme Gerüche (oder Geschmackserlebnisse) schnell beeinträchtigt ___empfinden schnell Ekel und Abneigung
___bemerken Feinheiten und subtile Veränderungen in Tönen, Klängen, Stimmen ___hören auch leise und unterschwellige Geräusche ___manche sind auf allen Sinneskanälen besonders empfänglich, andere nur auf einigen (Sehen, Hören, Riechen, Schmecken, Tasten/Spüren)	___sind empfindlich für Lärm, undefinierbare oder anhaltende Geräusche, auch wenn sie leise oder weit weg sind ___haben Schwierigkeiten, sich in geräuschvoller Umgebung zu konzentrieren, können Hintergrundgeräusche nur schlecht ausblenden ___sind stark abhängig von Umgebungsbedingungen (Licht, Zugluft, Geruch, Geräusche, Ambiente ...)
___haben einen ästhetischen Anspruch an ihre Umgebung, legen Wert auf Ordnung und Sauberkeit ___zeigen Freude an ästhetisch ansprechenden Dingen, Gestaltung, Architektur, Mode, Fotografie, Kunst ___haben Gefallen an schönen Formen und Farben, Klängen, Düften und Geschmackskompositionen	___fühlen sich durch Unordnung, Schmutz oder in einem als geschmacklos empfundenen Ambiente schnell gestört ___stellen hohe Anforderungen an sich und ihre Umgebung, denen sie selbst und andere gerecht werden müssen
___haben feine Nerven für Berührungen ___können mit ihren eigenen Händen gefühlvoll umgehen (Berührung, Kunstfertigkeit, Feinmotorik)	___können kratzige oder einengende Kleidung, Wolle, Etiketten, Nähte o.ä. nur schwer ertragen ___reagieren leicht gereizt auf grobe, derbe oder persistente Berührungen
___stehen in gutem Kontakt zu ihrem Körper ___haben eine höhere Empfindlichkeit gegenüber Schmerz, Hitze- und Kältereizen ___reagieren stärker auf Drogen, Medikamente und Schadstoffe	___werden bei Hunger- und Durstgefühlen schnell unleidig, können sie nur schwer aushalten oder über sie hinweggehen ___erscheinen zimperlich, wehleidig, überempfindlich ___reagieren stark auf Beeinträchtigungen, neigen zu Somatisierungen

einerseits	andererseits
___haben einen guten Zugang zu ihrer Intuition ___nehmen auch unterschwellige Dinge wahr ___spüren, was 'richtig' ist, ahnen Dinge voraus (auch basierend auf genauer Beobachtung und logischer Schlussfolgerungen über kausale Zusammenhänge)	___müssen lernen, ihrer Intuition zu vertrauen ___wirken manchmal 'unheimlich', weil sie scheinbar Dinge sehen, die andere nicht sehen können
WERTE UND EINSTELLUNGEN	
___sind sehr interessiert an Neuem, lernen gerne, möchten Hintergründe und Zusammenhänge verstehen	___verlieren sich leicht in der Menge der Informationen, kommen vom Hölzchen aufs Stöckchen ___beginnen vieles und immer wieder neues
___haben ein starkes Pflichtbewusstsein, zeigen große Zuverlässigkeit, hohes Verantwortungsgefühl und Loyalität	___stellen auch an andere diesbezüglich einen hohen Anspruch, können leicht enttäuscht werden
___legen großen Wert auf Ehrlichkeit und Echtheit, spüren, wenn etwas nicht stimmt ___haben einen ausgeprägten Gerechtigkeitssinn und eine Antenne für Schummeleien ___haben einen Sinn für Logik, Stimmigkeit, Kongruenz	___haben eine starke Abneigung gegen Unehrlichkeit oder Künstlichkeit ___reagieren teilweise heftig (innerlich und/oder äußerlich) bei empfundener Ungerechtigkeit, können unangenehm werden, wenn sie Unwahrheiten aufdecken ___können Disharmonien, Inkongruenzen, Widersprüche nur schwer akzeptieren ___'entlarven' manchmal unrunde Argumentationen anderer und können dadurch auf Ablehnung stoßen
___stellen sich persönlich stark auf Situationen ein, identifizieren sich mit Themen und Projekten	___stehen häufigen oder unerwarteten Veränderungen eher kritisch gegenüber, können von anderen als unflexibel erlebt werden
___haben ein besonderes Bedürfnis nach Vollkommenheit (auch im Sinne von Wahrheit, Reinheit) ___suchen in allem nach dem Sinn, insbesondere auch in ihrer beruflichen Tätigkeit (Berufung) ___haben oft ein Bedürfnis, sich für eine bessere Welt zu engagieren	___sind nicht leicht zufrieden zu stellen, sind kritisch mit sich und anderen, neigen zu Selbstzweifeln ___tun sich schwer, sich für Aufgaben zu engagieren, deren Sinn sie nicht kennen oder nicht gut heißen können oder die keinen erkennbaren Wert für sie haben ___suchen oft lange nach ihrem Platz im Leben

einerseits	andererseits
EMOTIONALITÄT UND GESELLSCHAFTLICHES MITEINANDER	
___erleben Situationen mit intensiven Gefühlen und langem Nachklang, sowohl freudige wie auch unerfreuliche ___können sich über Kleinigkeiten freuen (und auch ärgern)	___werden von Gefühlen teilweise beherrscht, können sich lange nicht beruhigen, wirken tendenziell zu emotional und gefühlsgetrieben bis launisch ___haben manchmal nah am Wasser gebaut (Freude, Rührung, Trauer, Ärger)
___pflegen ein hohes Maß an Reflexion über sich und andere sowie Erlebtes, denken viel nach ___haben ein reiches Innenleben, können gut Zeit mit sich allein verbringen, legen großen Wert auf Privatsphäre ___haben Gefallen an tiefgründigen Gesprächen und Themen	___tun sich schwer mit Oberflächlichkeit, erscheinen manchen zu abgehoben ___beteiligen sich weniger an gemeinschaftlichen Unternehmungen, riskieren manchmal isoliert oder zu Außenseitern zu werden, können grüblerisch wirken ___lassen manchmal die Leichtigkeit vermissen, riskieren, in Melancholie (oder gar Depression) zu versinken
___pflegen wenige und tiefe Freundschaften mit einem hohen Grad an Intimität ___stellen einen hohen Anspruch an zwischenmenschliche Beziehungen und Freundschaften	___können schnell isoliert sein, wenn die 'richtigen' Menschen nicht verfügbar sind ___können langfristig ausgegrenzt werden, wenn sie an Aktivitäten anderer nicht teilnehmen
___mögen keine Menschenansammlungen, große Veranstaltungen und Umgebungen mit vielen Reizen ___vermeiden insbesondere Umgebungen, die laut, heiß, stickig und voll sind ___haben ein ausgeprägtes Bedürfnis nach Rückzug, um Erlebtes zu verarbeiten	___wirken teilweise schüchtern, gehemmt, kontaktscheu, eigenbrötlerisch, können zu sozialem Rückzug neigen ___haben eine Abneigung gegen Hektik und Turbulenz ___werden von zu vielen Sinnesreizen überwältigt und zeigen manchmal unerwartet aggressive Überreaktionen in Phasen der Überstimulation ___gelten mitunter als Partymuffel, Langweiler oder Sonderlinge
___sind hilfsbereit, entgegenkommend, zugewandt, einfühlsam, sanftmütig ___zeigen viel Mitgefühl mit anderen Kreaturen, ob Mensch, Pflanze oder Tier	___riskieren, sich leicht ausnutzen zu lassen ___können im Zustand der Überstimulation ins Gegenteil umschlagen, werden aggressiv, laut, urteilend, übellaunig, ungehalten

einerseits	andererseits
___sind gute Zuhörer und Gesprächspartner mit hoher Empathie ___können sich gut in andere hinein versetzen, spüren, was sie brauchen und wünschen	___können zum Kummerkasten für andere werden, laufen Gefahr, das Leid der Welt zu tragen, wenn sie sich nicht ausreichend abgrenzen ___sind geneigt, den Erwartungen anderer mehr zu folgen als auf die eigenen Bedürfnisse zu hören
___legen Wert auf Harmonie, mögen keine Gewalt, auch nicht in Filmen ___nehmen Stimmungen und Stimmungsänderungen in feinen Nuancierungen wahr	___können mit Spannungen und Konflikten und Kritik an der eigenen Person nicht gut umgehen ___passen sich stark an, um Spannungen aus dem Weg zu gehen ___lassen sich durch Stimmungen anderer leicht beeinflussen und beeinträchtigen, leiden lange an Unstimmigkeiten

HSP ZEICHNEN SICH AUSSERDEM AUS DURCH
___große Verbundenheit mit der Natur und ihren Elementen ___gelebte Tierliebe, die sich häufig in vegetarischer Ernährungsweise zeigt
___Kreativität, Einfallsreichtum, Ideenvielfalt ___Erfindungsgabe, Finden neuartiger Lösungen und Strategien

Elaine Aron hat die Hauptcharakteristika der Hochsensibilität in dem Akronym D O E S zusammengefasst. Ich habe dazu die deutsche Anpassung vorgenommen. T I E F .

T steht für **T**iefe und vielschichtige gedankliche Verarbeitung von Informationen.

I steht für **I**ntensive und ganzheitliche Wahrnehmung, Beachtung von Kontext und Zusammenhängen - als Grundlage für alles andere.

E steht für **E**motionale Berührbarkeit. In der Folge der besonderen Wahrnehmung und Verarbeitung zeigen Hochsensible stärkere Gefühlsreaktionen auf positive und auf negative Reize.

F steht für **F**eine Antennen und niedrige Reizschwelle – der optimale Grad an Anregung ist schneller erreicht.

UND JETZT ?

Vielleicht fragen Sie sich nun, ob Sie oder eine Person, die Sie kennen, ein HSP ist und hätten gerne Gewissheit. Das ist verständlich, jedoch nicht zweifelsfrei möglich. Es gibt keinen wissenschaftlich verlässlichen Test oder sonstige diagnostische Mittel, um dies sicher feststellen zu können, auch wenn sie im Internet an vielen Stellen angeboten werden. Manche vermitteln den Anschein von Genauigkeit, indem sie sogar Punktwerte vergeben, die den Grad der Wahrscheinlichkeit oder die Stärke der Ausprägung von Hochsensibilität ausdrücken sollen. All diese Test erfüllen die Gütekriterien psychodiagnostischer Verfahren nicht (Validität, Reliabilität, Objektivität) bzw. enthalten keine Angaben dazu. Eine Ausnahme: Seit kurzem gibt es einen Test von G. Gebauer, der sich diesen Anforderungen stellt. Den Link dazu finden Sie auf meiner Internetseite.
Diese Angebote bedienen das Bedürfnis nach Sicherheit, können es aber, an wissenschaftlichen Maßstäben gemessen, nicht leisten. Streng genommen handelt es sich um mehr oder weniger gut zusammengestellte Checklisten. Da die Art der Fragen oft bestimmte Antworten nahelegen, erhält man nicht selten das gewünschte Resultat. Das sollten Sie wissen, wenn Sie einen sogenannten 'Test' ausfüllen.
Ganz wichtig: Da es sich bei der Hochsensibilität definitiv nicht um eine Krankheit handelt, die man zweifelsfrei erkennen müsste, um sie heilen zu können, ist der Wunsch nach Klarheit zwar einerseits nachvollziehbar, andererseits aber auch nicht von entscheidender Bedeutung.

Welche Möglichkeiten haben Sie also, wenn Sie sich und Ihrer Veranlagung auf die Spur kommen wollen? Wenn jemand von mir eine Einschätzung möchte, nehme ich gerne die vier Hauptcharakteristika D O E S oder T I E F (s.o.) zu Hilfe und prüfe anhand der Verhaltensbeschreibungen, ob alle vier Aspekte ausgeprägt vorhanden sind, oder, wie manchmal der Fall, nur die Überstimulation und Emotionalität.

Wenn mehr als zwei Drittel der Beschreibungen in der grünen Tabelle auf Sie zutreffen, ist die Wahrscheinlichkeit ebenfalls groß, dass Sie eine hochsensible Veranlagung haben. Sie können auch den auf Elaine N. Aron zurückgehenden Fragebogen ausfüllen, den sie für Forschungszwecke entwickelt hat und erhalten dann eine Tendenzaussage (http://www.hsperson.com/pages/research.htm). Oder Sie wählen den Test, den ich auf meiner Seite empfehle.

Mir persönlich gefällt die Empfehlung sehr gut, die der Informations- und Forschungsverbund Hochsensibilität e.V. (IFHS) dazu gibt. Er schlägt vor, "den Gedanken, ein HSP zu sein, eine Weile, quasi versuchsweise mit sich herumzutragen und nach einiger Zeit zu prüfen, ob sich die Lebensqualität gebessert hat oder man nach anderen Erklärungen für das besondere Lebensgefühl suchen muss."

Glücklicherweise hat nicht jeder Schwierigkeiten mit seiner Veranlagung. Wenn dem aber so ist, kann die Erklärung, ein HSP zu sein, zu einer Steigerung der Lebensqualität führen, indem man sich und die eigenen Bedürfnisse besser kennenlernt, ernst nimmt und sie achtet. Wer aufgrund der neu gewonnenen Erkenntnis bestimmte Dinge in seinem Leben ändert, eigene Maßstäbe für sich findet, statt in ständiger Anpassung den Normen anderer hinterher zu jagen, kann viel gewinnen.

[**BUCHTIPP** | Maja Storch . Machen Sie doch, was Sie wollen! Wie ein Strudelwurm den Weg zu Zufriedenheit und Freiheit zeigt . Huber Verlag 2009 . Sprachlich anschaulich, inhaltlich gut .]

Aus eigener Erfahrung kann ich berichten, dass mir vieles aus der Vergangenheit in ganz neuem Licht erschien. Verhalten, für das ich mich geschämt hatte, war nun nachvollziehbar. Für Schwierigkeiten, mit denen ich gekämpft habe, hatte ich auf einmal Verständnis. Für 'Talente', die ich bisher gar nicht als solche gesehen hatte, war ich jetzt viel dankbarer. Insgesamt fühlte ich mich erleichtert, weil sich mein scheinbares Unvermögen in bestimmten Situationen als die Kehrseite der Medaille echter Qualitäten herausstellte. Eine gute Erfahrung für mich war auch, nicht mehr allein auf meinem Planeten zu sein. Es gibt viele andere, man muss nur die Augen und das Herz öffnen.

Erwähnenswert erscheint mir, dass der Ausschlag des Pendels ins genaue Gegenteil ebenfalls mit Risiken behaftet ist. Wer sich nur noch in der eigenen Komfortzone bewegt, die Sinne schont, sich aus dem Trubel der Gesellschaft zurückzieht, tut sich langfristig ebenfalls keinen Gefallen. Das mag zunächst verlockend klingen, sofern man es sich leisten kann, bringt aber neue Probleme mit sich, auf die ich im Kapitel 'Leben in der Muschel' eingehen möchte.

Der Weg in der Mitte will gefunden werden, der einen im Bewusstsein des eigenen Wesens liebevoll und respektvoll mit sich selbst und anderen umgehen lässt *und* den Kontakt mit der Umwelt erhält. Menschen sind manchmal auch Einsiedlerkrebse, in erster Linie aber soziale Wesen. Gerade mit den Qualitäten von HSP kann die Welt jeden Tag ein kleines bisschen besser werden. Das ist nicht zuletzt auch eine Verantwortung, die Hochsensible tragen und leben sollten.

SOLCHE UND ANDERE

Von manchen wird Hochsensibilität als etwas völlig Extraordinäres dargestellt, als wären diese Menschen eine eigene Gattung. Das scheint mir so weder richtig noch hilfreich. Insbesondere Überheblichkeit ist nicht am Platz, wenn man sich umgekehrt wünscht, akzeptiert zu werden. HSP sind etwas Besonderes, weil jedes Wesen an sich etwas Einzigartiges ist. Eine Zwei-Klassen-Gesellschaft aufzumachen und die Unterschiede zu betonen, hilft dem wechselseitigen Verständnis nicht. Dunkle und helle Haut haben auch unterschiedliche Eigenschaften, doch ist deshalb eine Variante besser?
Wenn man als HSP verstanden werden möchte, sollte man die Parallelität und die Ergänzung betonen, um damit Brücken zu bauen. Es gilt Beispiele zu finden, damit solche, die nicht 'in der gleichen Haut' stecken, nachvollziehen können, wie es demjenigen geht, der mit anderen Voraussetzungen auf die Welt gekommen ist.

[LINKTIPP | Die Internetpräsenz des Informations- und Forschungsverbundes Hochsensibilität e.V. (IFHS) finden Sie unter www.hochsensibel.org . **]**

HOCHSENSIBILITÄT . PHANTOM ODER PHÄNOMEN

WARUM DAS GEFÜHL MANCHMAL WICHTIGER IST ALS DER BEWEIS

GIBT ES HOCHSENSIBILITÄT UND HOCHSENSIBLE MENSCHEN ÜBERHAUPT ?

Neben vielen informativen und hilfreichen Büchern und Texten zum Thema Hochsensibilität, die mich persönlich bereichert und meine berufliche Neugier geweckt haben, sind mir auch immer wieder Kritiker des Konstrukts begegnet. Sie sprechen von Ausreden, die schüchterne oder überforderte Menschen finden, um sich dafür zu rechtfertigen, dass sie mit der rauen Wirklichkeit nicht klar kommen. Manche fragen sich, ob es sich um eine neue Schublade handelt, in die man Menschen steckt, um ihrer Unzulänglichkeit einen Namen zu geben. Einige stören sich auch daran, dass man Sensibilität als Unterscheidungsmerkmal nimmt, um für sich etwas zu beanspruchen, was den anderen scheinbar fehlt. Je nach 'Lagerzughörigkeit' fühlen sich dann die einen oder die anderen negativ gebrandmarkt. 'Sind wir etwa nicht sensibel, haben wir denn kein Feingefühl?' 'Sind wir etwa nicht belastbar, haben wir vielleicht einen Schaden?'

Ist es ein Phänomen der Zeit, wo alles immer weiter ausdifferenziert wird, immer speziellere Unterscheidungen getroffen und Untergruppen von Gruppen gesucht und gefunden werden?

Vielleicht ist Hochsensibilität nur die Erfindung von einer, die selbst ein Problem hat und mit ihren Büchern gut Geld verdienen will? Selbst das habe ich aus dem Mund einer Psychiaterin gehört, die eine namhafte Klinik leitet und sich in einer Sendung zum Thema Hochsensibilität dahingehend geäußert hat.

Auch in verhaltenswissenschaftlichen Kreisen wird Hochsensibilität als Persönlichkeitsmerkmal nicht durchweg akzeptiert. Gefühlt seit Anbeginn der Zeit suchen Menschen nach Typologien, um die unterschiedlichen Charaktere nach ihren Eigenschaften in irgendwie geartete Gruppen einzuteilen. Erwähnt sei die Vier-Elemente-Lehre des Empedokles aus den Jahren 495–435 vor Christus. Auch astrologische Sternzeichen, ayurvedische Doshas, die Fünf-Elemente-Lehre oder das Enneagramm passen in diese Reihe der Persönlichkeitsmodelle. Heute (2015) ist das Modell der 'Big Five' (Neurotizismus - im Sinne von Belastbarkeit, Extraversion, Offenheit für Erfahrungen, Verträglichkeit und Gewissenhaftigkeit) von Paul T. Costa und Robert R. McCrae aktuell und populär.

Dazwischen, daneben, parallel und zeitgleich gab es viele weitere Ansätze, die Vielfalt menschlicher Charaktere zu kategorisieren. Es ist wie die Suche nach der Weltformel, in diesem Fall auf die Wesenszüge angewandt. Hat man die Essenz gefunden, in Form von möglichst wenigen, trennscharfen Kriterien, lässt sich menschliches Verhalten in der Vielfalt seiner Ausprägungen beschreiben, erklären und in gewisser Weise antizipieren. Die unendliche Komplexität der Erscheinungsformen soll, ohne unzulässige Vereinfachung, durch ihre 'dahinterliegenden' Dimensionen erklärbar und Ableitungen, z.B. künftiger Verhaltensweisen, daraus möglich werden.

Kommt nun jemand (Elaine N. Aron) von der Seite und schiebt eine neue Dimension auf den Tisch, die 'so ähnlich und doch anders' ist, hat darauf erst mal keiner gewartet, um es vorsichtig auszudrücken. Insofern erstaunt es mich nicht, dass das Konzept der Hochsensibilität in wissenschaftlichen Kreisen nicht nur willkommen geheißen wird.

Verstehen kann ich die Skepsis deshalb sehr gut, sowohl die gesellschaftliche wie auch die der Wissenschaft, da ich es ebenfalls gewohnt bin, kritisch zu hinterfragen und 'Beweise' für Behauptungen zu suchen. Der Besuch eines mathematisch-naturwissenschaftlichen Gymnasiums, das Studium an einer Universität mit stark methodisch-diagnostischer Ausrichtung, die Arbeit mit Menschen aus Industrie und Wirtschaft, die im Allgemeinen nur glauben, was sie messen und wiegen können, prägt. Und doch ...

Jenseits aller rationalen Beweisbarkeit ist mir etwas sehr eindrücklich im Sinn geblieben, aus eigenem Erleben, aus der Beschreibung von Menschen, mit denen ich gesprochen habe, und aus Kommentaren in verschiedenen Foren zur Hochsensibilität ...

AHA! ACH SO! JETZT VERSTEHE ICH! DESHALB!

Ein Gefühl, wie wenn man das Rauschen abstellen kann und endlich klar hört, wie wenn man die passenden Kabel verbindet und plötzlich ein Licht angeht. So ging es vielen, die ein Buch über Hochsensibilität gelesen haben und vielleicht zum ersten Mal das Gefühl hatten, nicht verkehrt zu sein, sondern Teil einer Gemeinschaft von Gleichartigen.

In letzter Konsequenz ist es mir nicht wichtig, ob es nun eine Schublade gibt, auf der HSP steht oder ob sie besser anders zu benennen wäre. Es ist mir auch egal, ob sich einer dazu gelegt hat, der eigentlich gar nicht hinein gehört, und auch ob man die Schublade noch weiter unterteilen sollte. Es ist mir gleich, ob deshalb Inhalte aus anderen Schubladen umsortiert werden müssen. Es fühlt sich einfach gut und richtig an, weil sich dadurch für viele vieles erklärt.

Wir brauchen Kategorien, um die Komplexität der Welt für unser Gehirn beherrschbar zu machen, deshalb ist eine Form von Schubladendenken in vielerlei Hinsicht hilfreich und auch wichtig. Wenn man die Fächer der gedanklichen Kommode nicht für immer verschließt und den Schlüssel nicht wegwirft, erhält man sich die notwendige Offenheit und Flexibilität in Gedanken und Urteil, was vor allem im Umgang mit Menschen und anderen Lebewesen wichtig ist.

WELCHER DIÄT-TYP SIND SIE ?

Wenn in den Januarausgaben von Frauenzeitschriften im alljährlichen Kampf gegen den Feiertagsspeck heraus gefunden werden soll, ob man aufgrund seiner Konstitution und persönlichen Vorlieben besser mit der Montignac-Methode, mit FdH oder mit der neuen Melonendiät sein Traumgewicht erreichen kann, ist das ganz natürlich. Es geht darum, typgerecht zu handeln, um den Erfolg zu haben, den man sich wünscht.

Dann muss es mindestens genauso legitim sein, eine Antwort darauf zu suchen, warum man als Mensch so ist, wie man ist und warum so vieles, was für andere gilt, für einen selbst nicht passt.

Das scheint mir Grund genug, dem Thema Hochsensibilität mit Respekt und Achtung zu begegnen und ihm einen Platz in der öffentlichen Diskussion und in der wissenschaftlichen Auseinandersetzung zu geben. Im Zuge der persönlichkeitspsychologischen, theoretischen Grundsatzdebatte und der empirischen Forschung trägt die kritische Auseinandersetzung im Sinne der Dialektik von These – Antithese –Synthese zum Erkenntnisgewinn bei und hat dort ihren berechtigten Platz. Sie ist wichtig, um nicht jeder Idee hinterher zu rennen, die sich jemand ausgedacht hat, sei es aus noch so edlen Motiven.

Parallel dazu gibt es die nicht primär wissenschaftlich geprägte, sondern praxisorientierte Beschäftigung mit diesem Thema. Hier gelten aus meiner Sicht andere Regeln. Es ist entscheidend, was aus der Annahme, dass es so etwas wie angeborene Hochsensibilität gibt, resultieren könnte.

Hat dadurch jemand erkennbare Nachteile?
Ich sehe keine, sofern man die Unterscheidung im Sinne von 'so und anders' und nicht in Form von Bewertungen wie 'besser und schlechter' vornimmt.

Hat dadurch jemand Vorteile?
Unbedingt! Die vielen positiven Rückmeldungen von allen, die ein besseres Verständnis für sich selbst oder andere bekommen haben, sprechen dafür. In der Rückschau ergeben Dinge plötzlich einen Sinn, für die Gegenwart lassen sich praktische Erkenntnisse für die psychische und physische Gesundheit ableiten und für die Zukunft die Weichen besser stellen.

Es gibt auch bei näherem Hinsehen und mittlerweile durch verschiedene Untersuchungen unterstützt viele Evidenzen, dass das Phänomen der Hochsensibilität existiert und sich diese Menschen in den beschriebenen Eigenschaften und Reaktionsweisen mehr als zufällig oder graduell von anderen unterscheiden.

DER REIZENDE KLEINE UNTERSCHIED

WAS HINTER DEM PHÄNOMEN DER HOCHSENSIBILITÄT STECKT

Jeder Mensch, ob HSP oder nicht, sucht bewusst oder unbewusst den Zustand, in dem er sich nicht gelangweilt und nicht überbeansprucht fühlt. Dieser Zustand optimaler Erregung (damit ist der Grad der Stimulation des Nervensystems gemeint) wird als angenehm empfunden. Schon kleine Babys weinen, wenn sie sich unbeachtet und nicht gut unterhalten fühlen und auch, wenn ihnen alles zu viel wird. Die Eltern lernen, welche und wie viel Anregung ihr Kind braucht, um in seiner Komfortzone zu sein. Wenn sich Erwachsene mit zu viel Ruhe und Reizunterforderung nicht gut fühlen, schalten sie beispielsweise das Radio an. Die Hintergrundbeschallung sorgt für eine gewisse Grundstimulation. Vermutlich kennt auch jeder das Gefühl der Überforderung, das auftritt, wenn von allen Seiten etwas oder jemand auf einen einstürmt, alles gleichzeitig beachtet sein will und dabei noch ein hoher Geräuschpegel herrscht. Man reagiert genervt, die Gedanken sind nicht mehr klar. Manche explodieren, andere ziehen sich zurück und neigen eher zum Implodieren. Das Grundmuster dieser Reaktionen ist bei allen Menschen vergleichbar. Jeder sucht implizit die gute Balance aus Spannung und Entspannung.

Auch HSP reagieren ganz genau so, worin sie sich unterscheiden, ist die Intensität und Menge an Reizen, die es braucht, um sich in einem unterforderten, wohligen oder bereits im Zustand der Überforderung zu befinden. Es würde absolut zu kurz greifen, wenn man es auf die Aussage reduzieren wollte, HSP liebten es beschaulich und Nicht-HSP brauchten Action. Entscheidend für den optimalen Grad an Stimulation ist, was im weiteren Verlauf mit den aufgenommenen Reizen geschieht. Die für HSP charakteristische Tiefe der Informationsverarbeitung (Depth of Processing) ist dafür verantwortlich, dass es weniger Input von außen braucht, um diesen Punkt zu erreichen.

Unterschiede bestehen

- hinsichtlich der Schwelle, die erreicht werden muss, damit Dinge überhaupt bemerkt werden,

- hinsichtlich der Aspekte, denen im Innen und Außen Beachtung geschenkt wird,

FANTASY

- wie differenziert sie wahrgenommen werden,
- hinsichtlich der Intensität oder Tiefe der Wahrnehmung,
- welche Querverbindungen zwischen verschiedenen Komponenten hergestellt werden,
- wie lange sich das Gehirn aktiv damit beschäftigt oder wie schnell es an einen Reiz adaptiert,
- wie lange das Nervensystem braucht, um sich von der Informationsverarbeitung zu erholen.

Diese Unterschiede gehen auf eine unterschiedliche physiologische Ausstattung des Nervensystems zurück, von der man heute annimmt, dass sie bereits angeboren ist. Daraus resultiert eine unterschiedliche Reizverarbeitung, die sich in den im Kapitel 'Hochsensibilität . Charakteristika' ausführlicher dargestellten Eigenschaften zeigt.

Ein Reiz, auch Stimulus genannt, ist alles, was die Nerven aktiviert. Das können Sinneseindrücke von außen sein und auch innere Wahrnehmungen wie z.B. Schmerzen, Verspannungen oder Hunger. Auch Gefühle, die durch Gedanken ausgelöst werden, wie Sorgen, Befürchtungen, Kummer oder Vorfreude stellen Stimuli für das Nervensystem dar.

Reize können eine sehr unterschiedliche Qualität haben, das hängt von ihrer objektiven Qualität ab (Lautstärke, Helligkeit, Druck ...) und auch von der damit verknüpften gefühlsmäßigen Bewertung. Bei der Verarbeitung von Informationen gibt es immer auch emotionale Reaktionen, die, selbst wenn sie unbewusst ablaufen, Einfluss auf die individuelle Qualität und Intensität eines Reizes haben. Insofern gibt es keine objektive Wahrnehmung und damit auch keine vergleichbare Intensität der Stimulation bei verschiedenen Menschen.

Rote Lippen. Angenommen, in Ihrem emotionalen Erfahrungsgedächtnis (ein Begriff, den der Gehirnforscher Gerhard Roth geprägt hat) ist die Erinnerung an eine Kollegin gespeichert, die stets einen knallroten Lippenstift verwendete, den sie an Kaffeetassen, Zigarettenstummeln und auch schon mal am Telefon hinterließ und mit der Sie zudem einige reichlich unangenehme Erlebnisse hatten. Wird Ihnen heute eine bis dato unbekannte Person mit leuchtend rot bemalten Lippen vorgestellt, wird das bewusst oder unbewusst eine Wirkung auf Sie haben und vielleicht ein latent unangenehmes Gefühl auslösen. Eine Empfindung, die sich deutlich von der unterscheidet, die roter Lippenstift bei vielen anderen auslöst, auf die dieselbe Bemalung neutral oder gar attraktiv wirkt.

Deshalb können scheinbar gleiche Sinneseindrücke bei verschiedenen Menschen einen gänzlich anderen Aktivierungsgrad hervorrufen, allein durch die gefühlsmäßigen Markierungen, die damit verbunden sind. Insbesondere bei Musik und Gerüchen hängt ein ganzes Netz voll Gefühlen und Erinnerungsfetzen daran, die man mit aus dem See der Vergangenheit zieht, wenn die ersten Töne erklingen oder gewisse Duftmoleküle die Nase erreichen.
Hat man das Gefühl, einer Sache ausgeliefert zu sein, weil man keinen Einfluss darauf nehmen kann, wie z.B. bei einem Geruch (Parfum am Tisch nebenan) oder einem Geräusch (Schritte aus der Nachbarwohnung), wird das als besonders intensiv oder auch beeinträchtigend erlebt.

Doch nicht nur negative Stimuli haben eine solche Wirkung, auch positive Reize (Vorfreude auf eine schöne Verabredung, Rückkehr des Partners, der lange verreist war) führen zu einer Aktivierung des Nervensystems, das dadurch anfälliger wird für die Auswirkungen zusätzlicher Reize. An Kindern kann man gut beobachten, dass ein Überschwang an Gefühlen, der gerade noch Lachsalven produziert hat, auch schnell ins Gegenteil kippen kann, weil das Level der Aufregung insgesamt höher ist als gewöhnlich.

Wie stark man auf Reize reagiert und welche physiologischen Reaktionen damit verbunden sind, ist also von Mensch zu Mensch und von Situation zu Situation unterschiedlich. Wenn die Information über die unterschiedlichen Sensoren und nervösen Erregungsleitungen im Gehirn ankommt, werden der Geist und auch der Körper darauf vorbereitet, auf die Situation reagieren zu können. Erkennbar am beschleunigten Herzschlag und intensivierter Atmung oder an der zunehmenden Anspannung (Erhöhung des Muskeltonus).

Man geht heute davon aus, dass HSP tendenziell bereits geringere (für andere unterschwellige) Reize wahrnehmen und weniger vorab unbewusst als unbedeutend abgefangen wird. Man spricht von einer erhöhten Empfindlichkeit oder eben *Sensibilität* des sensorischen Systems. Mit Sensibilität ist hier die grundsätzliche Reizempfänglichkeit gemeint, nicht der besonders sensible Umgang mit Gefühlen, was üblicherweise umgangssprachlich als Sensibilität bezeichnet wird. HSP besitzen eine höhere 'Aktivierungssensibilität' des Nervensystems, d.h. eine niedrigere Schwelle, bei der eine physiologische Reaktion ausgelöst wird. Egal, ob es sich um Lichtblitze, Disharmonien in Beziehungen oder die Reaktion auf Pharmaka handelt. Die Auswirkungen der Reize dauern länger an und können sich eher aufstauen. Das Nervensystem von HSP braucht länger, um sich zu erholen und wieder in seinen Ausgangszustand zurückzukehren.

Generell erreicht nur ein sehr kleiner Teil der aufgenommenen Information das Bewusstsein. Die Gehirnforschung nimmt heute an, dass es nur zwischen 2 und 50 Bit/s verarbeiten kann. Die Zahl der Bits pro Sekunde, die insgesamt in unserem Gehirn verarbeitet wird, beträgt allerdings 11 Millionen bis zu 100 Milliarden (je nach Schätzung). Das heißt, vieles was wir aufnehmen, wählen wir nicht aus, bekommen wir gar nicht mit, obwohl es im Gehirn bearbeitet wird und auch Folgen hat.

Situationen, die für die meisten Menschen ganz normal sind, wie zum Beispiel die Fahrt in einer belebten U-Bahn, können für manche Hochsensible bereits eine Reizflut darstellen, die nur schwer zu ertragen ist. Geräusche (Rattern der Bahn, Musik aus Kopfhörern) Gerüche (Rauch, Körperausdünstungen), Stimmungen (Aggression, Angespanntheit) und Berührungen (aufgrund der Enge) ergeben einen Cocktail, den sie in sich aufnehmen und nach Verlassen der Bahn erst mal 'verdauen' müssen.

SIND WIR NICHT ALLE MEHR ODER WENIGER EMPFINDLICH ?

Die Annahme liegt nahe, dass diese Empfindlichkeit, wie so viele andere Eigenschaften, in der menschlichen Population normalverteilt ist. Das würde bedeuten, dass eine Minderheit ein hohes Aktivierungslevel brauchte, um sich komfortabel zu fühlen, die große Mehrheit eine mittlere Anregung als angenehm empfände und eine weitere Minderheit bereits bei niedrigen Reizintensitäten starke Reaktionen zeigen würde. Letztere wären dann die Hochsensiblen. Die Forschung kommt mehrheitlich zu einem anderen Schluss.

Georg Parlow ("Zart besaitet") und auch Elaine N. Aron ("The Highly Sensitive Person") beziehen sich in ihren Büchern auf Iwan Pawlow, der sich bereits Anfang des letzten Jahrhunderts mit der objektiven Messbarkeit von Empfindlichkeit befasste. Er zog aus seinen Experimenten zur 'transmarginalen Hemmung' (zu verstehen als Schutzreaktion des Organismus bei überbordender Reizung) die Schlussfolgerung, dass man zwei Gruppen von Menschen unterscheiden kann, die sich hinsichtlich ihres Nervensystems und damit einhergehender Reaktionen auf Reize grundsätzlich qualitativ unterscheiden. Diese frühen Untersuchungen hatten ursprünglich eine ganz andere Zielsetzung, lieferten aber dennoch dieses 'Nebenergebnis'.
Auch Zweige der Forschung, die sich mit Konzepten wie Ängstlichkeit und Reaktivität beschäftigen, legen den Schluss nahe, dass es tatsächlich 'solche und andere' gibt. Der Entwicklungspsychologe Jerome Kagan fand in verschiedenen Studien einen Anteil von 15-20 % von ihm als hochreaktiv bezeichneter Babys, die deutlich andere Reaktionen zeigen. In Langzeitstudien konnte er nachweisen, dass sich die Unterschiede im Verhalten bis ins Erwachsenenalter erhalten.

Franziska Borries wies in einer 2012 an der Universität Bielefeld entstandenen Diplomarbeit mithilfe verschiedener taxometrischer Verfahren ebenfalls nach, dass es sich bei der Hochsensibilität um eine kategoriale Variable handelt und nicht lediglich um eine hohe Ausprägung einer Eigenschaft auf der gleichen Dimension.

Diese Ergebnisse legen nahe, nicht von einer Normalverteilung der Reizempfindlichkeit , sondern von einer bimodalen (zweigipfligen) Verteilungauszugehen, wobei sich die beiden Gruppen in etwa im Verhältnis 85:15 (manche sprechen auch von 80:20) aufteilen. Demnach gäbe es unter Nicht-HSP mehr oder weniger reizempfindliche Menschen, dann würde ein quantitativer und auch ein qualitativer Sprung hin zu den hochsensiblen Menschen folgen. Wobei auch HSP nicht alle gleich sensitiv sind, sondern in ihrer Reizempfindlichkeit variieren, wenn auch auf höherem Niveau.

Eine mögliche Erklärung für diesen qualitativen Unterschied könnte im generell unterschiedlichen Umgang mit Informationen liegen. Was wird aufgenommen, wie wird es verarbeitet, wie werden die Inhalte zueinander und zu bereits gemachten Erfahrungen in Beziehung gesetzt, welche Rolle spielen dabei die emotionalen Bewertungen? Wenn bereits der Scheinwerfer der Aufmerksamkeit auf andere Dinge gerichtet wird, stehen auch unterschiedliche Inputs im Gehirn zur Verarbeitung zur Verfügung. Viele Informationen, die ansonsten früh durch das Raster fallen, um Kapazitäten im Arbeitsgedächtnis frei zu bekommen, werden bei HSP nicht exformiert und stehen im weiteren Prozess zur Verfügung. Über die Rückkopplungsschleife der Wahrnehmung wird wiederum Einfluss genommen auf den künftigen Fokus der Aufmerksamkeit (noch tiefer, noch genauer auf spezifische Details, noch mehr auf Zusammenhänge ausgerichtet). So könnten eine innere Repräsentanz der Wirklichkeit und ein Zugang zu inneren Prozessen entstehen, die sich von den sonst üblichen auch qualitativ unterscheiden.

Selbst wenn man den frühen Experimenten mit gewisser Skepsis begegnen kann (weil sie ethisch recht fragwürdig sind und heute so nie wiederholt werden könnten), kommen einige der aktuellen Studien, die mit anerkannten statistischen Methoden arbeiten, zu vergleichbaren Resultaten. Letztlich muss man aber sagen, dass die Untersuchungsergebnisse hierzu noch nicht eindeutig sind und andere, wie z.B. Dr. Sandra Konrad zum Schluss kommen, dass es sich bei der Hochsensibilität um ein kontinuierliches und nicht um ein diskretes Merkmal handelt.

Ich erlebe, dass die Art von Empfindsamkeit, die HSP zeigen, nicht nur 'mehr desselben' ist. Sie unterscheiden sich auch sonst in ihren Reaktionen von anderen Menschen. Mich verbindet mit einigen, nicht mit allen, voraussichtlich ebenfalls hochsensiblen Menschen so etwas wie ein tiefes Verstehen, das nicht an der Oberfläche liegt, sondern eher grundlegender Natur zu sein scheint, das Gefühl 'aus dem gleichen Holz geschnitzt' zu sein.

Viele, die ihrer Hochsensibilität auf die Spur gekommen sind, beschreiben dieses Gefühl von Zugehörigkeit. Möglicherweise ist es darauf zurückzuführen, dass Vielfühler und Vieldenker ein eigener 'Wupfel' sind und sie, zumindest was diesen Aspekt der Persönlichkeit angeht, ihre Ähnlichkeit erkennen.

HOCHSENSIBILITÄT BEI MENSCHEN UND ANDEREN TIEREN

Unbedingt erwähnenswert ist, dass auch in mehr als 100 anderen Spezies (Vögel, Insekten, Fische, Spinnen, Huftiere, Nagetiere, Affen ...) diese Zweiteilung beobachtet werden konnte: eine Minderheit, die eher beobachtend, vorsichtig, aufmerksam und verantwortlich agiert und reagiert, sowie eine Mehrheit, die tendenziell nach vorne strebt, sorgloser und unbekümmerter, wagemutiger und neugieriger handelt.

Wenn die Natur artübergreifend die Entwicklung dieser beiden Persönlichkeitsgruppen verfolgt hat, muss es einen evolutionären Überlebensvorteil für die jeweilige Art haben. Insbesondere kann man daraus schließen, dass beide Ausprägungen ihren Sinn haben und im Zusammenwirken perfekt sind, sonst hätte sich im Laufe der Zeit eine davon zu Lasten der anderen durchgesetzt. Die Quote von 80:20 scheint optimal zu sein. Beide Strategien haben ihre Vorzüge und auch Nachteile, es hängt von der Situation ab, welche wann die günstigere ist.

Quellen | 1

Alle Quellenangaben finden sich unter der entsprechenden Ziffer im Kapitel 'Anhang und nicht Anhängsel'.

FORSCHUNG .
RÜCKBLICK . GEGENWART. AUSBLICK

WAS DIE WISSENSCHAFT DAZU WEISS UND SAGT

Dieses Kapitel sollte in erster Linie lesen, wer sich für die wissenschaftliche Forschung zum Thema Hochsensibilität interessiert. Es ist nicht notwendig für das weitere Verständnis des Phänomens oder des Buches. Einige fühlen sich vielleicht abgeschreckt durch die Vielzahl von Namen, Zahlen und psychologischen Fachbegriffen. Im Zweifel also einfach weiterblättern zum Kapitel 'Energie und Kapazität'.

RÜCKBLICK

Einige sehr frühe wissenschaftliche Veröffentlichungen beschäftigen sich mit dem Thema Hochsensibilität, ohne sie so zu nennen. G.M. Beard |2 prägte 1869 den Begriff der "Neurasthenie", eine als psychische Störung klassifizierte "reizbare Schwäche", die heute noch in der Klassifikation für Krankheiten ICD-10 (International Statistical Classification of Diseases and Related Health Problems) unter F48.0 geführt wird. Als Symptome werden unter anderem "vermehrte Müdigkeit nach geistigen Anstrengungen, häufig verbunden mit abnehmender Arbeitsleistung oder Effektivität bei der Bewältigung täglicher Aufgaben" beschrieben. (ICD-10-WHO Version 2013)

Die Experimente von Pawlow zur transmarginalen Hemmung und die entsprechenden Schlussfolgerungen, die im vorigen Kapitel bereits erwähnt wurden, werden von Georg Parlow und Elaine Aron gerne zitiert. Aron bezieht sich ansonsten stark auf die Lehre von C.G. Jung. Sie erwähnt in ihrem Buch "Sind Sie hochsensibel?", dass Jung fundamentale Unterschiede zwischen Menschen auf ererbte Unterschiede in der Sensibilität zurückführte. Jung unterschied bereits in den Dreißigerjahren des letzten Jahrhunderts zwischen introvertierten (auf die innere Welt bezogene) und extravertierten (auf die äußere Welt bezogene) "Einstellungstypen".
Umgangssprachlich wird Introversion oft mit Schüchternheit gleich gesetzt, was definitiv nicht damit gemeint ist. Es ist vielmehr eine Frage des Fokus, der sich mehr auf das Innenleben richtet. Introvertierte beobachten häufig mehr, als dass sie von außen sichtbar aktiv werden. Dadurch erscheinen sie stiller, sind bedächtiger und sorgfältiger. Keinesfalls handelt es sich um ein Vermeidungsverhalten, das in sozialer Angst oder Unfähigkeit begründet ist. Bei Hochsensiblen geht man heute als Ergebnis vieler Befragungen und Selbsteinschätzungen von etwa zwei Drittel Introvertierten und einem Drittel Extravertierten aus. Insofern gibt es eine Überlappung der beiden Konzepte, doch keine komplette Übereinstimmung.

H.J. Eysenck setzte die Dimensionen Introversion und Extraversion mit physiologischen Prozessen in Bezug und postulierte, dass Introvertierte mit einer niedrigeren Erregungsschwelle des ARAS (Aufsteigendes Retikuläres Aktivierungssystem) ausgestattet seien, wodurch sich deren leichtere Erregbarkeit erklären ließe. In zahlreichen Studien wird gezeigt, dass Introvertierte ihr optimales Leistungsniveau bei einer geringeren von außen induzierten Erregung erreichen als Extravertierte.
Daraus kann man umgekehrt schlussfolgern, dass sie bei höherer Reizflut schon wieder auf dem absteigenden Ast der Leistungsfähigkeit sitzen, da sich die Relation von Aktivierung zu Leistung in Form einer umgekehrten U-Funktion darstellt.
Als dritte Dimension seines Persönlichkeitsmodells führte Eysenck eine Neurotizismus-Skala ein, die Auskunft darüber geben soll, wie schnell das sympathische Nervensystem (Teil des vegetativen Nervensystems, das für die Aktivierung des Organsystems zuständig ist) auf vermeintlich oder tatsächlich bedrohliche Situationen reagiert. Einen hohen Wert auf der Neurotizismus-Skala erreicht, wer zu Nervosität neigt, über Ärger und Ängste klagt, schnell auf Belastungen reagiert und dessen Stressreaktionen langsamer abklingen. (Anmerkung: Das bedeutet nicht, dass diese Menschen neurotisch sind, sondern lediglich, dass sie eher prädestiniert sind, an Neurosen zu leiden). Hochsensibilität korreliert signifikant mit Neurotizismus, wie empirisch nachgewiesen wurde.
In neuerer Forschung |3 zeigte sich, dass nur solche HSP einen hohen Wert auf der Neurotizismus-Skala erreichen, die eine schwierige Kindheit hatten. Wer eher auf eine unbeschwerte Kinderzeit zurückblicken kann, hat sogar eine geringere Neigung, an Depressionen oder übertriebener Ängstlichkeit zu leiden. Auch im Ansatz von Eysenck erkennt

man viele Parallelen, wenn auch keine Deckungsgleichheit der Konzepte. Unter HSP finden sich sowohl beherrschte und überlegte Menschen, wie auch solche, die schnell aus ihrer Mitte purzeln, sowohl Zurückgezogene, wie andere, die im regen Austausch mit ihrer Umwelt stehen.

J.A. Grays |4 Reinforcement Sensitivity Theory (RST) – zu deutsch Verstärkungssensibilitätstheorie – liefert ebenfalls Hinweise, die sich ins Konzept der Hochsensibilität einordnen lassen. Gray postulierte 1981 die Existenz zweier neurophysiologischer Systeme: das Behavioral Inhibition System (BIS) sowie das Behavioral Activation System (BAS). Ein hoch aktives BIS induziert unter anderem eine Handlungsunterbrechung im Sinne von 'innehalten und prüfen' (pause-to-check), was bedeutet, dass alle Details und Möglichkeiten der Situation bewusst wahrgenommen und Zusammenhänge erfasst werden, um bestmögliche Schlussfolgerungen daraus zu ziehen. Je stärker die Aktivität des BIS ist, die nach Gray genetisch festgelegt ist, desto empfindlicher soll der Mensch für Bestrafungsreize oder ausbleibende Belohnungen sowie für neue Reize sein. Grays RST beschränkt sich allerdings auf die Erklärung der Reaktionen auf Bedrohungsreize und schließt die Reaktion auf positive Stimulation nicht ein.

Diese älteren (und bewährten) Ansätze der Persönlichkeitspsychologie stützen das Konzept der Hochsensibilität. In vielen Aspekten finden sich Übereinstimmungen, z. B. die Betonung niedriger Wahrnehmungsschwellen und damit einhergehender erhöhter Erregbarkeit, das 'Innehalten und Prüfen' und auch die genetische Determiniertheit.

GEGENWART

Elaine N. Aron entdeckte also keinen völlig neuen Charakterzug, als sie 1997 in ihrem Artikel im renommierten 'Journal of Personality and Social Psychology' die Hochsensibilität zum ersten Mal ins Zentrum stellte, statt sie lediglich als begleitende Variable zu betrachten |5. Die Pioniertat von Aron bestand darin, dass sie mit ihrer 'Entdeckung' der Hochsensibilität über bisherige Ansätze der Persönlichkeitspsychologie hinausging, sie in gewisser Weise integrierte und Hochsensibilität als einen eigenständigen 'Trait' darstellte, das heißt als eine von anderen unabhängige Persönlichkeitsdimension.

Einige Kritiker werfen Aron vor, unwissenschaftlich zu sein, ihre eigenen Interessen zu verfolgen, neuen Wein in alten Schläuchen zu verkaufen und letztlich für die Existenz ihrer Hypothese keine Belege zu haben. Die Wissenschaft ist stets auf der Suche nach Beweisen und in der Tat gab es zunächst nur wenig Forschung, die sich explizit der Hochsensibilität, wie sie heute verstanden wird, widmet. Dass Aron selbst zu Beginn in erster Linie mit Interviews und Beobachtungen gearbeitet hat und nicht mit Versuchsreihen und Methoden der experimentellen Psychologie, hat vermutlich mit dazu beigetragen, dass sich die wissenschaftliche Gemeinde schwer mit der Anerkennung des Phänomens tat.
"Apart from Elaine Aron there seems to be almost nobody interested in doing any research on this matter." (Anonymer Kommentar auf der amerikanischen Wikipedia-Seite zur Hochsensibilität im Januar 2013)

Mittlerweile hat sich dies geändert. Auch Aron selbst forscht (in Zusammenarbeit mit anderen Wissenschaftlern) heute mit anderen Methoden wie beispielsweise der funktionellen Magnetresonanztomographie (fMRT), einem Verfahren, das aktivierte Hirnareale mit hoher räumlicher Auflösung darstellen kann. Mit Hilfe des fMRT lässt sich zeigen, welche Regionen des Hirns bei spezifischen Aufgaben aktiv sind. Aron konnte so in verschiedenen Untersuchungen zur Wahrnehmung Unterschiede zwischen HSP und Nicht-HSP nachweisen. In einer weiteren Studie konnte sie zeigen, dass üblicherweise kulturell beeinflusste Unterschiede in der Aktivierung von Hirnarealen bei HSP unterschiedlicher Kulturkreise nicht auftraten. Nachgewiesen wurde auch eine höhere Aktivität (HSP im Vergleich zu Nicht-HSP) in den sogenannten Spiegelneuronen (eine Hirnregion, die wesentlich ist für Empathie und Mitgefühl) bei der Betrachtung von Bildern fremder oder nahestehender Personen, die glückliche, neutrale und traurige Gesichtsausdrücke zeigten. Das wesentliche Ergebnis dieser Untersuchungen ist, dass nachweislich Unterschiede zwischen HSP und Nicht-HSP in

Bezug auf die aktivierten Regionen des Gehirns bei der Erfüllung verschiedener Wahrnehmungsaufgaben bestehen. Das bedeutet, dass die Art der Informationsverarbeitung anders abläuft. |6
Inzwischen beziehen weitere Forscher (auch im deutschsprachigen Raum) implizit oder explizit die SPS (Sensory-Processing Sensitivity), wie sie in wissenschaftlichen Untersuchungen genannt wird, mit ein. Verschiedene Bachelor- und Masterarbeiten untersuchen Aspekte der Hochsensibilität (nachzulesen z.B. in der Bibliographie des IFHS e.V.). F. Gerstenberg von der TU München konnte beispielsweise zeigen, dass Hochsensible in Reaktionszeittests besser abschneiden und sich gleichzeitig subjektiv mehr gestresst fühlen als andere. | 7

Auch die Entwicklungspsychologie greift verschiedentlich das Thema auf, hier sind u.a. die Arbeiten des Schweizers Michael Pluess |8 zu nennen.
Vielversprechende Erkenntnisse liefern aus meiner Sicht die bereits erwähnten Langzeitstudien der Entwicklungspsychologen Jerome Kagan |9 und auch Nathan Fox |10 (University of Maryland), die zwar von einem anderen Konstrukt, dem der Reaktivität ausgehen, letztlich aber ähnliche Phänomene beschreiben, wie man sie von Hochsensiblen kennt. Ihr Vorteil für die Akzeptanz in wissenschaftlichen Kreisen sind zum einen die Längsschnittbetrachtungen, auf denen ihre Erkenntnisse basieren, zum anderen hirnphysiologische Analysen, die sie heran ziehen, was im Sinne der Beweisbarkeit auf eine bessere Resonanz in der Öffentlichkeit trifft.

Verschiedene neurophysiologische Ergebnisse scheinen mir ebenfalls interessant für die HS Forschung zu sein: Der Neurowissenschaftler Joseph LeDoux |11, der das Center for Neuroscience of Fear and Anxiety an der New York University leitet, identifizierte die Amygdala (Mandelkern) als wesentlich beteiligt bei der emotionalen Bewertung von Situationen und somit auch bei der Entstehung von Angst. Der Mandelkern ist ein Teil des limbischen Systems, einer Hirnstruktur mit starken Verbindungen unter anderem zum Hirnstamm und zum orbitofrontalen Kortex. Genau hier zeigen sich Unterschiede zwischen den Reaktiven und den Nicht-Reaktiven.

Sieht man sich die Hauptfunktionen des orbitofrontalen Kortex an, findet man dort interessanterweise viele der Charakteristika, in denen sich HSP und Nicht-HSP unterscheiden. Zum Beispiel Steuerung von Aufmerksamkeit, Integration von Sinneseindrücken und inneren Zuständen, Regulation von Wahrnehmungsprozessen, Kontrolle von Sozialverhalten, komplexe Handlungsplanung, Entscheidungsfähigkeit, Beurteilung von Handlungsfolgen. |12

Auch Kagan sieht in der Amygdala die Stelle, die für die 'Hochreaktivität' verantwortlich ist und konnte Erkenntnisse dazu gewinnen, dass eine spezielle Chemie der Amygdala diese Hirnstruktur sehr leicht erregbar macht und hochreaktive Babys, die empfindlich auf Neues reagieren, damit bereits auf die Welt kommen. Derzeit will man an der Harvard Medical School mit Hilfe von Genanalysen an Kagans Studiengruppe herausfinden, ob die auffälligen Verhaltensunterschiede bereits in der DNA determiniert sind.

Ein Versuch von Carl R.E. Schwartz |13 am Massachusetts General Hospital in Boston bestätigte obige These: Die Amygdala von erwachsenen Hochreaktiven reagierte heftiger auf neue Bilder und brauchte länger, um ihre Aktivität wieder zu senken, unabhängig davon, ob die Bilder neutral oder bedrohlich waren. Die Amygdala scheint demnach nicht nur bei angstauslösenden Reizen aktiviert zu werden, sondern auch wenn etwas geschieht, dessen Bedeutung nicht sofort klar ist. Zusätzlich entdeckte er auch anatomische Unterschiede in der Hirnregion, die dafür sorgt, die Signale der Amygdala abzumildern. Sie scheint bei Hochreaktiven (Hochsensiblen?) schwächer zu sein.

Diese Ergebnisse haben mit den Beschreibungen der Charakteristika von Hochsensibilität eine hohe Übereinstimmung: Es geht nicht nur um negative Reize, sondern um die Reizfülle an sich, unabhängig von ihrer positiven oder negativen Qualität. Dass insbesondere Reize, deren Herkunft oder Bedeutung man nicht gleich zuordnen kann, aufmerksamkeitsbindend sind, steht ebenfalls in Übereinstimmung mit den Untersuchungsergebnissen.

AUSBLICK

An den zitierten Ergebnissen lässt sich vor allem eines eindeutig zeigen: Beim Konstrukt der Hochsensibilität geht es um mehr als das subjektive Befinden oder die Befindlichkeit Einzelner. Die beschriebenen Verhaltensunterschiede haben nachweislich ein körperliches Korrelat, vermutlich sogar ein genetisch determiniertes. Das sind wichtige Schlüsse, die auch Kritikern zeigen, dass es sich bei Hochsensibilität nicht um Einbildung handelt oder gar um eine Entschuldigung für ein Defizit im Umgang mit Belastungen.

Mehr und mehr Forschungsinitiativen mit unterschiedlichen Schwerpunkten beziehen die Hochsensibilität in ihren Untersuchungen mit ein. Es handelt sich teilweise um Einzelergebnisse, deren Bestätigung (oder Widerlegung) noch aussteht. Die Variationsbreite der Untersuchungen ist ein Indiz für das zunehmende Interesse der Wissenschaft in USA und zunehmend auch in Europa.
Christina Blach hat in Österreich überprüft, inwieweit Ängstlichkeit, Depression, Stress, Alter und Geschlecht die Hochsensibilität vorhersagen. In Deutschland gibt es immer mehr Abschlussarbeiten sozialwissenschaftlicher Studiengänge, die sich mit dem Phänomen auseinandersetzen. An der Universität der Bundeswehr in Hamburg wurde im Rahmen einer Dissertation an einem diagnostischen Verfahren zur Erfassung von Hochsensibilität und der genaueren Bestimmung der typischen Eigenschaften und Dispositionen geforscht. Es ist das derzeit (2015) umfangreichste Forschungsprojekt zu diesem Thema in Deutschland.

Darüber hinaus gibt es viele Erkenntnisse, die nicht explizit die Hochsensibilität zum Gegenstand haben und dennoch wertvolle Hinweise dafür liefern |14. Die Unterschiede liegen meiner Ansicht nach oft eher in der Benennung der Dinge als in der Sache selbst.

Es bleibt abzuwarten, ob und in welchem Ausmaß sich die aktuelle Hirnforschung dem Thema Hochsensibilität widmen wird. Es sind mit Sicherheit spannende Ergebnisse zu erwarten.

ENERGIE UND KAPAZITÄT

WESHALB HOCHSENSIBILITÄT ANSTRENGEND SEIN KANN

Bleiben wir noch beim Gehirn und der Informationsverarbeitung. Hier liegt die Quelle für das Verstehen der Hochsensibilität und ihrer Auswirkungen auf das subjektive Erleben.

Auch wenn der Vergleich der Funktionsweise des menschlichen Gehirns mit dem Innenleben einer Maschine an vielen Stellen hinkt oder fragwürdig ist, kann er in manchen Aspekten hilfreich sein. Zum Beispiel, um plakativ zu veranschaulichen, worin sich hochsensible Hirnbenutzer von anderen unterscheiden. Darüber hinaus möchte ich Anregungen ableiten, wie man mit seinen speziellen Anlagen typgerecht und möglichst energieschonend umgehen kann.

MENSCHLICHE UND ELEKTRONISCHE DATENVERARBEITUNG

Bei einem Computer erscheint vieles ganz normal, was bei der menschlichen Informationsverarbeitung nicht gleichermaßen selbstverständlich ist. Je mehr Daten prozessiert werden, desto mehr Leistung in Form von Prozessorkapazität muss zur Verfügung stehen, damit das Bild nicht ruckelt oder der Bediener beim Warten auf den Seitenaufbau nicht vor dem Bildschirm einschläft. Wir haben uns daran gewöhnt, dass Programme immer anspruchsvoller werden, immer mehr Speicher brauchen und immer schneller ausgeführt werden wollen. Die alte Krücke von Laptop wird deshalb regelmäßig durch einen Nachfolger mit noch leistungsfähigerem Innenleben ersetzt.

Die moderne Umwelt fordert auch den Menschen durch eine beständig wachsende Fülle an Informationen, die häufig zusätzlich unter Zeitdruck verarbeitet werden sollen. Wesentlich mehr Informationseinheiten pro Zeit stürmen auf das Gehirn ein. Dem kann man sich nur schwerlich entziehen, wenn man nicht aktiv den Ausstieg sucht und sich auf eine ruhige Insel zurückzieht. Im Gegensatz zum Computer können wir unser Gehirn nicht in regelmäßigen Abständen gegen ein leistungsfähigeres Modell eintauschen, das den gestiegenen Anforderungen besser gerecht würde. Deshalb kommt es gelegentlich an seine Grenzen.

Schaut man sich die geistigen Schaltzentralen der Menschen an, zeigen sich einige Unterschiede und auch viele Ähnlichkeiten. Allen gemeinsam ist, dass für alles, was langfristig im Gedächtnis aufbewahrt werden soll, nahezu endlos große Speicherkapazitäten zur Verfügung stehen. Zusätzlich gibt es einen, oft als Arbeitsgedächtnis bezeichneten Speicher Ian D. Baddeley |15), der sich unter anderem durch seine kapazitative Begrenztheit auszeichnet. Im Arbeitsgedächtnis, das der vorübergehenden Aufnahme, Verarbeitung und Speicherung sowie dem Abruf von aktuellen Informationen und Reizen von außen und von innen dient, herrscht dann auch schon mal schnell Überfüllung.

Auch im Computer kennt man einen Arbeitsspeicher, der unabhängig von der Festplatte (sie entspricht dem riesigen Langzeitspeicher im Gehirn) in Kombination mit dem Prozessor die Leistungsfähigkeit und Schnelligkeit des Rechners bestimmt.

Man geht davon aus, dass ein Mensch etwa 7 Konzepte (+/- 2) gleichzeitig im Arbeitsgedächtnis präsent halten kann. Konzepte (Junks) können z.B. Wörter, Sätze, Zahlen und Bilder sein. Was darüber hinausgeht, fällt aus dem Speicher. Sie können das einfach testen, indem Sie versuchen, sich eine Einkaufsliste mit 7 oder mit 12 Artikeln zu merken. Auch Telefonnummern bleiben besser im Gedächtnis, wenn man sie in 'Pakete' packt (079 34 11 24 63 statt 0 7 9 2 4 1 1 2 4 6 3). Information im Arbeitsgedächtnis geht nach Sekundenbruchteilen verloren, wenn sie nicht aktiv durch Wiederholung (sogenanntes rehearsal) aufrechterhalten wird. Diese Begrenzung wirkt sich auf die Aufnahmefähigkeit und die Denkprozesse aus, ebenso wie auf die Verarbeitungsgeschwindigkeit.

Ein Computer, den wir vor immer neue Aufgaben stellen, indem wir mehr und mehr Programme öffnen und Prozesse anstoßen, kommt ebenfalls früher oder später an seine Kapazitätsgrenze. Er wird spürbar langsamer. Wer nicht im Blick behält, wie viele Aktivitäten er gleichzeitig beauftragt, überlastet den Arbeitsspeicher seines Rechners.

Man geht davon aus, dass bei HSP aufgrund physiologischer Unterschiede die Wahrnehmung und Verarbeitung von Informationen anders ist. Information kann alles sein, was über die Sinne oder aus dem Innenleben aufgenommen werden kann. Mehr Reize übertreten die Wahrnehmungsschwelle, werden demnach nicht frühzeitig abgefangen und bleiben zusätzlich länger erhalten, weil sie im Verlauf der Verarbeitung nicht so schnell als irrelevant eingestuft und ausgeblendet werden. Das hat Auswirkungen auf die geistige Beanspruchung. Mehr Informationen/Zeiteinheit landen im Arbeitsspeicher und belegen die begehrten 7 +/- 2 Plätze. Zudem verweilen sie länger und lassen sich nicht so schnell vertreiben. Diese Eigenheit, die nach außen nicht sichtbar wird, erzeugt 'innen' sehr wohl deutliche Unterschiede im Erleben.

EIN PODCAST

In Vorbereitung auf dieses Kapitel habe ich mir im Internet einen Podcast zum Thema 'Arbeitsgedächtnis und Bewusstsein' der Redaktion Spektrum Wissen angehört. Dieser Wortbeitrag ist mit klassischer Musik unterlegt. Nur unter Aufbietung aller Konzentration und mit mehrfacher Wiederholung ist es mir gelungen, dem Sprecher in seinem Gedankengang zu folgen, insbesondere als das Thema zunehmend komplexer und die Musik zunehmend dynamischer wurde. Meine Ohren waren mehr bei den Oboen als beim Inhalt. Abgesehen davon, dass es leicht befremdlich ist, ausgerechnet von Herausgebern einer Zeitschrift, die sich mit der Funktionsweise des Gehirns und mit Interferenzen auskennen sollten, vor eine solche Doppelaufgabe gestellt zu werden, zeigt es, was mit diesen sogenannten unterschiedlichen 'Filtern' gemeint ist.

HSP können z.B. wechselnde (nicht monotone) Geräusche wie Musik nicht ohne Weiteres aus ihrer Wahrnehmung ausblenden, selbst dann nicht, wenn sie sie 'bewusst' als irrelevant kategorisiert haben. Es ist, als wolle man sie ständig weiter auf ihren Informationsgehalt hin prüfen. Sie binden Aufmerksamkeit und damit intellektuelle Kapazität. Viele empfinden gerade solche Nebengeräusche, die sich nicht zuordnen lassen, oder Gespräche, die sie in Bruchstücken mithören müssen, als besonders aufmerksamkeitsbindend. Im Hintergrund ist man damit beschäftigt, den Inhalt, die Botschaft oder die Quelle zu entschlüsseln, selbst wenn der Verstand sie schon als unbedeutend oder uninteressant eingestuft hat.

Im Vergleich dazu nehmen andere Menschen nebensächliche Geräusche nach einer gewissen Zeit nicht mehr wahr, obgleich sie objektiv nach wie vor vorhanden sind. Die Musik im Supermarkt, das Brummen der Heizung, den Verkehrslärm von der Straße, Gespräche an Nachbartischen, das Telefonat des Kollegen. Wenn sie absichtlich oder durch eine Veränderung (bekanntes Lied, Klacken statt Brummen, zusätzliches Hupen, Nennung des eigenen Namens) wieder aufmerksam werden, rücken die Geräusche für einige Zeit wieder in den Vordergrund bis sie sich erneut dem Fokus der Aufmerksamkeit entziehen und die Bühne frei machen für neue Dinge.

Logischerweise ist in einem HSP-Gehirn wesentlich mehr los. Daten über Daten flitzen permanent durch die Neuronen und wollen verarbeitet sein. Ist die kritische Schwelle an Reizen erreicht, geht nichts mehr, man wird starr, kann nichts mehr aufnehmen und blockiert.

Auch ein Computer reagiert beleidigt, wenn man zu viel auf einmal von ihm verlangt, er 'hängt sich auf.' Das aufkommende Problem wird durch eine laufende Sanduhr oder neuzeitlicher durch einen sich endlos drehenden Kreisel angezeigt – work in progress! Wer weiterhin auf die Tasten seines elektronischen Helfers einhackt, erlebt dessen Zusammenbruch – keine Rückmeldung – drohender Datenverlust. Im sogenannten Task-Manager kann man Programme beenden, die wegen Überforderung nicht mehr ausgeführt werden. Dann sind die Daten zwar im Allgemeinen weg, aber das Hirn des Computers arbeitet wieder.

Ähnlich zerstörerisch können die Auswirkungen sein, wenn Menschen nicht rechtzeitig erkennen, wann ihr System kollabieren wird. Mancher 'Reset' zeigt sich darin, dass man auf Abwehr umschaltet. Dann kann auch ein einfühlsamer Mensch aufbrausen und seiner Umwelt vergleichsweise unkontrolliert und unreflektiert seine Überforderung entgegen schleudern. Es ist der zumeist wenig zielführende, verzweifelte Versuch, den Reizstrom zu stoppen. Auch hier gilt es, die Frühwarnsysteme (Sanduhr!) zu kennen, um dem inneren Prozessor wieder die Chance zu geben, Denkprozesse geordnet abzuschließen und wieder offen für Neues zu sein.

Jeder braucht Pausen zur Verarbeitung. Die Aufnahme von Information kann nur eine Zeit lang konzentriert erfolgen. Zitat von der Website des Informations- und Forschungsverbundes Hochsensibilität e.V.: "Wenn Hochsensible nun permanent wesentlich mehr Informationen/Zeiteinheit aufnehmen als andere Menschen, so liegt es in der Natur der Sache, dass bei ihnen die Speicher schneller voll und die Akkus schneller leer sind. Die hohe Anzahl an Informationen will verarbeitet ('verdaut') werden. Die Nerven brauchen nach Zeiten der intensiven Stimulation eine Phase der Regeneration."

ENERGIEBEDARF

Physikalisch betrachtet ist Leistung der Quotient aus verrichteter Arbeit (oder dafür aufgewendeter Energie) und der dazu benötigten Zeit. Also Leistung = Arbeit / Zeit oder umgekehrt: Energie = Leistung x Zeit. Niemand wird ernsthaft bestreiten, dass die Verarbeitung von mehr Informationen auch mehr Arbeit macht. Am Ende wird mehr Energie benötigt und mehr geleistet, wenn mehr im Arbeitsgedächtnis prozessiert werden muss.

Wer neben der eigentlichen Arbeit an seinem Schreibtisch damit beschäftigt ist, die laute Stimme der telefonierenden Kollegin auszublenden, das Rauschen des Druckers zu ignorieren (was nicht klappt), dem Geruchscocktail aus Kantine, Deo und Raucherecke Herr zu werden, hat mental ein Vielfaches von dem geleistet, was als Output greifbar wird. Hinzu kommt die inhaltliche Fülle, weil der Verstand (siehe Kapitel 'Entscheidungsaufgaben') auf Hochtouren rennt. Getoppt wird das Ganze durch die gefühlsmäßige Beschäftigung mit der Beziehung zu Kollegen und Chefs, der zu

Hause wartenden Schwiegermutter und dem anstehenden Geburtstag des Liebsten. So befasst sich das Gehirn mit vielfältigen Themen (neben der eigentlichen Arbeit), die es nicht oder nur schwer bewusst abwählen kann.
Ist das eine Leistung? Ist es. Leider können Menschen, deren Sinneskanäle selektiver arbeiten, nicht wirklich verstehen, was hier geschieht und sind deshalb manchmal geneigt, HSP vorschnell als wenig belastbar, langsam und schnell überfordert einzuschätzen.

Wenn wir nicht sehen, was der Computer im Hintergrund alles leistet (Update Virenschutzprogramm, tägliche selbständige Sicherungsroutine, Prüfen auf notwendige Programmaktualisierungen, automatisches Zwischenspeichern von Dokumenten ...), ärgern auch wir uns, dass die Kiste so lahm ist. Anerkennung für das selbständige Erledigen dieser wichtigen Aufgaben kommt uns kaum in den Sinn, meistens auch dann nicht, wenn wir 'ex post' über Mitteilungen wie 'Download von 16 Dateien abgeschlossen' eine Erklärung für das verzögerte Verhalten geliefert bekommen ('Ja, schon, muss das gerade jetzt sein, das kann doch nicht so viel Kapazität wegfressen ...'). Trotz Erklärung ist und bleibt es unerfreulich.

Genauso wenig kann man meiner Meinung nach von anderen Menschen verlangen, dass sie den persönlichen Hochleistungspozessor im Gehirn einer HSP bewundern oder Verständnis dafür haben, wenn der erkennbare Output gering ist oder langsamer kommt. Keiner kann ernsthaft Beifall erwarten für die Fülle an Informationen, die er gleichzeitig im Kopf bewegt, in Beziehung zueinander gesetzt oder abgelegt hat. Auch nicht für die Gefühle, die er aufgenommen und verarbeitet hat und mit deren Resonanz im eigenen Erleben er wiederum umgehen musste. Man sollte Menschen nicht verdenken, wenn sie Vergleiche ziehen oder Anforderungen stellen, die für sie normal sind. Auch HSP wünschen sich manchmal mehr Einfühlungsvermögen und können sich nicht vorstellen, wie man so 'stumpf' oder 'blind' sein kann. Manche Menschen können das nicht leisten. Genau wie HSP umgekehrt deren Erwartungen nicht immer erfüllen können.

Für HSP selbst kann die Erkenntnis ihrer Besonderheit und damit einhergehender 'Energieengpässe' durchaus erleichternd wirken und von einer Selbstverurteilung befreien. HSP sind weder grundsätzlich faul, noch schwach und durchaus belastbar. Gleichzeitig ist es wichtig zu lernen, mit der eigenen Energie und Leistungsfähigkeit gut hauszuhalten, sich von unnötigem Balast zu befreien, rechtzeitig wieder aufzutanken und unnötige 'Hintergrundprozesse', z.B. in Form unproduktiver Gedankenschleifen, zügig zu beenden, um wieder Speicherkapazität frei zu bekommen.

Jeder muss es selbst in die Hand nehmen für sich zu sorgen, damit er nicht ausbrennt und den Anforderungen gerecht werden kann, die das Leben an ihn stellt. Das kann im Einzelfall durchaus bedeuten, dass man das Umfeld wechselt, wenn man die aktuellen Verhältnisse nicht ändern kann. Bestimmt ist es auch an vielen Stellen möglich, aktiv Verbesserungen herbeizuführen. Wichtig finde ich, dass dies nicht aus einer Haltung der Schwäche, eines Defizitgefühls oder der Anklage geschieht. Und nicht, indem man es damit begründet, 'ein HSP' zu sein. Es klingt in den Ohren anderer ganz schnell nach Ausrede, Opfer und Sonderbehandlung.

Jeder, der so viel leistet, kann das nur, weil er stark ist. Starke Menschen nehmen die Themen in die Hand, statt zu jammern oder abzuwarten. Wo immer möglich oder scheinbar auch unmöglich: Gestalten oder ändern Sie Ihr Umfeld, werden Sie selbst für sich aktiv, um Ihre Ressourcen zu schonen. Und rechnen Sie damit, dass das einen 'Preis' hat. Es kann Überzeugungskraft kosten, Enttäuschungen produzieren, Geldeinbußen oder Karriereknicke mit sich bringen, Ablehnung erzeugen, Aufwand sein. Was ist Ihnen auf der anderen Seite Ihre Gesundheit und Ihre Lebensfreude wert?

In erster Linie geht es darum, die überfüllten Gedankenspeicher zu leeren und die Energiespeicher wieder zu füllen. Dabei sollte man darauf achten, nichts Neuartiges mehr aufzunehmen, das wiederum verarbeitet sein will. Es ist besser, sich mit Bekanntem und ganz einfachen Dingen zu beschäftigen. Gut ist es, zunächst etwas abzugeben, in Form von körperlicher Bewegung (Abbau von Stresshormonen) oder von Gedanken, die man los wird, indem man sie zum Beispiel aufschreibt. Geeignet sind Routinen, die wenig geistige Verarbeitungskapazität erfordern und Dinge, die das Nervensystem beruhigen, wie Naturgeräusche oder auch entspannende Musik. Da das Thema Erholung/Regeneration/Auftanken ein übergreifendes ist und nicht spezifisch für diese Kapitel, verweise ich auf den Abschnitt 'Hürde und Sprung'.

Manche werden vielleicht sagen, die dort beschriebenen Tipps wären ja gut und schön, doch besonders schwierig umzusetzen, wenn man im Berufsleben steht und zudem noch eine Familie zu versorgen hat. Das ist vollkommen richtig. Und doch ist es gerade dann noch wichtiger, sich Inseln zum Auftanken zu schaffen. Sollten Sie regelmäßig fernsehen, können Sie beispielsweise diese Zeit im Sinne der Regeneration besser für sich nutzen. Es ist enorm, welche Frei-Zeit entsteht, wenn man das Gerät nicht mehr einschaltet. Vielleicht fallen Ihnen weitere Zeitblocker ein, die in Ihrem Leben Kapazität für Erholung blocken, z.B. bügeln, was nicht unbedingt sein muss, der Besuch von 'Pflichtveranstaltungen' oder den dritten Kuchen backen. Sie können 15 Minuten eher aufstehen und 15 Minuten später zu Bett gehen, dann haben Sie eine halbe Stunde für sich gewonnen, in der Sie ganz bewusst etwas machen können, was Ihnen ganz persönlich gut tut.

Wer sich Zeit für etwas nehmen möchte, muss immer etwas anderes abwählen. Was das ist, muss jeder für sich selbst entscheiden. Meine Erfahrung ist, dass man an zu vielen Stellen glaubt, unentbehrlich zu sein. Wenn man etwas nicht mehr macht, macht es ein anderer oder keiner und die Welt geht erstaunlicherweise nicht unter.

EXKURS

VERSTEHEN UND VERSTÄNDNIS

Manche stellen sich die Frage, ob sie mit anderen über ihre 'Besonderheit' sprechen sollten, damit diese das eigene Verhalten besser verstehen oder auch berücksichtigen können. Im Einzelfall mag das zum gewünschten Effekt führen, insgesamt vermute ich, dass der Nutzen in keiner guten Relation zu einem möglichen Schaden steht.

Wer es zur Sprache bringen möchte, dem empfehle ich, das Phänomen zunächst ganz kurz und mit anderen Worten zu umschreiben und auf die Reaktion zu achten. Worte mit 'Hoch-xxx' klingen oft irgendwie alarmierend und überdimensioniert und das ist keine gute Voraussetzung für eine positive Resonanz: Hochrisikopatient, Hochsaison, Hochseilakt, Hochsommer, Hochstapeln, Hochgeschwindigkeit, Hochspannung, Hochmütigkeit, Hochleistungssport, hochnotpeinlich ... . Zeigt das Gegenüber echtes und ehrliches Interesse, kann man weiter ausholen und evtl. auch von 'Hochsensibilität' sprechen.

Mit dem Begriff des 'Vielfühlers', den ich geprägt habe, um den Assoziationen zu Hoch-xxx aus dem Weg zu gehen, ist es mir häufig gelungen ein Schmunzeln und Neugier beim Gegenüber zu wecken. Bei der Erklärung, die ich dann gebe, achte ich besonders darauf, die positiven Charakteristika in den Mittelpunkt zu stellen, die sich aus der 'Vielfühlerei' ergeben und erwähne eher im Nebensatz, das einem die Menge der Eindrücke und Emotionen auch überlasten kann.

Insbesondere im beruflichen Kontext sollte man die positive Wirkung einer Erklärung nicht zu euphorisch einschätzen, wobei es sicher einen Unterschied macht, ob man in einer Heilpraktikerpraxis oder im Investmentbanking arbeitet. Es wäre ein Trugschluss zu glauben, dass Rücksichtnahme und Verständnis die unmittelbare Folge dieser 'Aufklärung' sein werden. Genauso gut kann es sein, dass man belächelt, abgestempelt oder mit noch mehr Skepsis betrachtet wird. Wer sich vorher schon wenig tolerant gezeigt hat, wird seine Haltung aufgrund dieser Information kaum ändern.

Da man sich im privaten Umfeld seine Freunde aussuchen kann, ist das Risiko hier weniger groß, auf unerfreuliche Reaktionen zu stoßen. Im weiteren Bekanntenkreis erntet man möglicherweise ein Stirnrunzeln oder im ungünstigen Fall ein innerliches 'Hab-ja-schon-immer-gewusst-dass-die-eins-an-der-Waffel-hat'.

Die Frage bleibt, ob es die explizite Ansprache überhaupt braucht. Man kann stattdessen in der jeweiligen Situation gut für sich sorgen, indem man um etwas Ruhe bittet oder sich früher verabschiedet, wenn es einem zu viel wird. Man kann fragen, ob man das Fenster öffnen kann oder beeinträchtigenden Situationen, wo immer möglich, aus dem Weg gehen. Auch die Erklärung, dass man an etwas weniger Spaß oder Interesse hat, reicht in vielen Fällen schon aus. Das alles geht, ohne sich selbst einen Button mit 'HSP' anzuheften, was manche gleichbedeutend mit Pienzchen, Weichei, Warmduscher oder Mimose setzen.

Achtung und Toleranz entsteht nicht durch Labels. Oder haben Sie erlebt, dass man mit Behinderten, Asylsuchenden, Fahranfängern durchgängig verständnisvoll und hilfsbereit umgeht? 'Ach, Sie sind von Natur aus extrem sensibel, na dann werden wir in Zukunft keine lauten Grillabende mehr auf dem Balkon veranstalten ...'

Rücksichtnahme entsteht durch Perspektivwechsel. Um andere dazu anzuregen, braucht es keine Pauschal-Absolution als HSP, sondern freundlich vorgebrachte situative Hinweise. Und dann, mit etwas Glück, vielleicht, vielleicht, erreicht man ein verständnisvolles Gegenüber.

DIE SEELE

von HERMANN HESSE

Deine Seele wird dich nicht anklagen, du habest dich zu wenig um Politik gekümmert, habest zu wenig gearbeitet, die Feinde zu wenig gehasst, die Grenzen zu wenig befestigt. Aber sie wird vielleicht klagen, du habest allzu oft vor ihren Forderungen Angst gehabt und dich geflüchtet, du habest nie Zeit gehabt, dich mit ihr abzugeben, mit ihr zu spielen, ihren Gesang anzuhören, du habest sie oft um Geld verkauft, um Vorteile verraten. Und so sei es Millionen gegangen, und wohin man blicke, da machten die Menschen nervöse, gequälte, böse Gesichter, hätten keine Zeit außer fürs Unnützeste, für Börse und Sanatorium, und dieser Zustand sei ein warnender Schmerz, ein Mahner im Blut.

Möge der Weltlauf gehen, wie er wolle, einen Arzt und Helfer, eine Zukunft und neuen Antrieb wirst du immer nur in dir selber finden, in deiner armen, misshandelten, geschmeidigen, nicht zu vernichtenden Seele. In ihr ist kein Wissen, kein Urteil, kein Programm. In ihr ist bloß Trieb und Gefühl. Ihr sind die großen Heiligen und Prediger gefolgt, die Helden und Dulder, ihr die großen Zauberer und Künstler. Der Weg der Millionäre ist ein anderer, und er endet im Sanatorium.

STRESSIGER HORMONCOCKTAIL

WIE DER KÖRPER AUF BELASTUNGEN REAGIERT

Hochsensible Menschen sind aufgrund ihrer andersartigen Wahrnehmung besonders prädestiniert, über den Tag einiges aufzusammeln, was sich sowohl in körperlicher wie in psychischer Hinsicht als Belastung auswirkt.
Wer bei der ständigen Auseinandersetzung mit den Anforderungen seiner Umwelt unter Spannung gerät, befindet sich in einem körperlichen Zustand, den man als Hab-Acht-Stellung bezeichnen kann, im allgemeinen Sprachgebrauch auch 'Stress' genannt.

WAS IST STRESS ?

"Stress ist ein Muster spezifischer und unspezifischer Reaktionen eines Organismus auf Reizereignisse, die sein Gleichgewicht stören und seine Fähigkeiten zur Bewältigung strapazieren oder überschreiten." |16

Das allgegenwärtige Wikipedia verrät dazu: "Stress bezeichnet zum einen durch spezifische äußere Reize (Stressoren) hervorgerufene psychische und physische Reaktionen bei Lebewesen, die zur Bewältigung besonderer Anforderungen *befähigen*, und zum anderen die dadurch entstehende körperliche und geistige *Belastung*."

Meistens steht die Belastung im Vordergrund, wenn man an Stress denkt. Doch ist es auch eine Befähigung, um Besonderes (= Außergewöhnliches) zu leisten, denn zunächst sind körperliche Stressanzeichen die Reaktion auf eine Herausforderung. Sie sind nicht per se etwas Ungutes, im Gegenteil, sie können sogar sehr sinnvoll und überlebenswichtig sein und so haben sie sich auch über die Jahrmillionen der Evolution etabliert. Unsere Vorfahren erlebten Stresssituationen, wenn sie einem Säbelzahntiger, einer feindlichen Horde oder einem Waldbrand gegenüber standen. Im einen Fall half Angriff, im anderen Flucht. Jedenfalls war das Ganze so oder so bald wieder vorüber.

Der moderne gestresste Mensch hat gewissermaßen ein Dauer-Abonnement von Fressfeinden und drohenden Katastrophen, mit dem Unterschied, dass weder Weglaufen noch Keule schwingen eine erfolgreiche Bewältigungsstrategie für die Stressoren unserer Zeit darstellt. Aus 'außergewöhnlich' wird 'gewöhnlich' und das ist ein Teil des Problems.

Nochmals zurück in die Vergangenheit. Körper und Geist des Steinzeitonkels werden in Handlungsbereitschaft versetzt, indem Muskulatur und Kreislauf aktiviert werden. Gleichzeitig erhöht sich die (selektive) Aufmerksamkeit und Entscheidungsbereitschaft. Das heißt, der Blickwinkel engt sich ein und fokussiert das 'Objekt der Gefahr', weshalb er auch nicht viel davon mitbekommt, was links und rechts passiert. Und er muss schnell entscheiden, was er will - Angriff oder Flucht. Jegliche differenzierte Betrachtung wäre jetzt eher hinderlich, z.B. darüber nachzudenken, ob dieses Tigerexemplar vielleicht doch in freundschaftlicher Mission unterwegs ist oder möglicherweise putzigen Nachwuchs zu versorgen hat.

Die äußere Bedrohung ist eine andere geworden, doch der Mechanismus im Körper ist immer noch der gleiche geblieben. Kommt Ihnen etwas bekannt vor? Anspannung, Herzrasen, hektische Atmung (Sauerstoffzufuhr), Tunnelblick (selektive Aufmerksamkeit), Pauschalverurteilung, Angriff oder auch Flucht, je nach Temperament und Situation? Allerdings passt etwas nicht mehr zusammen: Der Mensch nutzt die Ressourcen meist gar nicht mehr, die der Körper bereit stellt, weil er mit Muskelkraft (draufhauen oder weglaufen) den Problemen der heutigen Zeit nur selten wirkungsvoll begegnen kann. Das ist ein entscheidender Grund dafür, warum Stress krank macht. Die Welt hat sich verändert, die Körperreaktionen sind die gleichen geblieben.

DER STRESS MIT DEM STRESS

Und das passiert im Detail: Bei kurzzeitigen einmaligen 'Bedrohungen' wird eine Reaktionskette in Gang gesetzt, die den Körper befähigt, blitzschnell zu reagieren. Über Hormone (das sind Botenstoffe, die von spezialisierten Zellen produziert und ins Blut abgegeben werden, um im Körper für spezifische Wirkungen zu sorgen) werden das Herz-Kreislauf-System, das Atmungssystem und die Muskulatur stark aktiviert. Das Nebennierenmark schüttet Adrenalin aus. Systeme wie die Verdauung und das Immunsystem werden heruntergefahren, weil es die im Moment nicht braucht. Über den Sympathikus (ein Teil des Vegetativen Nervensystems, das die Organe reguliert) wird der Körper auf Leistungsbereitschaft eingestellt. Nach ca. 15 Minuten ist der Spuk gewöhnlich wieder vorbei.

Die Bedrohungen von heute sind leider nicht nach wenigen Minuten im Busch verschwunden. Der anstrengende Arbeitsplatz, die ungute Wohnumgebung, die belastende Familiensituation, all das sind Dauerstressoren. Diese Langzeitbelastung ruft weitere Spieler auf den Plan. Der amerikanische Mediziner John W. Mason schlussfolgerte aus seinen Untersuchungen, dass insbesondere in Situationen, die als neu, unvorhersehbar, unkontrollierbar und mehrdeutig bewertet werden, die im Folgenden beschriebene Reaktionskette in Gang gesetzt wird.

Anhaltend hohe Konzentrationen von Adrenalin führen dazu, dass das Limbische System eine erhöhte Freisetzung des sogenannten Corticotropin-Releaesing Hormons (CRH) veranlasst. Das Limbische System ist ein Hirnbereich, der unter anderem für die Verarbeitung von Stimmungen und Gefühlen zuständig ist. CRH wirkt auf die Hirnanhangdrüse (Hypophyse), die wiederum über das ACTH (Adrenocorticotropes Hormon) die Produktion des bekannten Stresshormons Cortisol in der Nebennierenrinde anregt. Cortisol bewirkt viel Wichtiges und Gutes im Körper. Die Probleme mit der Wirkung von Cortisol, das es über die Publikationen der Stressforschung zu einer hohen Bekanntheit gebracht hat, entstehen in erster Linie durch die Dauerüberschwemmung des Organismus mit diesem und einigen weiteren Stoffen.

Verkürzt gesagt, steigert Cortisol zunächst die körperliche Leistungskraft durch die Beeinflussung des Kohlenhydratstoffwechsels. Seine Blutzucker anhebende Wirkung und die vermehrte Glykogenbildung in der Leber sorgen dafür, dass im Körper bei Bedarf schnell viel Energie bereitgestellt wird. Das heißt, die Muskulatur wird leistungsfähig, sie hat 'voll getankt', ist bereit zum Durchstarten und gewappnet für langanhaltende Gefahrensituationen.

Man kann diesen Zustand als 'erhöhte Wachsamkeit' beschreiben. Das Gehirn und das Nervensystem werden aktiviert, alle Sinne sind aufs Äußerste geschärft. Alles, was mit der realen oder befürchteten Bedrohung zusammenhängt, wird wahrgenommen. Alles, was damit nicht unmittelbar zusammenhängt, wird ausgeblendet. Hirnaktivitäten, die für das Überleben in bedrohlichen Situationen nicht erforderlich sind, werden unterdrückt. Vor allem das höhere Denkvermögen sowie das Gedächtnis werden blockiert. Deshalb kann man aus Situationen, die man in diesem speziellen Hormonzustand erlebt hat, oft keine detaillierten Erinnerungen mehr abrufen, schon gar nicht für Dinge, die drum herum passiert sind.
Wer unter massivem Stress steht, ist aufgrund der anhaltend hohen Cortisolwerte nicht mehr fähig, gut nachzudenken und Probleme überlegt und umsichtig zu lösen. Auch schleichen sich unter Stress häufig Fehler bei Arbeiten ein, die man ansonsten nicht machen würde. Das ist auch ein Effekt der Prüfungsangst. Das Abrufen von auswendig Gelerntem funktioniert gerade noch, kombinatorische Denkleistungen bringt das Hirn nicht mehr zustande. Auch bei der Aufklärung von Verbrechen gibt es das Phänomen, sodass sich die Beteiligten an viele, für die Aufklärung wichtige Details nicht mehr erinnern können.

Der Körper handelt immer ökonomisch, um das Leben zu sichern. Unser Urzeitonkel kam eher selten in die Verlegenheit, im Angesicht einer feindlichen Truppe geistige Klimmzüge machen zu müssen, daher war dies für ihn nicht überlebenswichtig, und das hat sich über die Zeit bis heute erhalten.

Die Dosis macht das Gift. Langfristig können sich die hohen Cortisol-Konzentrationen, die nicht wie ursprünglich von der Natur vorgesehen, durch ein 'Ausagieren' abgebaut werden, negativ auf den gesamten Organismus auswirken. Die gesamte hormonell gesteuerte Wirkungskette ist, wie eben beschrieben, ein sehr sinnvoller Mechanismus, um in einer gefährlichen Situation das Überleben zu sichern. Heutzutage steht der Körper als Ergebnis der Aktivierung zwar ebenfalls unter Strom, aber es fehlt die anschließend nötige Aktion, um ihn wieder auf ein normales Betriebsniveau herunter zu fahren.

In der Literatur zu diesem Thema wird die Wirkung von Dauerstress hinlänglich und professionell beschrieben, hier nur einige, damit einhergehende mögliche Störungen:
Bluthochdruck, Risiko von Herzinfarkt und Schlaganfall, sexuelle Unlust und Unfruchtbarkeit bzw. Impotenz, beschleunigte Alterung und Förderung degenerativer Erkrankungen in allen Geweben und Organen, erhöhtes Risiko von Zuckerkrankheit, Chronisches Erschöpfungssyndrom und vieles mehr.

GUT MIT SICH SELBST SEIN

Der Körper will eigentlich *uns* durch seine Reaktionen schützen, in der heutigen Welt müssen wir *ihm* helfen, damit er nicht krank wird. Aus dem Verständnis der hormonellen Wirkungskette heraus lassen sich einige Strategien zum Stressabbau (d.h. zur Hormonregulation) logisch ableiten. Auch wenn das letztlich für alle Menschen gilt, sind HSP besonders gefragt, gut für sich selbst zu sorgen, um die negativen Auswirkungen der Belastungen in Grenzen zu halten.

Moderne Stressoren sind gewöhnlich nicht lebensbedrohlich oder gefährlich, sie sind eher ärgerlich, lästig, frustrierend oder emotional belastend. Das kann sehr gravierend sein, auch wenn man *nur* mit einem Verlust an Lebensqualität und nicht gleich mit dem Leben selbst bezahlt. Die Bedrohungen sind wesentlich subtiler geworden und damit ist auch die Gefahr nicht so offensichtlich, in die man sich begibt, wenn man fortgesetzt Stresserlebnissen ausgesetzt ist. Vielfach merkt man erst an den körperlichen Krankheitsanzeichen, dass etwas aus dem Gleichgewicht geraten ist. Da die bedrückte Seele keine Stimme hat, die von allen verstanden werden kann, macht sie sich über den Körper bemerkbar. Dort entstehen dann die Symptome, die jeder kennt, und spätestens dann sind sie nicht mehr zu übersehen.

Am besten wäre es natürlich, erst gar nicht durch 'Alltagsbedrohungen' unter Stress zu geraten. Diese Erkenntnis hilft auf den ersten Blick nicht viel weiter, auf den zweiten durchaus. Denn mit Hilfe mentaler (= gedanklicher) Techniken, lassen sich die Reaktionen auf die Stressauslöser immerhin dämpfen. Gefühle wie Ärger, Frust, Wut, Enttäuschung, etc. entstehen über Gedanken. Sie sind die Folge von Bewertungen bzw. Interpretationen einer Situation. Auch wenn Gedanken und mit ihnen der Stresspegel ein gewisses Eigenleben führen, sind sie doch steuerbar. Dazu ausführlicher im Kapitel 'Gedanken und Gefühle'.

Ist die Aktivierung erst einmal erfolgt, die hormonelle Reaktionskette bereits in Gang gesetzt, hilft jede Art von Bewegung, damit man nicht buchstäblich auf seinen Stresshormonen sitzen bleibt.

Der Körper hat sich etwas dabei gedacht und mit seiner hormonell gesteuerten Reaktionskette die Voraussetzungen dafür geschaffen, aktiv zu werden. Die Muskulatur muss etwas zu tun bekommen, das Herz-Kreislauf-System beansprucht werden, der Blutzucker (Energielieferant) verbraucht werden, die Atmung stabilisiert werden. Wenn Sie sich bewegen, verhalten Sie sich so, wie evolutionär vorgesehen. Die schädlichen Wirkungen entstehen nämlich zu einem erheblichen Teil dadurch, dass nicht abgerufen wird, was der Körper zur Verfügung gestellt hat. Das Problem sind nicht die freigesetzten Hormone an sich, sondern deren sinnloser Dauerlauf im Blutkreislauf. Dazu kommt die Häufigkeit, mit der man stressauslösenden Situationen gegenüber steht.

Bewegung ja - und wie? Das Naheliegende wird gern übersehen: Es beginnt beim Treppensteigen und der Runde um den Block. Dem Körper ist es egal, wo und wie er wieder auf Normalniveau kommt. Bewegung fördert den Abbau der in der Blutbahn kursierenden Hormonmischung, die kurzfristig unlustige Gefühle macht und auf Dauer Schaden anrichtet. Auch einige Übungen am oder neben dem Schreibtisch, der Griff zum Putzlappen oder zum Hammer, Altpapier wegbringen oder Staubsaugen sind als Soforthilfe besser als nichts. Vielleicht klingt das trivial, doch die gute Wirkung dieser 'Alltagsbewegungen' besteht in der Stimmigkeit und dem engen zeitlichen Zusammenhang mit den körperlichen Reaktionen. Das macht sie für diesen Zweck wertvoller als der regelmäßige, aber zeitlich versetzte und seltene Besuch einer Fitnesseinrichtung.

Akut helfen die Alltagsbewegungen, die in direkter zeitlicher Nähe zur stressauslösenden Situation stehen, mittelfristig ist es mit Sicherheit gut, Bewegung im Sinne von Sport, Spaziergängen und sonstigen körperorientierten Beschäftigungen zu suchen und auszuüben. Sie helfen, Körper und Geist allmählich wieder ins Gleichgewicht zu bringen.

Viele machen den Fehler, im Freizeitbereich noch einen drauf zu setzen, indem sie wiederum in einer Form aktiv werden, die den Mechanismus von Neuem anheizt. Sie rennen, radeln und fighten, setzen sich im Wettkampf (!) gegen sich selbst oder andere erneut unter Druck. Der Körper kann nicht wissen, dass man gerade freiwillig um die Aschenbahn hetzt oder in die Pedale des Spinning-Bikes tritt und kein böser Fressfeind hinter ihm her ist. Auch Yoga ist kein Wettbewerb der Beweglichkeit oder Ausdauer bei komplizierten Haltungen. Es geht darum, einen Ausgleich zu schaffen, nicht darum, etwas am besten zu machen und das Muster des Alltags zu wiederholen. Es ist der Weg hin zu etwas mehr Gelassenheit (im Sinne von 'etwas lassen können').

Weitere Anregungen zum Thema Ausgleich und Stressabbau gibt es im Kapitel 'Hürde und Sprung'.

Quellen | 17

Der letzte Abschnitt des Kapitels 'Wissenschaft und Weisheit' beschäftigt sich mit der Abgrenzung zwischen 'Krankheit' und 'Normalität', insbesondere bei hochsensiblen Kindern. Darauf möchte ich unbedingt eingehen, auch wenn ich das umfassende und bedeutsame Thema der Hochsensibilität bei Kindern in diesem Buch zugunsten anderer Schwerpunkte zurück gestellt habe .

EXKURS

TRICKS

Aus meiner beruflichen Praxis kenne ich die Frage 'Haben Sie nicht einen Trick, wie man ...?'. Darunter verstehen die Fragenden in der Regel eine Art Abkürzung, um ans Ziel zu kommen, ohne über den steilen Berghang zu müssen. Statt eines Tricks habe ich nur einen abgedroschenen Spruch unserer Großelterngeneration zu bieten: Es gibt nichts Gutes, außer man tut es!

Körper und Geist funktionieren nach Naturprinzipien, und die kann man so wenig außer Kraft setzen wie die Schwerkraft. Ein Prinzip ist das der Wiederholung. Was sich über viele Zyklen eingebrannt hat, lässt sich nicht über das Drücken eines Knopfs abstellen oder ändern, sondern will durch konsequentes Verfolgen eines anderen Weges um- bzw. neu gelernt werden. Manchmal kann das auch ganz schnell gehen (Verzicht auf Fastfood, Schoko, Chips und Alkohol = Gewichtsverlust). Aber tun muss man es und konsequent bleiben. An Letzterem mangelt es dann meistens und so bleibt es bei den guten Absichten. Tipps aus Büchern und Zeitschriften, von Beratern und Bekannten werden gerne ausprobiert. Ändert sich nicht alles augenblicklich, gibt man schnell wieder auf und kehrt zum Gewohnten zurück. Das ist schade, denn ich bin mir sicher, viele Ratschläge hätten eine Chance gehabt, etwas zum Besseren hin zu verändern, wenn man am Ball geblieben wäre.

Würde ein Bauer so handeln, wäre er selbst und mit ihm alle, die von ihm abhängig sind, längst verhungert. Die Zeitpunkte von Saat und Ernte klaffen oft Monate auseinander, dazwischen passiert offensichtlich lange gar nichts. Unter der Erde arbeitet die Natur, doch über der Erde muss der Mensch geduldig warten, hin und wieder gießen und darf keinesfalls alles aktionistisch mit dem Pflug umgraben, nur weil sich kein grünes Hälmchen zeigt.

Wir unterliegen oft dem Irrglauben, Erfolge müssten sich postwendend einstellen, Saatkorn rein, eine Nacht darüber schlafen, und? Drei Mal freundlich zum Nachbarn gewesen er schaut immer noch mürrisch? Eine Woche Entspannungsübungen gemacht und immer noch Schwierigkeiten beim Einschlafen? Zwei Wochen meditiert, immer noch nicht erleuchtet?

Trick meint weiterhin oft etwas noch nie Dagewesenes, Außergewöhnliches. Mag sein, manchmal gibt es zu einer Sache spektakulär neue Ansätze. Doch meistens besteht der Trick darin, scheinbar triviale Dinge einfach zu tun, statt auf das Wunder zu warten. Wer lange nach der Abkürzung sucht (die es möglicherweise gar nicht gibt), wäre auf dem regulären Weg vielleicht längst am Ziel angekommen.

In diesem Sinne: Greifen Sie zu Staubsauger und Putzlappen, wenn Sie innerlich am Rad drehen und der Stresscocktail in Ihren Adern kreist. Der Trick dabei: Am Ende haben Sie neben der Entspannung auch noch eine saubere Wohnung gewonnen ;-)

ADHS UND HSP

WARUM FEINFÜHLIGE KINDER OFT KRANK GESPROCHEN WERDEN

EINFACH NORMAL

Es ist mir ein besonders Anliegen, dazu beizutragen, das Phänomen der Hochsensibilität bekannt zu machen. Nicht nur bei den betroffenen Erwachsenen, sondern insbesondere bei denen, die mit Kindern umgehen, sei es in der Betreuung, als Erzieher oder Pädagogen oder in der medizinischen bzw. therapeutischen Versorgung. Und, am allerwichtigsten, bei den Eltern. Meine Hoffnung ist, dass dadurch vermieden werden kann, was heute leider viel zu häufig geschieht: die 'Kranksprechung' hochsensibler Kinder.

In unserer normierten Gesellschaft, in der es für alles Vorgaben gibt, auch dafür, wie man zu sein und wie man sich zu verhalten hat, fallen hochsensible Kinder und insbesondere hochsensible Jungs leicht aus dem Rahmen und damit auf. Weil sie anders sind und damit zum Sand im Getriebe von Abläufen werden können, die für 'normale' Kinder definiert wurden.

Für Pädagogen ist eine Klasse dann gut zu handhaben, wenn alles in vorhersehbaren Bahnen läuft. Kinder, die sich anders verhalten und andere Bedürfnisse haben, erfordern zusätzliche Kapazität. In einer großen Gruppe/Klasse ist das für die betreuenden Personen nicht immer einfach und so ist es kein Wunder, dass Kinder, die aus der Reihe tanzen, nicht nur von ihren Mitschülern, sondern auch von den Lehrern als Abweichler stigmatisiert werden können. Möglicherweise fällt die Andersartigkeit in der Geborgenheit des Elternhauses gar nicht so sehr oder zumindest nicht negativ auf. Spätestens, wenn die Eltern zum Lehrer zitiert werden, setzt sich der Zug der Ursachensuche in Bewegung, der nicht selten in einer ärztlichen oder therapeutischen Praxis endet.

Hat mein Kind ADHS oder ADS? Vielleicht keines davon, weil es 'nur' hochsensibel ist. HSP, eine weitere Klassifizierung mit 3 Buchstaben. Sie ist nicht therapiebedürftig, weil diese Kinder nicht krank sind, sondern Verständnis und geeignete Unterstützung von den Großen brauchen, um eine Umgebung zu bekommen, in der sie ihre Qualitäten ausleben können. Abkürzungen für ganz ähnliche Erscheinungen, allerdings eben nur ähnliche. Gerne würde ich hier *die* eindeutige Antwort geben, die viele suchen: Was ist genau der Unterschied? Eine für alle Fälle gültige Aussage ist auch mir nicht möglich, ich möchte trotzdem ausführen, was mir dazu wichtig erscheint, was Anhaltspunkte sein können und hoffe, es hilft einigen weiter.

KRANKHEIT ODER AUFFÄLLIGKEIT ?

Auffällig ist die inflationäre Pathologisierung von Kindern mehr oder weniger verzweifelter Eltern, die sich ratsuchend an Beratungsstellen und Mediziner wenden, wenn der Nachwuchs 'aus der Art' schlägt. Im Internet verfügbare Symptomlisten und Früherkennungsmerkmale verunsichern oft mehr als sie nützen und treiben Eltern in die Praxen, um Antworten auf ihre drängenden Fragen zu erhalten. Schön wäre, wenn die meisten danach beruhigt ihr Kind in den Arm schließen und es wertschätzen könnten für sein 'So-sein'. Wenn sie Hilfe bekämen, wie sie ihrem Kind durch elterliches Verhalten die Unterstützung geben können, die es braucht, um in seine innere Balance zu kommen. Doch das ist oft nicht der Fall. Stattdessen gehen viele mit einem 'kranken' Kind nach Hause, nachdem sie mit einem 'problematischen' oder 'auffälligen' Kind gekommen sind. Das liegt unter anderem daran, dass das Phänomen der Hochsensibilität und die damit verbundenen Verhaltensauffälligkeiten in Fachkreisen (Ärzte, Heilpraktiker, Psychologen, Pädagogen) und der Gesellschaft noch so wenig bekannt sind.

Ganz anders die Aufmerksamkeitsdefizit-Hyperaktivitäts-Störung. Die Zahl der diagnostizierten Fälle von ADHS stieg laut dem 2013 vorgestellten Barmer-Arztreport bei unter 19-Jährigen zwischen 2006 und 2011 um 42%. Geht hier alles mit rechten Dingen zu?
Man kann in die Diskussion führen, dass unsere Umwelt auch wesentlich anspruchsvoller geworden ist. Lärm, Schnelllebigkeit, medialer Overload, all das beeinträchtigt 'reizoffene' Menschen mehr denn je. Ich glaube, dass es zusätzlich zu einem weiteren Trend der Zeit passt: Man sucht bevorzugt nach dem Schuldigen, statt nach den Ursachen. Eltern auf der einen Seite, Lehrer und Erzieher auf der anderen, schieben sich im Vorfeld oft den schwarzen Peter zu und kritisieren wechselseitig das Verhalten bzw. machen sich für die Probleme des Kindes verantwortlich. Kann man einen Dritten als Schuldigen identifizieren - die Krankheit - und hat ein Mittel dagegen - das Medikament - können sich alle freisprechen, ohne ein schlechtes Gewissen haben zu müssen. Dieser Trend ist alarmierend, er führt in vielen Fällen dazu, dass man nicht tief genug schürft, wenn man schon kurz unter der Oberfläche das vermeintliche Problem gefunden zu haben glaubt.

"Als Krankheit wird das Vorliegen von Symptomen und/oder Befunden bezeichnet, die als Abweichung von einem physiologischen Gleichgewicht oder einer Regelgröße (Norm) interpretiert werden können und die auf definierte Ursachen innerer oder äußerer Schädigung zurückgeführt werden können." |18
Wer definiert die Norm und wer die Abweichungen? Was ist normal? In dem Moment, wo jemand darüber bestimmt, was innerhalb und was außerhalb einer Norm liegt, beginnt es kritisch zu werden. Wer nicht in den Rahmen passt, ist ein Abweichler und insofern potenziell behandlungsbedürftig. In der Realität besteht gewöhnlich ein Kontinuum zwischen gesund und krank und keine Zweiteilung, das gilt zumindest für die meisten Phänomene. Wann ist der Blutdruck hoch, wann zu hoch? Wann ist ein Gelenk abgenutzt, wann ist es arthritisch? Wann ist jemand kraft- und energielos, wann leidet jemand unter einem Chronischen Erschöpfungssyndrom? Das Gesundheitswesen braucht die hart definierte Grenze, um eine Legitimation für eine 'Behandlung' zu haben, die ja immer ein Eingriff in die körperliche oder psychische Verfassung des Menschen ist, der damit zum Patienten wird.

Hat die Abweichung erst mal einen Namen, empfinden das manche bereits als Erleichterung. Das ist einerseits verständlich. Tatsächlich gilt das sogar für das Phänomen der Hochsensibilität, es macht aus einem individuellen Problem das Charakteristikum einer Gruppe Gleichartiger, auch wenn im Fall der Hochsensibilität keine Behandlungsbedürftigkeit abgleitet wird. Anders bei der Aufmerksamkeitsdefizit-Störung mit Hyperaktivität (ADHS) oder ohne (ADS).

Seit der Aufnahme in das ICD (International Statistical Classification of Diseases and Related Health Problems) bzw. das DCM (Diagnostic and Statistical Manual of Mental Disorders) wurde aus einer definierten Symptomatik eine Krankheit, die behandelt wird. Die Methode der Wahl bei ADHS ist ein Mix aus psychologischen bzw. psychiatrischen, pädagogischen und auch medikamentösen Maßnahmen, bevorzugt durch einen Wirkstoff namens Methylphenidat, besser bekannt unter dem Handelsnamen Ritalin oder Medikinet. Das sind keine harmlosen Mittel. Die Wartezeiten in therapeutischen Einrichtungen sind lang, der Weg zur Apotheke kurz, vielleicht eine Erklärung für den hohen Einsatz an Medikamenten. Im Jahr 2010 wurden 56 Mio. Tagesdosen an Methylphenidat in Deutschland an Kinder und Erwachsene ausgegeben (Angaben laut Statista).

Ich will mir kein Urteil erlauben, ob und in welchen Fällen die Gabe von Psychopharmaka wirklich angebracht ist. Heilen kann der Wirkstoff definitiv nicht, er behandelt lediglich unerwünschte Symptome. Lässt die Wirkung nach, ist die nächste Dosis fällig. Da er die Kinder 'pflegeleichter' macht, erfreut er sich großer Beliebtheit. Das Geschäft mit diesem Wirkstoff ist nicht zuletzt auch ein extrem einträgliches für alle, die an der Herstellung und Verbreitung verdienen.

Es gibt auch Experten, wie zum Beispiel der Hirnforscher Prof. Gerald Hüther, der ADHS nicht für eine Krankheit hält, die auf eine hirnorganische Störung zurück geht. Doch auch wenn man annimmt, dass es ADHS als Störungsbild gibt, beunruhigt es mich, dass Kinder *vorschnell* mit einer Diagnose versehen werden, die keinesfalls die differentialdiagnostischen Kriterien erfüllen und in der Folge Therapie und/oder Medikamente verordnet bekommen.

Ich gehe hier so ausführlich auf die ADHS Problematik ein, weil es durch verschiedene Parallelen im Verhalten dazu kommen kann, dass auch hochsensible Kinder mit einem ADHS-Stempel versehen werden. Ich befürchte, die mir bekannten sind keine Einzelfälle.
Ich möchte keinem seriös tätigen Arzt zu nahe treten oder dessen Arbeitsweise in Frage stellen. Ich denke allerdings, es kommen einige Faktoren zusammen, die eine zu schnelle und häufige Zuordnung in diese Kategorie begünstigen. Wie viele nehmen sich im bestehenden Gesundheitssystem die Zeit für wirklich ausgiebige wiederholte Anamnesegespräche und das Einholen verschiedener Einschätzungen (Lehrer, Freunde, Verwandte) über einen längeren Zeitraum (> 6 Monate)? Wie viele Eltern sind dankbar, wenn sie von einer anerkannten Autorität, wie sie Mediziner darstellen, eine Erklärung in Form einer Diagnose und gleich noch das passende Medikament dazu bekommen? Insbesondere, wenn es sie hinsichtlich möglicher eigener Versäumnisse in der Erziehung entlastet, selbst wenn diese nur auf Unwissenheit und nicht auf Unfähigkeit zurück zu führen sind? Das alles ist nachvollziehbar und doch ist das alles nicht gut.

Die diagnostische Abgrenzung von Verhaltensauffälligkeiten zu einem Phänomen wie Hochsensibilität kann auch der beste Arzt nur vornehmen, wenn er eine Idee davon hat, dass es existiert. Und das wissen noch die allerwenigsten. Das Erscheinungsbild von ADHS ist sehr heterogen, was die Diagnose in Abgrenzung zu anderen Krankheiten nicht einfach macht. Die Unterschiede zur Hochsensibilität sind meines Erachtens jedoch augenfällig, wenn man sich näher damit beschäftigt.

Bei ADHS sprechen wir von Einschränkungen in der Steuerung der Aufmerksamkeit und in der Handlungsplanung. Die Beschreibung der Symptomatik von ADHS (Beeinträchtigung der Konzentration und Daueraufmerksamkeit, erhöhte Impulsivität, teilweise motorische Unruhe) trifft im ersten Anlauf auf viele überreizte Kinder zu. Man muss schon ins Kleingedruckte schauen und die Beschreibungen sehr genau nehmen, um nicht fehlgeleitet zu werden (z.B. "mindestens 6 Monate lang mindestens 6 der beschriebenen Symptome/ Bereich in einem mit dem Entwicklungsstand des Kindes nicht zu vereinbarenden und unangemessenen Ausmaß"). Doch selbst dann bleibt offen, was ein 'unangemessenes Ausmaß' ist. Die Bewertungen bleiben extrem subjektiv und abhängig von der Beschreibung der Erwachsenen, die womöglich nur aus zweiter Hand berichten können, weil sie beispielsweise in der Schule gar nicht selbst dabei sind.

Wie können nun HSP-Kinder in diese Schublade rutschen? So lange sie sich in ihrer Komfortzone bewegen, müssen die hochsensiblen Kleinen nicht zwangsläufig und nicht unangenehm auffallen. Kindergarten, Schule oder Sportverein haben leider in den seltensten Fällen die Merkmale einer Wohlfühlumgebung für hochsensible Kinder, zudem können sie ihnen nicht entfliehen. Deshalb erreichen viele schnell die kritische Schwelle, bei der als Folge einer anhaltenden Reizüberflutung 'problematische' Reaktionen einsetzen können. Dann verändert sich das Verhalten und kann regelrecht 'umkippen'. Die einen neigen zum 'explodieren', die anderen ziehen sich stark von ihrer Umwelt zurück.

Erstere werden unruhig, die Aufmerksamkeit ist dahin, aus dem bislang braven Kind wird ein Tunichtgut, der sich selbst nicht mehr unter Kontrolle hat, im wahrsten Sinn des Wortes 'außer sich' ist. Diese Kinder können sehr impulsiv bis explosiv werden und bringen ihre, in dem Fall negativen Gefühle deutlich zum Ausdruck, was sich z.B. in Aggression und Jähzorn äußert. Ihr Verhalten kann in Überreizungszuständen überdreht wirken, sie erkennen nicht, wann die Grenze erreicht ist. Im Kindergarten, im Klassenzimmer mit lautem Geschrei und vielen Mitschülern kann das auch permanent der Fall sein, insbesondere wenn noch Erfolgsdruck, Aufregung vor Klassenarbeiten, Sprechen vor der Gruppe oder Konkurrenz dazu kommen.

Die andere Variante ist der Rückzug. Solche hochsensiblen Kinder zeigen in Überreizungszuständen nur noch wenig Interesse am gemeinsamen Spiel. Sie integrieren sich nicht mehr in die Gruppe und grenzen sich aus, wirken isoliert, verziehen sich in eine stille Ecke, während die anderen toben. Sie leiden eher unterschwellig und zeigen ihre Gefühle nicht offen, es kann sein, dass sie mit körperlichen Symptomen reagieren.
Diese Kinder laufen zwar nicht Gefahr, mit einer ADHS (Fehl-) Diagnose bedacht zu werden, durchaus aber mit einer auf ADS oder Autismus, zum Beispiel mit Asperger-Syndrom. Offenbar sind auch diese Zahlen im Steigen begriffen, nicht weil es mehr autistische Menschen gibt, sondern weil es bei mehr Menschen festgestellt wird, ob zu Recht oder zu Unrecht.

Ist es für nicht-hochsensible Kinder schon schlimm genug, fälschlicherweise als krank eingestuft und 'behandelt' zu werden, weil sie besonders temperamentvoll oder kleine Träumer sind, kann es für Hochsensible noch fatalere Folgen haben. Was geht in der hochsensiblen Seele eines Kindes vor, das als Ergebnis einer Reihe von Untersuchungen schließlich damit konfrontiert wird, krank zu sein? Wie wirkt es sich aus, wenn man versucht, ihm ein anderes Verhalten anzutrainieren, während es täglich sein 'Kinderkokain' einnimmt?
Kinder, die krank gesprochen werden, verhalten sich auch so. Die Gabe von Medikamenten macht es den hochsensiblen Kindern unmöglich, selbst zu lernen, ihre Impulse zu kontrollieren, Frust auszuhalten und Handlungen zu planen. Ein langer Leidensweg und die Nichtakzeptanz zeigen ihre Folgen bis ins Erwachsenenalter.

Beide eben beschriebenen Verhaltensmuster von hochsensiblen Kindern haben in einigen Bereichen Parallelen zu den Verhaltensauffälligkeiten von Kindern mit ADHS, ADS und teilweise auch mit Autismus, sodass es zunächst nicht erstaunt, dass es zu Fehleinschätzungen kommen kann. "Wer als Werkzeug nur einen Hammer hat, sieht in jedem Problem einen Nagel", sagte Paul Watzlawick. Die Alternative Hochsensibilität kann nur in Betracht ziehen, wer um ihre Existenz weiß. Wenn man nicht nach den kritischen (fehlenden oder zusätzlichen) Punkten fragt, die eine Diagnose falsifizieren würden, ist es naheliegend, sie zu treffen.
Zudem vergrößert ein methodischer Aspekt, auf den ich gleich noch eingehen möchte, das Problem zusätzlich. Es gibt aber auch deutliche Hinweise, die einen an der Diagnose zweifeln lassen sollten:

DIE ZEITLICHE KOMPONENTE

- Wann tritt das Verhalten überwiegend auf? Nur in Phasen mit extremer Reizexposition oder kontinuierlich?

___In welchen Zeiten tritt es nicht auf, was ist dann anderes? Wie ist es in den Ferien? Wie verteilt es sich über den Tag?

___Wie verhält es sich in Phasen, wenn die Anforderungen und der Stresslevel niedrig sind?

Wichtig: Es gilt der Maßstab eines HSP. Was andere tolerieren können, ist für Hochsensible oft schon ein Extremzustand!

DIE SITUATIVE KOMPONENTE

___Tritt das Verhalten auch in gewohnter, vertrauter Umgebung auf oder nur außerhalb mit 'fremden' Menschen?

___Wann fühlt sich das Kind wohl, bzw. in welchen Situationen treten die Schwierigkeiten nicht auf?

___Gibt es einen auffälligen Unterschied in der Konzentration bei Aufgaben, die lustvoll positiv für das Kind sind, im Vergleich zu neutralen oder weniger geliebten Aufgaben?

___Lernt das Kind aus Erfahrungen oder eckt es immer wieder an der gleichen Stelle an, weil es seine Impulse schwer steuern kann?

___Sind Aufgaben, die Planung und Vorausschau notwendig machen, für das Kind einfach oder nur schwer lösbar?

Es macht einen Unterschied, ob jemand etwas nicht *kann* oder ein Verhalten unter spezifischen Bedingungen nicht *zeigt.* Das Unvermögen zur (Dauer-) Konzentration als Kennzeichen von ADHS betrifft subjektiv ungeliebte Aufgaben. In ein Computerspiel können sich die meisten lange vertiefen, bei Hausaufgaben klappt es auch mit großer Anstrengung nicht. Hochsensible Kinder variieren in ihrem Verhalten eher belastungsabhängig. In entspannten Phasen zeigen sie ihre Fähigkeiten und kein negativ auffälliges Verhalten. Deshalb ist es wichtig, zu beobachten, ob ein Kind auch dann Schwierigkeiten mit Konzentration, Handlungsplanung und Impulssteuerung hat, wenn es sich bemüht - aber es leider trotz Anstrengung nicht *kann*.

DIE SONSTIGEN FÄHIGKEITEN

Fällt nur das problematische Verhalten auf oder auch besondere Begabungen, die sich mit der Symptomatik von ADHS nicht erklären lassen, wohl aber mit der Hochsensibilität?

___Durchdenkt das Kind Dinge sehr gründlich und vielschichtig? Antizipiert es Konsequenzen seines Handelns?

Das kann der Grund sein, weshalb es sich in seinen Gedankengebäuden 'verirrt' und ist etwas deutlich anderes als ein Mangel an Konzentrationsfähigkeit und 'Chaos im Kopf'.

___Kann es Feinheiten in seiner Umgebung wahrnehmen, die andere nicht bemerken?

___Kann es sich gut in die Lage anderer versetzen, die Perspektive wechseln?

___Zeigt es Interesse an Themen, die für andere im gleichen Alter noch weniger spannend sind?

___Wie verhält sich das Kind im Sozialkontakt, wenn es nicht überfordert ist, sondern in seiner Wohlfühlumgebung?

___Geht es auf andere zu, zeigt es Mitgefühl, ist es zugewandt? Wie verhält es sich gegenüber vertrauten Personen?

Das grundsätzliche Fehlen von aktivem und positivem Sozialverhalten ist etwas anderes als der Rückzug in Gruppen Gleichaltriger bei Überforderung.

Mit dem Wissen, dass sich Hochsensibilität auf ähnliche Weise zeigen kann wie ADS oder ADHS, ist die genaue, situationsübergreifende Beobachtung ganz wesentlich. Sollte sich das Kind in entspannter, bekannter Umgebung ganz anders verhalten, zeigt es hier womöglich einige der positiven Merkmale der Hochsensibilität und kann seine Unruhe ablegen, bzw. kommt im umgekehrten Fall aus seinem Schneckenhaus, sind das wichtige Anzeichen, die eine 'Krankheit' unwahrscheinlicher sein lassen.

METHODEN MACHEN MEINUNGEN

Ergänzend möchte ich noch auf ein methodisches Problem aufmerksam machen. Die Forschung zum Thema ADHS geht beständig weiter und natürlich werden dazu auch die bereits auf ADHS diagnostizierten Kinder und Jugendlichen (bzw. deren Eltern) weiter untersucht. Allerdings auch jene, die fälschlicherweise in dieser Kategorie gelandet sind, darunter voraussichtlich auch diverse Hochsensible. (Würde man ADHS eindeutig identifizieren können, gäbe es ja die ganze Problematik nicht.)

Das führt dazu, dass sich Charakteristika von ADHS-Patienten verbreiten, die man eher HSP zuschreiben würde, weil sie Teil der Stichprobe sind. Die 'versteckten HSP' verfälschen also das Ergebnis. Das wiederum legt den Umkehrschluss nahe, dass neu einzuschätzende 'Problemkinder' den aktualisierten Beschreibungen von ADHS noch besser entsprechen und eine Fehldiagnose noch wahrscheinlicher wird.

Der Bundesverband Arbeitskreis Überaktives Kind e.V. ließ von der Berliner Charité im Jahr 2002 eine Profilstudie durchführen, bei der ca. 2000 Eltern über Eigenschaften ihrer ADHS-diagnostizierten Kinder berichteten, mit dem Ziel, neben den Problemfeldern auch Stärken und besondere Fähigkeiten der betroffenen Kinder zu erfassen. Als häufigste positive Beschreibung ihrer Kinder nannten die Eltern: sensibel (76%), neugierig (68%), ausgeprägter Gerechtigkeitssinn (67%), phantasievoll (64%). In den verbalen Ausformulierungen wurden Beschreibungen wie 'haben seismographische Antennen' und 'besonders einfühlsam' verwendet.

Verschiedene der Eigenschaften erklären sich nicht durch die neurobiologischen Eigenheiten, die man als ursächlich für das Auftreten von ADHS annimmt, könnten aber die Folge davon sein, dass sich viele Hochsensible in der Stichprobe befanden.

Erwähnt werden muss auch, dass es grundsätzlich möglich ist, dass jemand hochsensibel ist *und* AD(H)S-*Symptome* zeigt. Das gilt insbesondere für die Hyperaktivität, die ich für ein eigenständiges Phänomen halte, das somit bei allen Kindern auftreten kann. Aufgrund der hirnphysiologischen Unterschiede würde ich heute nach intensiver Recherche sagen, dass ADHS mit seiner Symptomatik und Hochsensibilität mit ihren Kerncharakteristika nicht zusammen auftreten können, bzw. ADHS die Qualitäten der Hochsensibilität überdecken würde.

ANLIEGEN

Dieses Kapitel ist in erster Linie ein Appell! Wer dieses Buch liest, hat bereits ein Interesse an Hochsensibilität . Mein Anliegen ist es, das Phänomen vor allem auch bei denen bekannt zu machen, die noch nichts davon wissen, aber aus genannten Gründen unbedingt davon erfahren sollten. Ich habe 2017 beim deutschen Hochsensibilitäts-Kongress einen Vortrag zu dieser Problematik gehalten und engagiere mich weiter für die Aufklärung dieser Fragen.

Nach Angaben der Barmer Krankenkasse wurde im Jahr 2011 bei etwa 620.000 Kindern unter 19 Jahren ADHS festgestellt, das sind bei angenommenen 12,9 Mio. Minderjährigen in Deutschland 4,8% und in USA noch deutlich mehr.

Wie viele dieser Kinder sind wohl hochsensibel? Ich wünsche mir sehr, dass alle, die sich mit dem Thema beschäftigen, immer wieder nach links und rechts schauen und aufmerksam werden, wenn Sie mitbekommen, dass Eltern Rat suchen oder bereits eine entsprechende Diagnose für ihr Kind erhalten haben. Im ersten Schritt geht es zunächst nur darum, bei den Eltern nachzufragen, ob sie schon etwas über das Phänomen der Hochsensibilität gehört haben und ihnen ggf. passende Informationen (Internet, Bücher) zu empfehlen. Dann sind ohnehin die Eltern selbst gefragt, ihren Weg zu gehen. Wer nicht weiß, wo er zusätzlich suchen kann, findet nur das, was er schon kennt.

Zumindest kann man allen Ratsuchenden empfehlen, mehr als eine Meinung einzuholen. Eine gute Möglichkeit ist auch, für einige Zeit den Empfehlungen zu folgen, die es für Eltern hochsensibler Kinder gibt und aufmerksam zu beobachten, ob sich manche der Schwierigkeiten dadurch verbessern lassen. Damit machen sie sicher nichts falsch und es wäre ein sicheres Anzeichen, auf dem richtigen Weg zu sein.

Bestimmt ist es nicht immer einfach, sich 'einzumischen', doch bin ich der Meinung, dass die Kinder es wert sind.

LUST ODER FRUST . UNTERSCHIEDLICHE SEITEN DER MEDAILLE

WARUM AUCH SCHWIERIGKEITEN ETWAS GUTES HABEN

LICHT UND SCHATTEN

WARUM DIE DINGE ZWEI SEITEN HABEN

BEGABUNG

WELCHE POTENZIALE HOCHSENSIBLEN ZUR VERFÜGUNG STEHEN

WESHALB HOCHSENSIBILITÄT
EIN GESCHENK IST

GABE & CHANCE

g&c

LUST ODER FRUST . UNTERSCHIEDLICHE SEITEN DER MEDAILLE

WARUM AUCH SCHWIERIGKEITEN ETWAS GUTES HABEN

Ob man sein Leben als Last ansieht oder eher als Aufgabe oder als Spielplatz, auf dem sich die Seele tummeln kann, um neue Erfahrungen zu machen, ist eine Frage der Einstellung. Mit objektiven Maßstäben lässt sich nicht messen, wie leicht oder schwer ein Leben ist bzw. empfunden wird. Wie sonst wäre zu erklären, dass man in Ländern wie Venezuela oder Somalia so viele Menschen trifft, die augenscheinlich so wenig vom Leben geschenkt bekommen und doch so reich und zufrieden erscheinen? Wie oft hingegen trifft man in Deutschland Menschen, die innere Zufriedenheit ausstrahlen?

Die Überzeugung, 'dieses Leben ist eines der schwersten', ist weit verbreitet. Alles ist Mühe, alles ist Last, alles macht den Rucksack noch schwerer, den man mühsam den Berg hoch schleppt.
Meinem Eindruck nach wirken auch einige Menschen, die sich selbst zu den Hochsensiblen zählen, eher wie Beladene. Sie empfinden ihre Gabe weniger als ein Geschenk, vielmehr als etwas, was das tägliche Dasein beschwert und beschwerlich macht. Ob das im Einzelfall gerechtfertigt ist oder nicht, kann niemand entscheiden. Wer wollte dafür den Maßstab festlegen? Das würde voraussetzen, dass es allgemeingültige Kriterien gibt, doch erleben verschiedene Menschen gleiche Situationen sehr unterschiedlich.

Alle, die ihre Hochsensibilität eher als Last tragen, möchte ich einladen, eine andere Perspektive kennen zu lernen. Vielleicht wird der persönliche Rucksack dadurch ein bisschen leichter.

Dazu möchte ich zunächst zwei Begriffe gegenüber stellen:
die BELASTUNG
Einflüsse, die eine Reaktion oder Wirkung auslösen

und

die BEANSPRUCHUNG
Reaktion auf oder Wirkung der Belastung.

Stellen Sie sich dazu einen 5-Liter-Eimer voll Wasser vor, der einmal von einem jungen Mann und einmal von einem kleinen

Jungen in die hinterste Ecke des Gartens getragen wird, um die Himbeeren zu gießen. Jeder der beiden hat die gleiche Belastung erfahren (Transport der Last von ca. 5 kg über die Strecke von 30 m). Während der junge Mann dies voraussichtlich problemlos weitere zehn Mal wiederholen könnte, ist der kleine Junge vermutlich schon nach dem ersten Mal erschöpft. Er ist bei gleicher Last deutlich mehr 'beansprucht'. In diesem Fall ist die entscheidende Komponente für den Unterschied die *Muskelkraft*.

Nun schicken Sie gedanklich den jungen Mann von eben mit seinem gleich starken Freund in die Berge. Der eine stöhnt schon nach der ersten halben Stunde, weil er sich sowieso viel lieber an den See gelegt hätte, der andere stürmt unbeeindruckt von der Steigung oder Belastung dem Gipfel entgegen. In diesem Fall ist die entscheidende Komponente die unterschiedliche *Einstellung* oder anderes ausgedrückt, die *Motivation*. Motivation ist das Motiv oder der Beweggrund für eine Aktion.

Einstellungen entscheiden in erheblichem Maße darüber, wie sehr wir uns durch eine objektiv messbare Belastung beansprucht fühlen. Das kennt jeder aus dem sportlichen Bereich, ob aktiv ausgeübt oder vom Zusehen. In vielen Disziplinen wird fast Übermenschliches geleistet, weil der Betreffende es wirklich will, an sich glaubt, einen Grund in sich gefunden hat, sich so anzustrengen. Kommen Zweifel auf oder Ablenkung oder eine Sinnkrise, kann dieselbe Person, obwohl sie das gleiche Training absolviert hat, die Leistung nicht abrufen und bleibt hinter ihren Möglichkeiten zurück.

Damit möchte ich für das Thema Hochsensibilität verdeutlichen, dass man zwar nur begrenzt Einfluss auf die neurophysiologische Ausstattung hat, demnach auch nicht auf die Funktionsweise der Reizverarbeitung, damit auch nicht auf den Grad der Belastung, dem man in einer Situation ausgesetzt ist. Doch jeder hat die Wahl, mit welcher *Einstellung* er der aktuellen Situation und dem Leben an sich begegnet. Und sie beeinflusst in sehr hohem Maß, wie sehr man sich *beansprucht* fühlt.

Vielleicht setzen die folgenden Gedanken einige Impulse zum Nachdenken.

Wer das Leben als Tummelplatz oder Abenteuerspielplatz für die Seele sehen kann, eröffnet sich die Möglichkeit, sowohl schöne, wie auch belastende Situationen als Chance zur Weiterentwicklung zu sehen. Die Reflexion der Erfahrung bringt einen weiter. Das setzt voraus, dass man Entwicklung per se als etwas Erstrebenswertes ansieht.

Spontan fällt mir dazu die Reaktion eines hochrangigen Managers ein, der mit seinen Mitarbeitern an einer Outdoor-Übung im Wald teilnahm. Er und sein Team wurden vor diverse 'Herausforderungen' gestellt, um lernen zu können, gemeinsam besser mit Schwierigkeiten umzugehen. In seinem Frust schleuderte der Mann mir entgegen: "Was soll denn das alles hier bringen?!" Meine Antwort: "Hoffentlich Erfahrungen und Erkenntnisse!" Ich habe ihn mit meiner Botschaft übrigens nicht erreicht.

Für manche Menschen besteht das Leben aus Lust- und Spaßoptimierung. Dann sind Schwierigkeiten und Hindernisse eine Quelle der Unzufriedenheit und der Frustration, sie geben Anlass zu Klagen und zu Beschwerden. Da sich unangenehme Erlebnisse nie gänzlich vermeiden lassen, entscheidet die Einstellung, wie man sie erlebt. Gelingt es, problematische Ereignisse als 'Aufgabe' anzusehen, kann man darin eine Chance sehen, an ihnen zu wachsen. Auch unerfreuliche Momente und Phasen erlebt man als weniger beanspruchend, wenn man nicht damit hadert ('warum gerade ich ..., muss das denn sein ..., immer mir passiert so etwas ...').

Ein Sportler stellt sich im Training immer schwierigeren Aufgaben und kommt dadurch voran. Er fordert seine Muskulatur und koordinativen Fähigkeiten und verbessert sich dabei. Freiwillig rennt er auf einer Bahn im Kreis, bewegt Gewichte von hier nach da oder saust in immer höherer Geschwindigkeit steile Abhänge hinunter. Mag sein, dass das für weniger Ambitionierte ziemlich sinnbefreit klingt. Doch auch die Bewältigungsstrategien für ganz reale

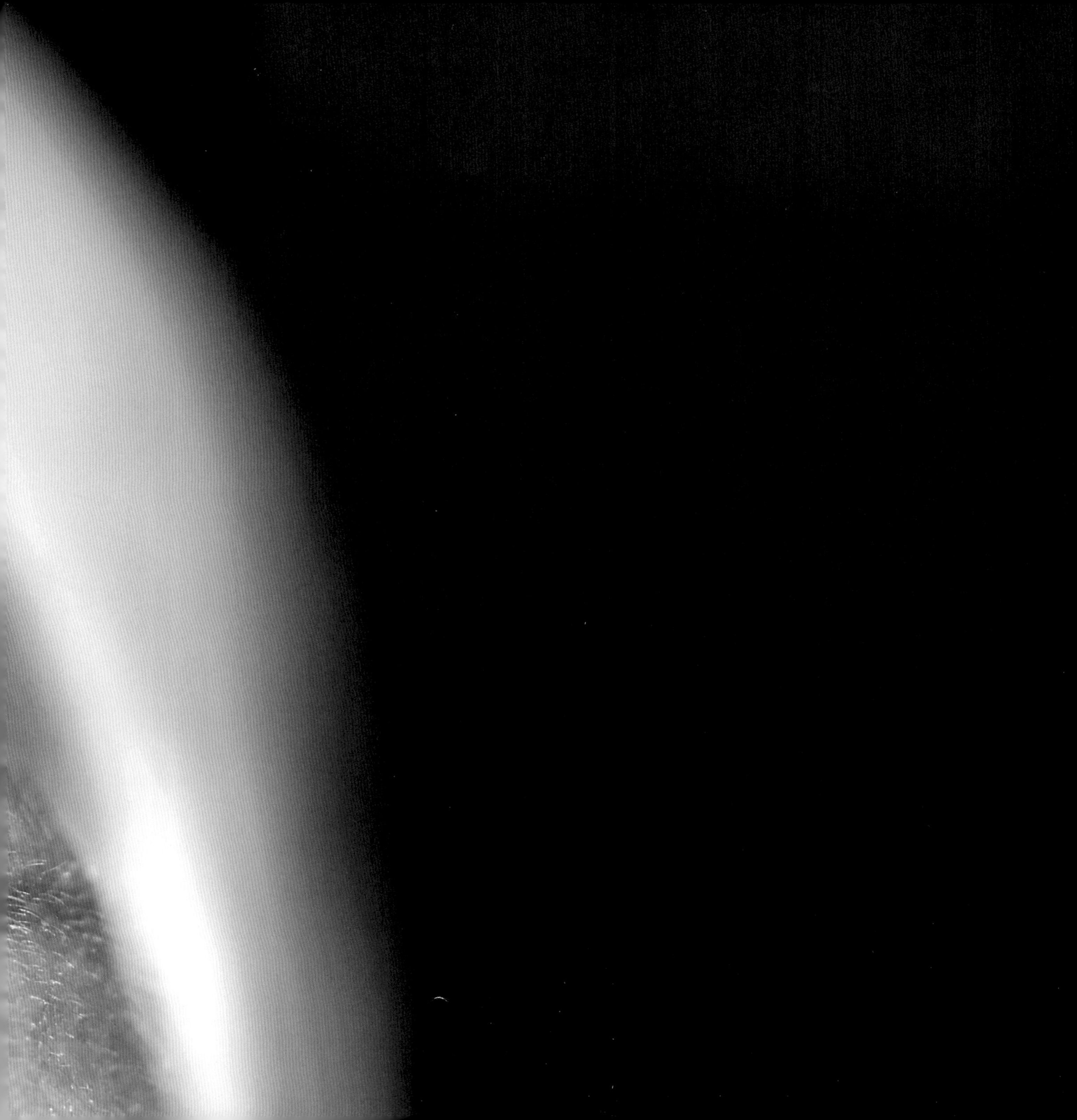

Schwierigkeiten lernt man durch eine Art 'Training', indem man sich den Situationen stellt, dazu lernt, um beim nächsten Mal einen Weg zu finden, der einem selbst und anderen weniger Leid beschert. Das kann der Umgang mit einem Berg widersprüchlicher Anforderungen, der konstruktivere Umgang mit Konflikten, eine bessere Bewältigung von Niederlagen und Enttäuschungen, eine gesündere Abgrenzung, das selbstbewusstere Vertreten eigener Interessen, eine leichtere Verarbeitung von Verlusten und Trauer und anderes mehr sein.

Nun sind gerade HSP prädestiniert dafür, negative Emotionen, die mit unerfreulichen Ereignissen verbunden sind, besonders intensiv wahrzunehmen. Das macht es nicht einfach, sie willkommen zu heißen - hurra, hier wartet meine nächste Trainingseinheit! Sie reagieren im Allgemeinen stärker auf Kritik, die sie länger und tiefer beschäftigt, sie fühlen intensiv mit, leiden unter Disharmonien, die andere noch nicht mal als solche empfinden. Dabei sammeln sie eine Menge auf der Minus-Seite ihres Kontos an. Doch haben sie auch in höherem Maße die Fähigkeit, erfreuliche und glückliche Momente im Leben reicher und tiefer zu empfinden. Die Frequenz, mit der sich Dinge von gut nach schlecht oder schlecht nach gut entwickeln, ist für HSP nicht anders als für andere Menschen, wenn auch die Amplitude der emotionalen Intensität nach beiden Seiten größere Ausschläge zeigt.

Die Freude über eine sich gerade öffnende Blüte, der Genuss eines Konzerts oder einer zartschmelzenden Schokolade, der Blick in die Augen eines treuen Begleiters, das Glück über die Zuneigung eines lieben Menschen, die Freude über das Leben mit seinen bunten Farbtupfern in allen Schattierungen. Sich an Schönem freuen und in schwierigen Situationen der Seele die Chance geben, daran zu wachsen. Beides macht reicher an Erfahrung. Dadurch erhöht sich nicht der materielle Besitz, doch der 'innere Schatz' wächst sowohl durch erfreuliche wie durch unerfreuliche Ereignisse.

Money doesn´t wait atop the hill.
Glory doesn´t wait atop the hill.
All that waits atop the hill is the top of the hill.

Dieser Spruch, der einmal als Werbung für einen Laufschuh diente, hing lange Zeit bei mir an der Wand und ich habe mich immer wieder gerne daran erinnern lassen: Viele Dinge belohnen uns, indem sie ganz einfach *sind*.

Mein persönlicher Glaubenssatz ist, dass sich die guten und die schlechten Dinge im Leben in Balance befinden. Wir bekommen schwierige Aufgaben und wir dürfen glückliche Momente erleben, beides gehört dazu. Wir müssen nur die Sinne und das Herz dafür aufmachen, um auch den jeweils anderen Pol zu sehen. Speziell als HSP darf man für den Reichtum der Gefühlswelt dankbar sein, den nicht alle Menschen in der Intensität erleben dürfen, für die Möglichkeit, Details wahrzunehmen, für die Kombinationsgabe, die erlaubt, Dinge zu verstehen, die anderen ein Rätsel bleiben.

Gehen Sie sorgsam mit Ihren feinen Antennen um, wie mit einem empfindlichen Gerät, das man achtsam behandelt. Wenn alle HSP ihre Möglichkeiten für sich und die Welt einsetzen, steht am Ende vielleicht als Bilanz von Erfreulichem und Unerfreulichem nicht 0, sondern 42 ;-)

[BUCHTIPP | Douglas Adams . Per Anhalter durch die Galaxis . Hier spielt die Zahl 42 eine große Rolle: "The answer to the ultimate question of life, the universe and everything is 42." **]**

LICHT UND SCHATTEN

WARUM DIE DINGE ZWEI SEITEN HABEN

> Wo Licht ist, ist auch Schatten.
> Wo Schatten ist, muss eine Lichtquelle sein.

Wie vieles im Leben ist auch die erhöhte Empfänglichkeit für Reize ein polares Phänomen. Hegel bezeichnete Polarität als einen "Unterschied, in welchem die Unterschiedenen untrennbar sind". Es gibt nicht das eine ohne das andere, beides ist Teil des einen und wer das eine hat, bekommt das andere mit dazu. Das Prinzip der Polarität besagt: Wer sich zu sehr einer Seite zuneigt, wird unweigerlich auf irgendeine Art mit der anderen konfrontiert werden. Das Licht zieht den Schatten an, keinen Schatten gibt es ohne Licht. Es ist nicht nötig, eine Entscheidung zu treffen. Die ausgewogene Haltung liegt im Sowohl-als-auch, nicht im Entweder-oder. Hochsensibilität macht das Leben nicht schwer oder leicht. Sie hat zwei Seiten einer Medaille, die sich bedingen, wobei allerdings bei einigen die 'Dunkle Seite der Hochsensibilität' im Vordergrund zu stehen scheint.

Ob man dazu neigt, Hochsensibilität eher als ein Geschenk oder eher als eine Belastung aufzufassen, liegt im eigenen Ermessen und in den Erfahrungen, die man aufgrund seiner Veranlagung im bisherigen Leben machen konnte.
Laut den Forschungsergebnissen von E.N. Aron profitieren HSP, die in ihrer Kindheit behütet waren und Unterstützung erfahren haben, von ihren Anlagen. Wer in den frühen Jahren seines Lebens in unguten und schwierigen Verhältnissen aufwachsen musste, hat eine höhere Wahrscheinlichkeit, auch im Erwachsenenalter mit Ängsten und depressiven Verstimmungen konfrontiert zu sein.

DER ÄUSSERE EINFLUSS

Wenn sich HSP manchmal fühlen als passten sie nicht in diese Welt, sind daran oft negative Erlebnisse Schuld. Sie lieben nicht, was andere gut finden, sie stören sich an Dingen, die anderen egal sind, sie machen, was andere nicht tun, andere beschäftigen sich mit Dingen, die für sie nur schwer nachvollziehbar sind. Was hängen bleibt, ist das Erlebnis, unterschiedlich zu sein, und diese Unterschiedlichkeit wird oft nicht positiv erlebt. Eigenschaften, die mit Hochsensibilität verbunden sind, ernten meist nicht Bewunderung, Anerkennung und Achtung, sondern eher das Gegenteil. Anders zu sein als andere braucht Kraft, und unter diesen schwierigen Umständen baut nicht jeder ein hohes Selbstvertrauen auf. Manchmal übt eine Besonderheit auch eine gewisse Faszination auf die Umwelt aus, in erster Linie wirken aber Kräfte, die eine Anpassung an die Norm bewirken wollen. Wer etwas für weniger bedeutend hält, was andere anstreben, macht sich verdächtig (Ruhm, Geld, Macht, Schönheit, gesellschaftlicher Status). Wer sich mit Dingen beschäftigt, an die andere nicht glauben (Reiki, Homöopathie, Astrologie, Geistheilung), ebenfalls.

Es ist nicht wirklich verwunderlich, dass die besonderen Fähigkeiten, mit denen HSP ausgestattet sind, in unserer heutigen westlichen Gesellschaft nicht zu großem Ansehen führen. Gerade im beruflichen Umfeld zählen heute Eigenschaften, mit denen HSP nicht in erster Linie trumpfen können: Schnelligkeit, Multitasking, Entscheidungsstärke, Durchsetzungsvermögen, Profitdenken, Selbstdarstellung, Flexibilität, Risikobereitschaft. Privat ist es wichtig, die richtigen Marken zu kaufen, das richtige Auto zu fahren, in den angesagtesten Hotels und Restaurants zu verkehren, jung auszusehen, viele und wichtige Leute zu kennen mit denen man über diverse Social Networks verbunden ist.

Die gesellschaftlichen Trends unterliegen einem stetigen Wandel. So wenig man als HSP heute damit kompatibel sein mag, so stimmig kann es morgen sein. Mittlerweile gehören die Beachtung von Nachhaltigkeit, das Praktizieren von Yoga, gesunder Ernährung und Meditation und sogar der Buddha am heimischen Gartenteich zu den Insignien trendbewusster Lifestyler. Vor ein paar Jahren noch hätten die gleichen Menschen Besitzern von Yogamatten, Hirsekissen und Bio-Müsli schaudernd den Rücken zugewandt und sie in die hinterste Eso-Ecke verbannt.

Als die Wertehierarchie noch keinen Q7, keine Gucci-Täschchen und keine dank-Botox-faltenfreien Gesichter kannte, erfreuten sich die Eigenschaften hochsensibler Menschen höherer gesellschaftlicher Anerkennung. Unter den großen Denkern und Künstlern der Vergangenheit, wie auch bei Ratgebern und Heilern fanden sich mit hoher Wahrscheinlichkeit einige HSP. Natürlich kann das keiner ganz genau wissen, schon gar nicht posthum, weil es nicht *das* eindeutige Erkennungsmerkmal für Hochsensible gibt.

Der Stern bestimmter Eigenschaften und Fähigkeiten steigt oder sinkt in unterschiedlichen Zeitaltern und Kulturen. Hochsensible Männer werden in verschiedenen Regionen Asiens weniger Anpassungsdruck erfahren als in Amerika oder Europa, wo das Bild des erfolgreichen Mannes Attribute wie Empathie und Feinsinnigkeit eher nicht beinhaltet, dafür Härte und Machtbewusstsein. Wenn man den eigenen Wert von äußeren Bewertungen abhängig macht, hängt man wie ein Jo-Jo am Faden. Man wird in die Höhe gehoben oder in die Tiefe gezogen, ohne darauf nennenswerten Einfluss zu haben. Gelingt es dagegen, unabhängiger zu werden, Stärke, Wert und Sinn in sich selbst zu finden, erfährt man mehr Freiheit und ein unerschütterliches Zutrauen in das eigene Selbst. Die starke Abhängigkeit von der Bewertung der Umwelt macht hingegen unzufrieden und unfrei. Das gilt sicherlich für alle Menschen.

Natürlich ist es nicht gleichgültig, was andere denken, so lange man Teil dieser Gesellschaft und auf ihr Wohlwollen angewiesen ist. Es ist eine natürliche Tendenz, Vergleiche anzustellen, um die eigene Identität zu finden, denn Vergleiche geben Orientierung. Gerade Jugendliche sind aufgespannt zwischen dem Anpassungsdruck der Gleichartigkeit und der Suche nach dem Eigenen und Unverwechselbaren.

Die Feststellung, dass man von etwas mehr oder weniger hat, beinhaltet zunächst noch keine Wertung.

- Ist es gut, wenn ich deutlich größer bin? Ja, wenn ich Model werden möchte. Nein, wenn ich Jockey werden möchte.

- Ist es gut, wenn ich kreativer bin? Ja, wenn ich Grafiker bin. Nein, wenn es in meinem Beruf um prozesskonformes Arbeiten geht, wo jede frei interpretierte Abweichung von der Norm einen Fehler darstellt.

Anders zu sein als die meisten ist weder gut noch schlecht, es ist zunächst einfach nur ein Unterschied. Das Bewusstsein dafür hilft heraus zu finden, wo die Andersartigkeit ihren Vorteil hat, so dass sie nicht zu einer ständigen Konfrontation mit einer scheinbaren Minderwertigkeit wird, die man durch Konformität und Anpassung unter Leugnung des eigenen Naturells kompensiert.

DER EIGENE EINFLUSS

Nichts ist allein gut oder schlecht, es kommt darauf an, was man daraus macht! Die Formulierung ist bewusst 'aktiv' gewählt. Als Kind ist man seiner Umwelt in hohem Maße ausgeliefert. Mit zunehmendem Alter wachsen die Freiheitsgrade, selbst auf die Dinge Einfluss zu nehmen.
Zunächst sind alle Fähigkeiten, die ein Mensch mitbringt, für sich gesehen neutral zu bewerten. Es hängt davon ab, ob man sie als Potenzial (er-) kennt und entfalten kann. Entscheidend ist auch, ob das Umfeld, in dem man sich befindet, geeignet ist, diese Qualitäten zum Klingen zu bringen. Ein Fisch auf dem Land hat nichts davon, dass er unter Wasser atmen kann, er kann seine Kiemen nur als Defizit empfinden. Eine hervorragende Sopranistin wird bei einer Casting-Show für Schlagersänger unter Umständen nur wenige Chancen haben. Ein hochsensibler Ingenieur wird möglicherweise bei der Wartung von Anlagen in einer Gießerei aufgrund der Hitze und des Lärms nur einen Bruchteil seiner Fähigkeiten zeigen können.

So lange ein hochsensibler Mensch nicht um seine Eigenheiten weiß, erkennt er oft nicht, wo er den Hebel ansetzen kann und erlebt sich inkompatibel mit der Welt. In dieser Zeit entstehen oft Gefühle der Unzulänglichkeit, des Ausgeschlossen-Seins oder der Unsicherheit. Man erlebt in erster Linie die Schattenseite, wie der Fisch auf dem Land. Hat man im Phänomen der Hochsensibilität eine Erklärung für die Unterschiede und das Spezifische der eigenen Empfindungen gefunden, eröffnen sich neue Möglichkeiten. Man kann selbst den weiteren Verlauf seines Lebens und die Gestaltung seiner Umwelt in die Hand nehmen, weil man viel besser weiß, worauf es ankommt.

Die Möglichkeiten wollen aktiv aufgesucht und genutzt werden, sofern es dort, wo es einen hingespült hat, wenig Luft zum Atmen gibt. Es ist die Chance, Selbstverantwortung zu übernehmen. Das ist oft nicht einfach, weil es viele Lebensbereiche betrifft, die man auf ihre Kompatibilität hin wohlwollend kritisch unter die Lupe nehmen kann. Passt meine Partnerschaft, passen meine Freunde, passt meine Wohnsituation, mein Beruf, mein Tempo? Wie verbringe ich meine Freizeit, wie gehe ich selbst mit mir um? Behandle ich mich gut, beute ich mich aus, respektiere ich selbst meine Eigenarten? Kann ich wahrnehmen, was ich brauche, um mich wohl zu fühlen? Kann ich mir diese Bedingungen schaffen? Was muss ich dafür ändern? Was muss ich dafür aufgeben? Was ist der Preis für die Entscheidung, ein, an den eigenen Bedürfnissen ausgerichtetes Leben zu führen? Was ist es mir wert?

Ich stelle es mir vor wie eine Reise zu sich selbst. Wie weit entfernt oder nah man seinem Ziel schon ist, weiß man zu Beginn nicht so genau. Doch egal wo der Ausgangspunkt ist, es ist eine Reise ins Licht, bei der die Schattentage weniger werden. Es kann anstrengend werden, man lässt Dinge, vielleicht auch Menschen zurück, man entdeckt Neues und ist ständig im Fluss. Mit jeder Änderung im Außen ändert sich auch im eigenen Erleben etwas und erschafft wieder neue Reiseziele.

Elaine N. Aron sagte in einem Vortrag, sie habe sich in der Anfangszeit ihrer HSP Forschung mehr auf die Nachteile fokussiert, die mit der Veranlagung verbunden sind, doch das hätte sich mittlerweile sehr geändert. Sie hätte gesehen, dass die Hochsensibilität 'unglaubliche Vorteile' mit sich brächte und, so Aron wörtlich: "That's why it's a joy to be a HSP!"

[**MUSIKTIPP** | My Way . Gesungen u.a. von Frank Sinatra . Den englischen Originaltext von Paul Anka oder die Übersetzung: einfach mal googeln . Er kann hier leider nicht abgedruckt werden (Urheberrecht) .]

DER EIGENSINN

von HERMANN HESSE

Eine Tugend gibt es, die liebe ich sehr, eine einzige. Sie heißt Eigensinn. Von allen den vielen Tugenden, von denen wir Bücher lesen und von Lehrern reden hören, kann ich nicht so viel halten. Und doch könnte man alle die vielen Tugenden, die der Mensch sich erfunden hat, mit einem einzigen Namen umfassen. Tugend ist: Gehorsam. Die Frage ist nur, *wem* man gehorche. Nämlich auch der Eigensinn ist Gehorsam. Aber alle anderen, so sehr beliebten und belobten Tugenden sind Gehorsam gegen Gesetze, welche von Menschen gegeben sind. Einzig der Eigensinn ist es, der nach diesen Gesetzen nicht fragt. Wer eigensinnig ist, gehorcht einem anderen Gesetz, einem einzigen, unbedingt heiligen, dem Gesetz in sich selbst, dem "Sinn" des "Eigenen".

Es ist sehr schade, dass der Eigensinn so wenig beliebt ist! Genießt er irgendwelche Achtung? O nein, er gilt sogar für ein Laster oder doch für eine bedauerliche Unart. Man nennt ihn nur da bei seinem vollen schönen Namen, wo er stört und Haß erregt. (Übrigens: wirkliche Tugenden stören immer und erregen Haß. Siehe Sokrates, Jesus, Giordano Bruno und alle anderen Eigensinnigen.) Wo man einigermaßen den Willen hat, Eigensinn wirklich als Tugend oder doch als hübsche Zierde gelten zu lassen, da schwächt man den rauen Namen dieser Tugend nach Möglichkeit ab. "Charakter" oder "Persönlichkeit" - das klingt nicht so herb und beinah lasterhaft wie "Eigensinn". [...] "Charakter" nennt man einen Mann, der einige eigene Ahnungen und Ansichten hat, aber nicht nach ihnen lebt. Er lässt nur ganz fein so je und je durchblicken, dass er anders denkt, dass er Meinungen hat. In dieser sanften und eitlen Form gilt Charakter auch schon unter Lebenden für Tugend. Hat aber einer eigene Ahnungen und lebt wirklich nach ihnen, so geht er des lobenden Zeugnisses "Charakter" verlustig und es wird ihm nur "Eigensinn" zuerkannt. Aber nehmen wir das Wort einmal wörtlich! Was heißt denn "Eigensinn"? Das, was einen eigenen Sinn hat. Oder nicht?

Einen "eigenen Sinn" nun hat jedes Ding auf Erden, schlechthin jedes. [...] Einzig der Mensch und das von ihm gezähmte Haustier sind dazu verurteilt, nicht der Stimme des Lebens und Wachstums zu folgen, sondern irgendwelchen Gesetzen, die von Menschen aufgestellt sind und die immer von Zeit zu Zeit wieder von Menschen gebrochen und geändert werden. Und das ist nun das Sonderbare: Jene wenigen, welche die willkürlichen Gesetze missachteten, um ihren eigenen natürlichen Gesetzen zu folgen – sie sind zwar meistens verurteilt und gesteinigt worden, nachher aber wurden sie, für immer als Helden und Befreier verehrt. [...]

Der Mensch mit jenem "Eigensinn" den ich meine, sucht nicht Geld oder Macht. Er verschmäht diese Dingen nicht etwa, weil er ein Tugendbold und resignierter Altruist wäre - im Gegenteil! Aber Geld und Macht und all die Dinge, um derentwillen Menschen einander quälen und am Ende totschießen, sind dem zu sich selbst gekommenen Menschen, dem Eigensinnigen, wenig wert. Er schätzt eben nur Eines hoch, die geheimnisvolle Kraft in ihm selbst, die ihn leben heißt und ihm wachsen hilft. [...] Wer das Vertrauen zu sich selber hat, wer nichts anderes mehr wünscht, als sein eigenes Schicksal rein und frei in sich zu erleben und ausschwingen zu lassen, dem sinken jene überschätzten, tausendmal überzahlten Hilfsmittel zu untergeordneten Werkzeugen herab, deren Besitz und Gebrauch angenehm, aber nie entscheidend sein kann. [...]

Wir sind Menschen. Und für den Menschen gibt es nur *einen* natürlichen Standpunkt, nur *einen* natürlichen Maßstab. Es ist der des Eigensinnigen. Für ihn [...] lebt nichts als das stille, unweigerliche Gesetz in der eigenen Brust, dem zu folgen dem Menschen des bequemen Herkommens so unendlich schwer fällt, das dem Eigensinnigen aber Schicksal und Gottheit bedeutet.

BEGABUNG

WELCHE POTENZIALE HOCHSENSIBLEN ZUR VERFÜGUNG STEHEN

Da der Fokus von Veröffentlichungen und Diskussionsbeiträgen zum Thema Hochsensibilität häufiger auf den Schwierigkeiten und vermeintlichen oder tatsächlichen Defiziten liegt, möchte ich hier ausgiebiger auf einige Talente eingehen, die HSP auszeichnen. Als HSP hält man vermutlich vieles für selbstverständlich, was tatsächlich eher ungewöhnlich und bemerkenswert ist, weswegen einem so manche Befähigung selbst verborgen bleibt. Weil man sich nicht ständig mit anderen über seine Wahrnehmungen austauscht, merkt man nicht, dass man sieht, was andere nicht sehen oder spürt, was andere nicht spüren.

Wie das Wort Be-gab-ung schon sagt, handelt es sich um Fähigkeiten, die einem gegeben sind. Nichts, worauf man sich etwas einbilden müsste, nichts, weshalb man sich für besonders toll halten sollte. Dazu neigen HSP zwar meist nicht, weil sie eher bescheiden als angeberisch auftreten. Mitunter fühle ich aber auch so etwas wie 'innere Arroganz' in den Aussagen einzelner. Beispielsweise wenn jemand, der sich selbst als hochsensibel bezeichnet, sagt, er möchte nicht "unter Grobianen seine Zeit verbringen". Oder ein anderer, der die Einstellung, nur an das zu glauben, was man sehen kann, als "dumm und lächerlich und sowas von gestern" bezeichnet (Zitate aus HSP Foren). Ich kann verstehen, dass man als Reaktion auf häufige Herabwürdigungen, die man selbst erfahren hat, andere verurteilt. Gut ist es dennoch nicht, weder für einen selbst, noch für andere, noch für das Image der Hochsensibilität in der Öffentlichkeit. Deshalb bin ich der Meinung, man sollte versuchen, es los und sein zu lassen.

Jeder Mensch hat Begabungen. In der passenden Umgebung können sie, wie ein Samenkorn, in vollem Umfang aufgehen, aufblühen und sich entfalten. In trockener, unwirtlicher Umgebung zeigen sich Reichtum und Schönheit vielleicht nur in Ansätzen. Die Begabungen schlagen sich idealerweise auch in der passenden Berufswahl nieder, indem man einen Platz findet, an dem die eigenen Fähigkeiten zur Geltung kommen können. Viele HSP tun sich besonders schwer, Ihren Platz zu finden, da häufiger die Umgebungsbedingungen als belastend erlebt werden, obwohl die Tätigkeit an sich gut mit den eigenen Vorlieben und Fähigkeiten harmoniert.

Sollten Sie einige der auf den folgenden Seiten beschriebenen Begabungen nicht bei sich entdecken, muss es nicht bedeuten, dass Sie kein HSP sind, denn nicht jeder hat alle diese Fähigkeiten in hoher Ausprägung in sich realisiert. Umgekehrt muss man nicht hochsensibel sein, um mit diesen Talenten ausgestattet zu sein. Eine ausführliche Übersicht findet sich im Kapitel 'Hochsensibilität . Charakteristika'.

Vieles ist ganz eindeutig eine Frage des 'Talents', d.h. der Intuition und des untrüglichen Gefühls für das, was passend ist.

- Der eine lernt die Regeln des Goldenen Schnitts, der andere spürt, wie ein Motiv am wirkungsvollsten platziert werden sollte.
- Der eine lernt Moderationstechniken, der andere fühlt, wann er wie eingreifen muss und wann er der Diskussion ihren natürlichen Lauf lassen kann.

Talent lässt sich in einer Ausbildung verfeinern. Wer jedoch die Begabung nicht mitbringt, kann sie sich niemals antrainieren, es wird immer ein 'technisches Umsetzen' bleiben, das qualitativ nicht an das heranreichen kann, was einer erreicht, der das richtige Feeling hat. Umso wichtiger ist es zu achten, was man geschenkt bekommen hat, statt für sich selbst vermeintliche Defizite in den Vordergrund zu stellen.

INTENSIVE UND FEINE SINNLICHE WAHRNEHMUNG

mit Augen, Ohren, Haut und Händen (Tastsinn), mit dem Geschmackssinn und der Nase.

Viele HSP reagieren früher und deutlicher auf sinnliche Wahrnehmungen und haben darin ein hohes Differenzierungsvermögen. Die Ausprägung auf den verschiedenen Sinneskanälen kann unterschiedlich sein. Nicht jeder, der eine 'gute Nase' hat, ist auch für taktile Reize überdurchschnittlich sensibel. Auch eine Empfindlichkeit gegenüber Geräuschen muss noch kein besonderes Feingefühl für Musik mit sich bringen.

Vielfach kann man schon bei Kindern in der Art und Weise ihres Umgangs mit der sinnlich wahrnehmbaren Umwelt eine hochsensible Veranlagung erkennen. Worauf achten sie, was sprechen sie an, das vielleicht gar nicht kind-typisch ist, wie gehen sie mit Farben und Formen um, worauf reagiert die Haut und was fühlen die kleinen Hände? Es ist besonders wichtig, diese Wahrnehmungen nicht in Frage zu stellen ('Ach, was du dir da wieder einbildest!'), sondern die Beobachtungen ernst zu nehmen, damit der kleine Mensch lernt, sich und seinen Sinnen zu vertrauen.

Auf besondere taktile Fähigkeiten greifen beispielsweise Goldschmiede, Physiotherapeuten und Osteopathen zurück, ein herausragender Geschmacks- und Geruchssinn erweist einem Sommelier gute Dienste. Eine sehr gute Feinmotorik und ein Gefühl für die richtige Komposition von Formen und Farben ist eine wertvolle Kombination, die in vielen gestalterischen Berufen gefragt ist.

Damit verbunden ist oft ein

AUSGEPRÄGTES ÄSTHETISCHES EMPFINDEN

mit dem auch Kleinigkeiten erkannt und das harmonische bzw. disharmonische Zusammenspiel von Formen und Farben, Geschmack und Geruch genau beobachtet werden.

In ihrer wissenschaftlichen Arbeit identifizierten Smolewska, McCabe und Woody (2006) die 'ästhetische Sensibilität' als einen von drei Faktoren der Hochsensibilität (neben 'niedriger Reizschwelle' und 'leichter Erregbarkeit'), statt der von Aron postulierten Eindimensionalität des Konstrukts. Das unterstreicht die Bedeutung dieser Dimension als charakteristisches Merkmal von HSP. | 19

KREATIVITÄT, IDEENREICHTUM

Bei Erwähnung des Wortes Kreativität sehen viele die Bastelschere und den Pinsel vor sich. Kreativität beschränkt sich jedoch nicht auf gestalterische Aufgaben. Ebenso kann es sich um kreative, im Sinne von neuartigen Lösungen für Aufgaben, ungewöhnliche Ansätze und ein gutes Assoziationsvermögen handeln. Sie schafft eine Verknüpfung von Dingen, die bisher nicht miteinander verbunden waren. Sie drückt sich aus im Streben nach Neuem und Einzigartigem und ebenso im findigen Kombinieren, das manchmal auch Einfallsreichtum oder Improvisationstalent genannt wird.

Begünstigt bzw. ermöglicht wird sie durch die vielen Querverbindungen, die ein HSP-Gehirn zwischen Gedächtnisinhalten herzustellen vermag. Dieser Denkstil produziert eine Fülle von Kombinationsmöglichkeiten und Denkbrücken zwischen Themen, die vordergründig nicht zusammenhängen müssen. Eine besondere Assoziationsgabe und ein gutes logisches Denkvermögen erleichtern Analogiebildung und Mustererkennung, die für viele Lösungen wichtig sind.

Kreativität ist auch und in ganz besonderem Maße ein Kind der Freiheit. In einem starren Korsett von Vorschriften und Regeln verkümmert der erfinderische Geist. Er wird begrenzt durch das Mögliche, statt auch mal das (noch) Unmögliche denken und wagen zu dürfen.

In verschiedenen Firmen, für die ich im Bereich der Personalentwicklung tätig war, wurden Kreativität und Innovationskraft als wesentliche Erfolgsfaktoren herausgestellt. Dem gegenüber stand manchmal eine Firmenkultur, die genau das nicht zuließ und nur das rationale, risikolose Verhalten unterstützte. Man wollte, was man gleichzeitig verhindert hat, denn neue Gedanken sind gefährlich für traditionelle und konservative Kräfte. Das zeigt schon die Geschichte. Man behält gern die Kontrolle über die freien Geister, doch Kreativität kann man nicht im Käfig halten, sei er auch noch so golden.

Deshalb an dieser Stelle der Appell, das kreative Potenzial von Kindern und 'spinnerten' Erwachsenen nicht mit der Vernunft nieder zu argumentieren. Kreativität ist spielerisch, sie ist lebendig, sie ist leicht, ein bisschen verrückt. An der Leine des Verstandes verliert sie ihr Temperament und ihre Kraft und ist nicht mehr die Hälfte wert.

Dazu gesellt sich gern ein
KÜNSTLERISCHES TALENT
(Musik, Malerei, Design, Architektur, Literatur...)

Bei vielen großen Dichtern und Denkern, Musikern und Malern der Vergangenheit vermutet man eine hochsensible Veranlagung. Wie bereits im Kapitel 'Licht und Schatten' erwähnt, kann das heute niemand mit Sicherheit behaupten, weil Michelangelo Bounarotti, Hermann Hesse und Leonardo da Vinci nicht mehr für Interviews zur Verfügung stehen. Wer die geistreichen und feinsinnigen Bücher von Alain de Botton liest (ein zeitgenössischer Autor für alltagsphilosophische Themen), liegt ebenfalls die Vermutung nahe, dass es sich um einen HSP handelt.

[**BUCHTIPPS** | Alain de Botton . Religion für Atheisten: Vom Nutzen der Religion für das Leben | Glück und Architektur: Von der Kunst, daheim zuhause zu sein | Freuden und Mühen der Arbeit . Alle erschienen im Fischer Verlag .
Kunstvolle Sprache, kluge Ideen, ungewöhnliche Blickwinkel, ein Lesegenuss von der ersten bis zur letzten Zeile .]

[**BUCHTIPP** | Irving Stone . Michelangelo . Biographischer Roman . Eine Zeitreise ins Florenz der Renaissance und ins Herz von Michelangelo Bounarotti . Ein Gefühl, als ob man dabei war, als der David entstand .]

[**ARCHITEKTURTIPP** | Peter Zumthor . Die Therme Vals in Graubünden | Schweiz . Stein, Wasser, Licht . Natur und Raum . Sehenswert, erlebenswert .]

Man kann sich gut vorstellen, dass die tiefgründige Verarbeitung von Wahrnehmungen der äußeren und inneren Welt ihren Ausdruck in Bildern, Worten und Tönen findet. Die gute Form, die harmonische Verbindung, der richtige Klang, die bedachte Wirkung ... all das kann finden, wer mit Feingefühl erschafft, was sich in der Welt als Kunst entfaltet. Auch der häufig damit einhergehende Idealismus, der materielle Werte hinten anstellt, um die Berufung zu leben, passt in das hochsensible Muster.

GANZHEITLICHES DENKVERMÖGEN

Wenn man sich Kreativität als sprudelnde Quelle vorstellt, ist das ganzheitliche Denkvermögen der breite Strom. Es beginnt bei der Wahrnehmung, die Beziehungen und Zusammenhänge aufnimmt, und setzt den Umgang mit Komplexität und Vieldimensionalität voraus. Und, wie das Wort schon sagt, den Blick für das Ganze, das übergeordnete Prinzip.

Im Zeitalter der Spezialisierung ist diese Qualität explizit heraus zu stellen. Expertentum macht viele Spitzenleistungen erst möglich, andererseits führt es auch dazu, dass die Verbindungen zwischen den Disziplinen vernachlässigt werden und jeder an seiner Stelle immer tiefer gräbt. In der Medizin habe ich beispielsweise als Laie oft das Gefühl, dass die 'Einheiten', in denen die jeweiligen Fachärzte denken und handeln, immer kleiner werden und der Gesamtorganismus als System mehr und mehr aus dem Blickfeld gerät. Zweifellos hat die Spezialisierung viele Vorteile, doch ab und zu braucht es eine Instanz, die die größeren Zusammenhänge betrachtet und in der Lage ist, die Vernetzungen zu erkennen.

Die Kombination des einen (Ganzheitlichkeit) *und* des anderen (Expertentum) wird das beste Ergebnis erzielen. Um Wirksamkeit im Handeln zu erreichen, ist es notwendig, sich nicht in den Weiten der Gedankenwelten zu verlieren, sondern in Kontakt mit dem Boden (und anderen Menschen) zu bleiben. Erst dann wird man die Fähigkeit zum ganzheitlichen Denken im Sinne aller zur Geltung bringen können.

DIFFERENZIERTE WAHRNEHMUNG VON STIMMUNGEN ATMOSPHÄRE, BEFINDLICHKEITEN

Neben der Wahrnehmung physischer Gegebenheiten haben viele eine ausgeprägte Empfänglichkeit für emotionale Schwingungen und Stimmungen, die sie deutlicher und früher spüren können als andere. Oft wissen HSP mehr als die 'Besitzer' einer Gefühlsregung, die sich derselben möglicherweise noch gar nicht bewusst sind oder sie nicht wahr haben möchten. ('Warum bist du denn sauer?' 'Ich bin überhaupt nicht sauer!!!')

Diese Gabe ist mit Vorsicht zu genießen. Sie beruht auf Gefühlen, die sich in einem selbst regen. Sie können richtig sein oder auch nur ein Produkt der Resonanz mit der eigenen Gefühlswelt sein. Beispielsweise unterstellt ein Mensch, der sich selbst schnell angegriffen fühlt, leicht eine aggressive Stimmung oder einen vorwurfsvollen Ton, obwohl der vom Gegenüber gar nicht beabsichtigt ist. Verlässlicher sind emotionale Wahrnehmungen, wenn man selbst gänzlich unbeteiligt ist und somit keine unmittelbare Wechselwirkung mit der eigenen Gefühlwelt entsteht. Aus der Rolle des neutralen Beobachters, der selbst keine Aktien im Spiel hat, ist die Verzerrung wesentlich unwahrscheinlicher.

In einigen Berufen ist diese Gabe besonders kostbar, sie macht den Unterschied zu reinen Anwendern einschlägiger Tools und Techniken. Die Befähigung, atmosphärische Schwingungen zu spüren, hebt die Arbeit auf eine andere qualitative Ebene. Manchen Menschen ist es eher unheimlich, weil sie viel Energie darauf verwenden, den Schein zu wahren und sich nicht in die Karten sehen zu lassen. 'Durchschaut' zu werden ist für sie keine positive Erfahrung. Das sollte allerdings kein Grund für HSP sein, an ihren Empfindungen zu zweifeln. Es gibt andere, die sie für diese Gabe schätzen.

Ganz dicht daneben liegt die

INTUITION

Nicht alles, was ist, kann man mit dem Verstand analysieren. Manches ist Ahnung, manches ist Fingerspitzengefühl, manches ist Wissen, das von tief innen kommt und keine Beweise im Sinne des Messens und Wiegens kennt. Man sagt, manche Hochsensible fühlen, was kommt, was richtig ist, was es braucht. Sie stehen in gutem Kontakt zu ihrem Unterbewusstsein, das mehr weiß, als sich die Ratio ausmalen kann.
In den Heilberufen erwächst vieles aus der Intuition. Auch in der Werbung, in der Modebranche und in der Produktentwicklung können diese Qualitäten sehr geschätzt sein. Eigentlich fällt mir nichts ein, wo Intuition als Begleiter der Vernunft nicht wertvoll sein könnte.

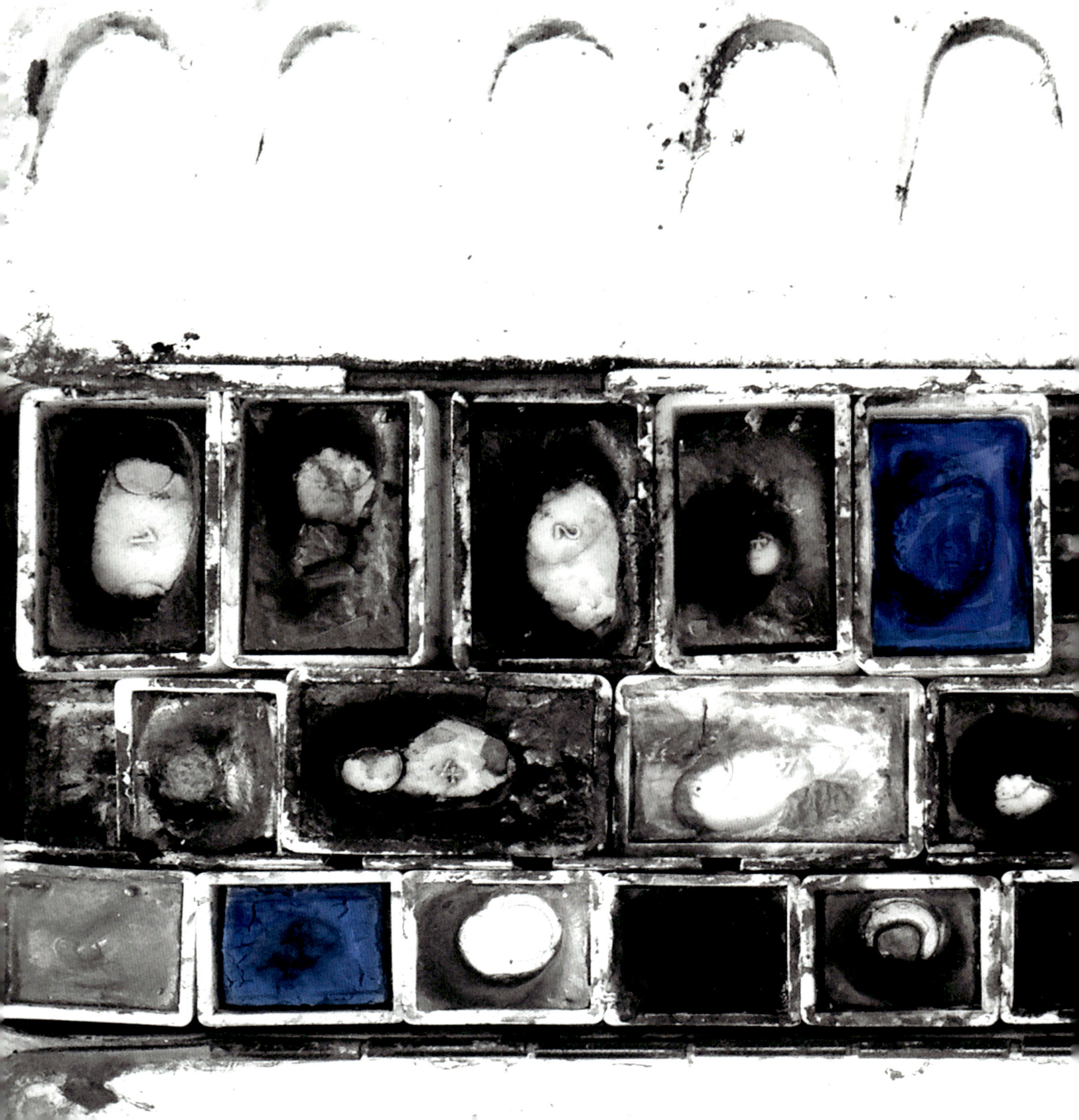

Intuition ist eine gefühlsmäßige Bewertung, die den Verstand zunächst außen vor lässt. Das Gefühl ist schneller als der Verstand. Es hat Zugriff auf im Unterbewusstsein abgespeicherte Informationen und Erfahrungen und liefert als Ergebnis etwas, das durchaus rational auf Stimmigkeit überprüft werden kann und auch soll. Intuition basiert unter anderem auf subjektivem Erfahrungswissen, das heißt, sie kann auch falsch sein, weil verzerrt, weil einseitig, weil durch die eigene Lebensgeschichte geprägt. Es kann auch sein, dass jemand, der sich intuitiv für oder gegen etwas entscheidet, dafür selbst auf Nachfrage keine Gründe liefern kann, weil sie seinem Bewusstsein nicht zugänglich sind.

Bei intuitiven Entscheidungen sind stammesgeschichtlich ältere Hirnareale beteiligt. Sie tragen auch Informationen in sich, die aus Effizienzgründen unbewusst aussortiert wurden, noch bevor sie ins Bewusstsein vorgedrungen sind. Da die Systeme, wie schon beschrieben, bei HSP mehr und anderes passieren lassen, könnte eine Erklärung sein, weshalb sie häufig über eine bessere Intuition verfügen.

Manche sind der Überzeugung, die Intuition zapfe das universelle Wissen an, das größer ist, als alles, was ein Individuum allein wissen kann. Das macht sie so einmalig und wertvoll, obwohl sie sich zunächst dem Beweis entzieht.

Wieder ist es das kooperative Zusammenspiel der Systeme, das den besten Weg darstellt. Zulassen und ernst nehmen des gefühlsbasierten Anteils, in gutem Kontakt stehen mit den eigenen Emotionen und dem großen Ganzen, nicht dem Verstand allein die Herrschaft überlassen. Gleichzeitig selbst oder andere einen prüfenden Blick auf das Ergebnis werfen lassen, Chancen und Risiken abschätzen, Schlussfolgerungen ziehen, mit denen sowohl das Gefühl wie auch der Verstand (und ihre menschlichen Vertreter) gut leben können.

In einer Welt, in der nur Beweise zählen, hat Intuition keinen Wert.

Ebenso wenig wie der

SINN FÜR ÜBERSINNLICHES UND SPIRITUALITÄT

Hier begeben wir uns auf ein Terrain, bei dem im Alltagsgebrauch der Worte vieles vermischt wird, was meiner Meinung nach in keinem Zusammenhang stehen muss, wie zum Beispiel Religion, Esoterik, Hellsehen, Astrologie, Telepathie, aber auch Magie und alle möglichen Grenzgebiete der Scharlatanerie.
Was für den einen schon jenseits der Grenze ist, sieht der andere als etwas Selbstverständliches und 'Wahres' an. Ich fälle hier kein Urteil über verschiedene Praktiken und Einstelllungen, die Grenze kann und soll jeder für sich selbst ziehen.
Meinem Eindruck nach ist der gemeinsame Nenner verschiedenster Themen, die im Zusammenhang mit Spiritualität genannt werden, das Geistige, im Unterschied zum Materiellen bzw. Physischen. Damit entzieht es sich der herkömmlichen empirischen Methodik, mit der versucht wird, die Dinge 'greifbar' zu machen. Die Psychologie als relativ junge Wissenschaft versuchte dieses 'Image des Unfassbaren', wie ich es hier einmal nennen möchte, los zu werden, indem sie da und dort aus dem geisteswissenschaftlichen in das naturwissenschaftliche Lager wechselt, mit allen wiederum negativen Konsequenzen, die sich daraus ergeben.

Der Geist ist frei, die Seele nicht dreidimensional und der Wille nicht rechtwinklig, sehr zum Leidwesen aller, die nur glauben, was sie sehen und messen können. Mein Respekt gilt deshalb allen, die bemüht sind, Unwahrheit von Wahrheit zu trennen und nicht nur Beweisbares von Nicht-Beweisbarem. Ein Problem sehe ich darin, Dinge als unwahr zu bezeichnen, für die der Nachweis von Wahrheit nach den gängigen Methoden nicht erbracht werden kann. Glaube beginnt, wo Wissen aufhört und damit sind unterschiedliche Betrachtungsweisen vorprogrammiert. Die Abgrenzung der Wahrheit kann in diesen Fällen nur durch eigenes Erleben entstehen und nicht von einem zum anderen weitergegeben werden. Für den, der etwas nicht selbst erfahren hat, bleibt nur die Wahl zwischen Glauben und Nichtglauben. Die Diskussion um die Wirksamkeit der Homöopathie ist ein

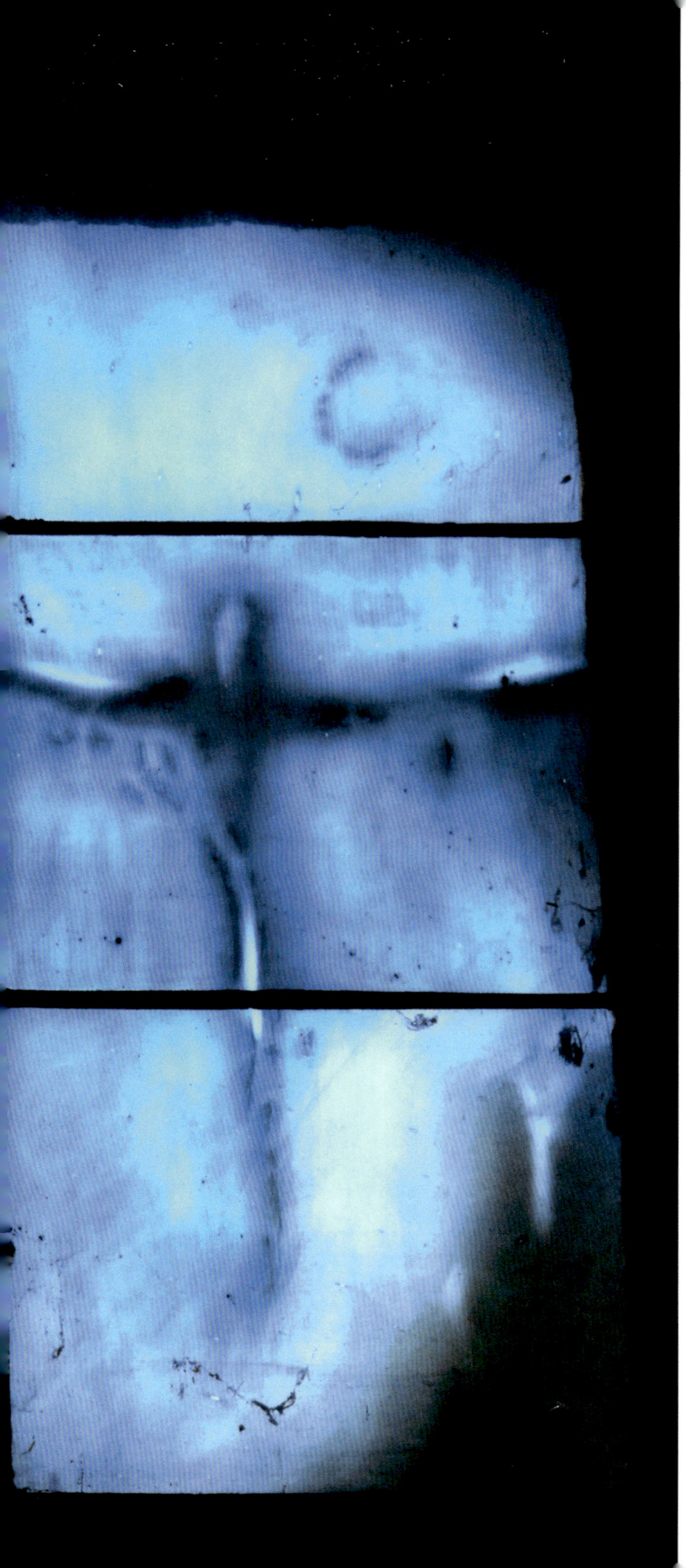

treffendes Beispiel, an dem die Welten aufeinander prallen. Ich belasse es dabei festzustellen, dass viele HSP eine Nähe zur Spiritualität im Sinne einer Nähe zum Geistigen (nicht zwangsläufig mit einer Religion verbunden) verspüren. Wie jeder Einzelne das für sich ausgestaltet, ist unterschiedlich. Damit einher geht zumeist der Glaube an eine innere Verbundenheit aller Wesen und eine Art universeller Energie. Einige Hochsensible empfinden es als 'zusätzlichen Sinn', der sie empfänglich macht für die Wahrnehmung von Energien und auch Wesenheiten, die andere nicht spüren können. Sie finden leichter Kontakt im Austausch mit dem 'großen Ganzen' und haben einen Zugang zu Erfahrungen, die über die fünf Sinne und das materiell Fassbare hinausgehen, also über-sinnlich ist.

Das ist nicht immer einfach. Schnell wird man als 'verrückt' angesehen oder hält sich auch selbst dafür. Eine Freundin erzählte mir, dass sie als Kind bei Tisch öfters einige Gedecke mehr aufgelegt hat, für Wesen deren Gegenwart ihr ganz natürlich erschien, die außer ihr aber keiner wahrnehmen konnte. Das wiederum war für sie selbst sehr verwirrend.
Als Quelle von heilenden Qualitäten, die manche HSP in sich tragen, ist sie ein Geschenk für alle, denen sie zuteil wird. Spiritualität kann sich auch in der Liebe zur Natur und der in ihr wohnenden Wesen äußern, denen man mit Achtung und Respekt begegnet. Auch Meditation und praktizierte Achtsamkeit sind ein Ausdruck von Spiritualität.

Die Affinität zur Beschäftigung mit geistigen Themen kann uneingeschränkt bei jedem Menschen zu finden sein, dazu braucht es keine hochsensible Veranlagung. Aufgrund der beschriebenen spezifischen Kombination von Eigenschaften hochsensibler Menschen ist die Wahrscheinlichkeit hier jedoch höher anzunehmen.

DIFFERENZIERTES UND REICHHALTIGES INNENLEBEN UND NUANCIERTE WAHRNEHMUNG

Innenschau, Reflektion, Auseinandersetzung mit Erlebnissen und mit sich selbst, denken über das Denken und die Welt. So werden Erfahrungen zu einer Quelle inneren Reichtums.

Für Menschen, die stark im Außen leben und die stetige Rückkopplung brauchen, ist vermutlich schwer nachvollziehbar, wie man in und mit sich selbst so beschäftigt sein kann, ohne sich zu langweiligen. In unserer außenorientierten Gesellschaft ist ein Denker schnell ein Grübler. Einer, der sich zurückzieht, statt sich am 'mein Haus - mein Auto - meine Yacht' - Smalltalk zu beteiligen (oder 'mein neuestes Wochenend-Refugium - mein abgefahrenstes Sportgerät - meine außergewöhnlich interessierten Kinder), ist eher suspekt oder bestenfalls uninteressant. Hat er nix, kann er nix? Warum stellt er sich nicht dem gesellschaftlichen Kräftemessen?

Das Persönlichkeitsmerkmal, das Menschen beschreibt, die ihre Energie mehr auf das eigene Ich und das Innenleben richten, nennt man Introversion. Auch wenn es unter HSP einen geschätzten Anteil von ca. 30 % extravertierten Menschen gibt, sind die Introvertierten in der Überzahl. Es gibt verschiedene Definitionen für Introversion und Extraversion, die auf die unterschiedlichen Begründer der zugehörigen Theorien zurückgehen, wie C.G. Jung, H.J. Eysenck oder R.B. Cattel. Gemeinsam ist allen, dass es sich bei Introvertierten um Menschen handelt, bei denen die Innenorientierung deutlicher im Vordergrund steht, während bei Extravertieren ein stärkerer Außenbezug und Kontakt zur Umwelt beobachtet werden kann. Heute geht man davon aus, dass niemand *nur* das eine oder das andere *ist*, sondern man eine mehr oder weniger starke Ausprägung von beidem entwickelt hat.

Worin liegt genau die Begabung? Darin, dass man keinen anderen als Resonanzboden braucht. Man ist sich selbst genug, man findet die Energie in sich. Durch die umfassende Wahrnehmung der vielen Facetten, die man aufgenommen hat, steht unterschiedliches und vielfältiges Material im eigenen Kopf zur Verfügung, das durch die Kombination Bausteine für das Errichten eigener Gedankenwelten liefert. Es ist gut, die Inspiration von außen zu bekommen (ein Buch, ein Artikel, ein gutes Gespräch), doch die weitere Beschäftigung mit einem Thema ist nicht von anderen Menschen abhängig. Man zieht den eigenen Wert nicht daraus, etwas toller zu machen, etwas besser zu wissen oder überhaupt

einen vergleichenden Maßstab anzulegen. Diese Gabe ist unabhängig von der Anwesenheit anderer verfügbar und das ist innerer Reichtum.
Extravertierte Menschen sind deshalb keine Ballermänner. Wer eine sehr starke extravertiere Ausprägung hat, ist allerdings in stärkerer Form abhängig vom sozialen Kontakt und wird der Theorie nach diesen Austausch auch brauchen, um sich gut und im angenehmen Sinne angeregt zu fühlen. Deshalb bringt diese Orientierung eine größere Abhängigkeit von anderen mit sich. Letztlich bestimmen die Inhalte, über die man sich im sozialen Austausch befindet, die Qualität der Begegnung. Nicht die Tatsache, dass man mit anderen intensiveren Kontakt pflegt.

Bedenkenswert bleibt, dass das ausgiebige Nach-Denken zur Quelle von Erkenntnis und auch von überschießender Selbstkritik werden kann. Auch hier wollen das rechte Maß und die richtige Einstellung gefunden werden.

Auch wenn viel im eigenen Innenleben geschieht, ist die

EMPATHIE, EINFÜHLSAMKEIT

vieler HSP eine Eigenschaft, die sie zu gesuchten Gesprächspartnern macht, beruflich wie privat. Die Fähigkeit zum Perspektivwechsel, das Interesse an Menschen, Mitgefühl und Achtung bilden gemeinsam die Basis für das tiefe Verständnis, das HSP anderen entgegen bringen können und für das sie häufig als gute Zuhörer und Ratgeber geschätzt werden.

Hat man diese Fähigkeit, bleibt einem das selbst kaum verborgen, im Gegenteil. Das Risiko ist eher, dass man von zu vielen in Anspruch genommen wird. Gute Zuhörer sind meiner Erfahrung nach eher selten. Viele nutzen ein Stichwort, das im Gespräch fällt, um wieder über sich selbst zu reden und schaffen es genau nicht, mit ihren Ohren und Gedanken beim Gegenüber zu bleiben und sich auf dessen Belange einzulassen. Hat man endlich einen gefunden, der das kann, weiß man das auch zu schätzen. Deshalb erfahren viele HSP auch von solchen Menschen Bestätigung für ihre kommunikativen Stärken, die sonstige 'Begleiterscheinungen' ihrer Veranlagung eher verhalten positiv beurteilen.

Das kann zu einem Köder werden, der einem ganz schön quer im Magen liegt. Aus mangelnder Anerkennung in anderen Lebensbereichen investieren manche HSP vermutlich unbewusst eine Menge Energie in diesem Bereich, hören jedem zu, machen sich um alles Gedanken, lösen im Zweifel noch die Probleme anderer Menschen und leiden im schlimmsten Fall kräftig mit. Ihr Investment in zwischenmenschliche Beziehungen kann eine Form annehmen, die nicht mehr gesund ist. Schnell bauen sich falsche Erwartungen auf (Prinzip der Gegenseitigkeit) oder man verwechselt die (häufig einseitige) Intimität der Gesprächsinhalte mit wahrer Freundschaft.

Ist das Thema durch, ist oft auch die dazugehörige Person samt ihrem Problem aus dem Zugriff verschwunden. Wer keine anderen Quellen der Zuneigung oder Achtung für sich erschließen kann, läuft so leicht Gefahr, immer wieder in dieses Muster zu fallen: zuhören, helfen, dafür 'geliebt' werden. Solange es sich auf Gespräche beschränkt, ist der Energieaufwand noch überschaubar. Fühlt man sich als Helfender auch noch für die Umsetzung oder zumindest die Unterstützung verantwortlich, kann die Last drückend schwer werden. Ganz zu schweigen von den gefühlmäßigen Auswirkungen, die durch ein Eintauchen und evtl. auch Mitleiden ausgelöst werden. Mit*gefühl* (statt Mit*leid*) ist der Weg in der Mitte, der einen selbst in ausreichendem Abstand hält und gleichzeitig Nähe und Verständnis für die Lage dessen vermittelt, der Rat und Hilfe sucht. Eine gewisse Distanz braucht es auch, um in schwierigen Situationen den Überblick zu bewahren und die Lage umfassend einschätzen können.

Wobei wir wieder beim Schatten wären ... manche Gaben sind im Familien- und Bekanntenkreis sehr beliebt und aus diesem Grund riskant für das eigene Ressourcenmanagement. Dazu gehören neben dem guten Zuhören und einer generellen Hilfsbereitschaft auch andere beliebte Eigenschaften, wie überdurchschnittliche Computerkenntnisse, der Besitz eines Kleintransporters oder handwerkliches Geschick. All das ist sehr praktisch und wird deshalb immer wieder gerne 'genommen'.

Anmerken möchte ich an der Stelle, dass auch diese Eigenschaft nicht allen HSP eigen ist, auch wenn das Wort Hochsensibilität das nahe legt. Manche hören nicht gut zu, lassen es an Einfühlungsvermögen vermissen und sind mit ihren Gedanken in erster Linie bei sich selbst. HSP sind nicht per Definition 'Gut-Menschen', ebenso wenig wie alle kreativ sind. Umgekehrt ist Hochsensibilität keine Voraussetzung für empathisches oder soziales Verhalten.

FÄHIGKEIT ZUR PROBLEMLÖSUNG, INSBESONDERE IN BELASTUNGSSITUATIONEN

Wenn alles im Chaos versinkt, können es genau die scheinbar sonst nicht belastbaren HSP sein, die den Überblick bewahren, die richtigen Prioritäten setzen, eine klare Struktur verfolgen und folgerichtig handeln. Wache Aufmerksamkeit und Präsenz, logische Ableitungen aus den Gegebenheiten bringen Klarheit und somit die Handlungsfähigkeit im Chaos zurück. Das würde man vielleicht nicht vermuten, umso erwähnenswerter ist es.

Dazu tragen Begabungen bei, wie die schon erwähnte ganzheitliche Wahrnehmung, das Erkennen von Details und VORAUSSCHAUENDES STRATEGISCHES DENKEN.

Auf sein Gefühl und seine Intuition zu vertrauen scheint mir ebenfalls eine wichtige Voraussetzung, um in Ruhe und Besonnenheit agieren zu können. Auch die Fähigkeit zum Perspektivwechsel, die Antizipation möglicher Folgen und das Bedenken von Risiken begünstigen die Navigation im Chaos.

GEWISSENHAFTIGKEIT, GENAUIGKEIT

Null-Fehler-Strategie, Six Sigma, Do-it-right-the-first-time, TQM, all diese Initiativen modernen Qualitätsmanagements streben Fehlerfreiheit an. Und doch nimmt man insbesondere im beruflichen Kontext Fehler oft billigend in Kauf, wenn es um das Tempo geht. Das ist kein einfacher Spagat, insbesondere für Menschen, die das Streben nach Perfektion in ihren Genen verankert haben. Aufhören, wenn es noch idealer geht? Sich mit dem Erstbesten zufrieden geben? Nicht nach der bestmöglichen Alternative suchen? Manchmal wird HSP genau ihre Gewissenhaftigkeit zum Verhängnis, weil sie Zeit kostet, die andere nicht geben möchten. Auch macht man sich schnell unbeliebt, wenn man jeden Fehler, eben auch den der anderen findet oder gilt als Bedenkenträger, wenn man in erster Linie auf Risiken oder Nachteile hinweist, statt die Chancen zu sehen.

Solange man selbst alle einflussnehmenden Parameter Ziel/Zeit/Aufwand (Ressourcen) in der Hand hat, ist es eine Frage der Abwägung, die man selbst vornehmen kann. Im beruflichen Umfeld wird der Fall häufiger sein, dass man das Ziel und den Termin vorgegeben bekommt und sich somit als dritter und abhängiger Parameter der dafür notwendige Aufwand ergibt. Schraubt man diesen selbst auf ein Maximum (um das Bestmögliche zu erreichen), kommt vermutlich die Terminvorgabe ins Trudeln. Deshalb ist der eigene Maßstab mit dem Auftraggeber abzustimmen. Er will ein fehlerfreies, qualitativ hochwertiges Ergebnis. Was das genau heißt (Auswirkungen auf das Ziel) und mit welchem Aufwand was zu leisten ist (Zeit/Geld), muss geklärt werden, auch wenn es nicht immer einfach ist. Mehr dazu im Kapitel 'Businessaufgaben . Besen, Besen, seids gewesen'. Genauigkeit und das Streben nach Perfektion sind Neigungen, die den richtigen Platz und das rechte Maß suchen.

Zu guter Letzt sind noch erwähenswert: LOYALITÄT UND GERECHTIGKEITSEMPFINDEN.

Das klingt ein bisschen nach verstaubter Mottenkiste. Doch wo wäre unsere Gesellschaft, wenn es nicht Menschen gäbe, die solche Werte hoch hielten und sich dafür einsetzten, ohne einen persönlichen Vorteil daraus zu ziehen? Es sind Fähigkeiten, die für ein friedliches, menschliches Miteinander dringend benötigt werden. Und auch dafür stehen HSP mit ihren Werten: das Streben nach einer besseren Welt, einen respektvollen Umgang der Menschen und den harmonischen Einklang mit der Natur. Dem Thema 'Gerechtigkeit' ist später im Buch ein eigenes Kapitel gewidmet.

Der Claim der Beton- und Zementindustrie heißt: Beton - es kommt darauf an, was man daraus macht! Gleiches möchte ich für die eben beschriebenen Begabungen reklamieren. Erst wenn man etwas daraus macht, entsteht ein Nutzen. Die Art und Weise entscheidet, welchen Wert sie für einen selbst und die Gesellschaft bekommen. Wer sich auf seine Kreativität setzt, sie brav warm hält und gut auf sie Acht gibt, wird nichts ernten. Im Kontakt mit der Welt kommen die Dinge ans Licht, entsteht aus dem Samenkorn die Blume, der Strauch, die Rebe, der Baum mit seinen Früchten, das Radieschen.

BUSINESSAUFGABEN . BESEN BESEN, SEIDS GEWESEN ...
WIE MAN UNTERSCHIEDLICHE AUFGABEN ARTGERECHT MEISTERT

ENTSCHEIDUNGSAUFGABEN . REISE NACH BARCELONA
WIE MAN VERMEIDET, SICH IM DSCHUNGEL DER GEDANKEN ZU VERIRREN

GESELLSCHAFTSAUFGABEN . FREI AB 12
WAS MAN IM KINO ÜBER ENTSCHEIDUNGEN, MUT UND TOLERANZ LERNEN KANN

GERECHTIGKEIT . NICHT IMMER EIN HOHER WERT
WARUM GERECHTIGKEIT MANCHMAL UNBELIEBT IST

LEBEN IN DER MUSCHEL . UND AUSSERHALB
WIE MAN EINE GUTE BALANCE ZWISCHEN STILLE UND ANREGUNG FINDET

WIE MAN IN VERSCHIEDENEN
SITUATIONEN GUT MIT SICH
UND ANDEREN UMGEHT

AUFGABE & LÖSUNG

4

a&l

BUSINESSAUFGABEN . BESEN BESEN, SEIDS GEWESEN ...

WIE MAN UNTERSCHIEDLICHE AUFGABEN ARTGERECHT MEISTERT

Die Anforderungen im Berufsleben sind vielfältig und unterschiedlich. Während einem manche Dinge wie von selbst von der Hand zu gehen scheinen, sind andere ein einziger K(r)ampf. Ich bezeichne Aufgaben, die einem maßgeschneidert vorkommen, wo alles fließt, ohne sich ungemein anstrengen zu müssen, gerne als 'artgerecht'. Geht es darum, Stärke und Kampfgeist zu zeigen, ist man als Löwe klar im Vorteil. Beim Klettern im schwierigen Gelände triumphiert die Bergziege, kommt es darauf an, sich leise anzupirschen, kann man als Panther seine Vorzüge ausspielen.

Auch bei Menschen gibt es unterschiedliche Veranlagungen und Talente, die einen für manche Aufgaben prädestinieren und bei anderen sogar im Weg stehen können. Sprachbegabung, mathematisches Verständnis oder handwerkliches Können sind Veranlagungen, die man leicht erkennt. Auch jenseits dieser groben Einheiten gibt es kleine und feine Unterschiede, die Aufgaben einfach oder schwierig machen. Sie können dafür verantwortlich sein, dass man sich wie ein Elefant fühlt, der versucht leise durch den Urwald zu schleichen oder wie ein Äffchen, das sich mit fröhlichem Vergnügen von Liane zu Liane schwingt.

Ich möchte die Auswirkungen eines HSP-typischen Denkstils im Hinblick auf zwei klassische Aufgabentypen näher betrachten, die im Berufsleben häufiger vorkommen:

- Aufgaben, die neuartige Ideen verlangen
- Aufgaben, die Empfehlungen und Entscheidungen in relativ kurzer Zeit erfordern

NEUE IDEEN

Wie oben schon ausführlich dargestellt, zeichnen sich HSP unter anderem durch ihre spezifische Art der Informationsverarbeitung aus. Manche Menschen schließen nach und nach ihre Informationsschleusen und destillieren aus vielem weniges heraus, der > Typ (von groß nach klein). Andere, und dazu neigen HSP, schlüsseln den Input nach allen Regeln der Kunst auf. Sie erkennen vieles im Wenigen und erschließen daraus neues, von mir als < Typ (von klein nach groß) bezeichnet. In diesem Fall entfalten sich, wie bei einem kleinen Feuerwerk, immer neue Aspekte und Schattierungen einer Sache, dort erscheint ein Geistesblitz, da erhellt sich eine dunkle Stelle. Immer neue Assoziationen und Zusammenhänge entstehen. Diese kleinen Lichtexplosionen im Kopf erlauben Verbindungen zu sehen, übergreifende Muster zu erkennen, ermöglichen Gedankensprünge, wo keine Brücken sind, und bilden damit die Basis eines eindrucksvollen kreativen Potenzials.

In Wikipedia ist zu lesen: "Kreativität im weitesten Sinn beruht auf der Fähigkeit, die Lücke zwischen nicht sinnvoll miteinander verbundenen oder logisch aufeinander bezogenen materiellen und nichtmateriellen Gegebenheiten durch Schaffung von Sinnbezügen mit bereits Bekanntem und spielerischer Theoriebildung (Phantasie) auszufüllen."

Walle! Walle!
Manche Strecke,
Dass zum Zwecke,
Wasser fließe,
Und, mit reichem vollem Schwalle,
Zu dem Bade sich ergieße.

Diese Quelle sprudelnder Kreativität anzapfen zu können, ist ein großes Geschenk, um das < Typen von solchen beneidet werden, bei denen im Idealfall gerade mal ein Glühwürmchen vorbeifliegt. Bei Aufgaben, die Ideenreichtum, Originalität, Analogiebildung, Erfindungsreichtum, Mustererkennung, Verknüpfung oder Vielfalt erfordern, fühlen sich viele HSP in ihrem Element und können aus dem Vollen schöpfen, indem sie ihr Gedankenfeuerwerk explodieren lassen. Arbeit muss sich dann gar nicht nach Arbeit anfühlen, sie ist Spaß. Nehmen, freuen! Selbstverständlich braucht es auch die passenden Rahmenbedingungen, die erlauben, die Ideen zur Entfaltung zu bringen. Das gilt für Hochsensible gleichermaßen wie für alle kreativen Menschen.

Geht es an die Umsetzung von Ideen, verändert sich der Charakter der Aufgabe. Der Trichter kehrt sich wieder um, aus vielen Möglichkeiten werden wenige gewählt und realisiert. Dazu sind andere Qualitäten gefragt, die Domäne der > Typen.

EMPFEHLUNGEN UND ENTSCHEIDUNGEN

Steht man vor Aufgaben, in denen es gilt, eine Auswahl zu treffen, schnell zum Punkt zu kommen, 'mal eben ein Konzept für das Thema xy zu entwickeln', kann der gerade beschriebene Denkstil zur Hürde werden. Wenn es darauf ankommt, sich wieder zu begrenzen, einen statt vieler Wege auszuwählen, kann es passieren, dass man da steht wie der Zauberlehrling, dem es nicht gelingt, die Besen wieder zurück zu pfeifen. 'Die ich rief, die Geister, werd' ich nun nicht los'. Auch Gedanken können echte Freigeister sein, die ein Eigenleben entwickeln und ihrem Herrn und Meister nicht mehr folgen wollen. Manchmal fehlt die Kraft, den Deckel wieder auf den Topf zu bringen. Der magische Spruch, der die Besen wieder in die Ecke schickt, ist unbekannt. Fleißig tragen sie weiter Wasser und überschwemmen den Geist mit ihren vielen Möglichkeiten, die Komplexität nimmt beständig zu, was grundsätzlich noch kein Problem darstellen muss. Viele Aufgaben fordern jedoch eindeutige klare Aussagen in beschränkter Zeit. Die Unterscheidung von wichtig und unwichtig, notwendig und unwesentlich muss aus der Fülle möglicher Aspekte, denen Beachtung geschenkt werden *könnte*, zügig getroffen werden.

Immer neue Güsse
Bringt er schnell herein,
Ach! Und hundert Flüsse
Stürzen auf mich ein.

Das heißt, aus der Vielfalt aller Gedanken, die man zu einem Sachverhalt entwickeln kann, sind Entscheidungen zu treffen. Das erfordert, dass man Dinge/Möglichkeiten/Alternativen abwählt. Wer Ja zum einen sagt, sagt automatisch Nein zum anderen. Mit dieser Tatsache kann leichter umgehen, wer sich entweder keinen großen Kopf um Wahlmöglichkeiten und deren Auswirkungen macht oder wer besser mit den Folgen einer zweitbesten Lösung leben kann. Wer auf der Suche nach dem optimalen Ergebnis ist, wird die

Konsequenzen in allen Verästelungen weiter denken, verschiedene Szenarien geistig durchspielen, vielleicht noch einen Plan B aufnehmen und kann sich von diesen vielen Optionen, Facetten, Nuancen und Wegen, die sich auftun, überrollt und gelegentlich auch überfordert fühlen.

> Herr, die Not ist groß,
> Die ich rief die Geister,
> Werd' ich nun nicht los.

Nach außen muss dies nicht unbedingt auffallen. Vermutlich sitzt keiner Haare raufend und Blätter knüllend an seinem Schreibtisch. Möglicherweise hat es sogar einen gewissen Reiz, gleichzeitig viele Bälle in der Luft zu halten. Vielleicht hat der eine oder andere aber auch schon Ungeduld von außen gespürt, wenn die Ergebnisse länger auf sich warten ließen oder am Ende nicht so eindeutig waren, wie man sich das vorgestellt hat.

HSP sind im Allgemeinen sehr am Perfekten und Stimmigen interessiert. Das bringt mit sich, dass sie im Vorfeld von Entscheidungen oder Planungen möglichst alle Parameter bedenken und analysieren, was sich unter Umständen sehr aufwändig gestaltet. Es kostet deutlich mehr Energie in Form von Anstrengung und Zeit, fünf mögliche Wege gedanklich entlangzugehen, deren Vor- und Nachteile abzuwägen und eindeutige Schlussfolgerungen zu ziehen, als von vornherein nur zwei Alternativen zu betrachten und die Anzahl der entscheidungsrelevanten Parameter auf wenige zu beschränken. Sei es, weil einem gar nicht mehr einfallen oder weil man als > Typ mit einem anderen Denkstil ausgestattet ist.

Im seltensten Fall gibt es nur einen einzigen Weg. Während die einen gleich zu Beginn eine (Aus-)Wahl treffen und auch nicht darunter leiden, wenn sie nicht erfahren, was hinter den weiteren Türchen verborgen gewesen wäre, scheinen HSP eher von der Vielfalt und dem Vollständigen angezogen zu werden. Es sind die Ganzheitlichkeit und Tiefe des Denkens, die Vereinfachungen nur ungern akzeptieren. Die feinen Sinne und das ausgesprochen rezeptive Nervensystem nehmen sowohl aus der Umwelt wie aus der eigenen Gedankenwelt reichlich Informationen auf, die miteinander in Bezug treten. 5 x 5 sind nun mal mehr als 2 x 2, aus mehr Eingangsvariablen entstehen mehr Kombinationsmöglichkeiten. Das schafft mehr Komplexität, und sie zu verarbeiten bindet geistige Kapazität und kostet Zeit. Des Weiteren erscheint es vielen unerträglich, nicht das subjektiv Beste gegeben zu haben, also scheinbar oder wirklich Dinge vernachlässigt zu haben, die man hätte beachten können.

Keine Frage, es gibt Aufgaben (Inspektion eines Flugzeugs, Wartung medizinischer Geräte, Statikberechnungen u.v.a.m.), bei denen Perfektion der einzig gültige Maßstab ist. Es gibt allerdings auch viele Aufgaben, bei denen das Risiko deutlich geringer ist und der Analyseaufwand aus Sicht der Auftraggeber oder auch aus Eigeninteresse (Schonung der eigenen Ressourcen) in angemessener Relation stehen sollte.

Während das Hirn auf Hochtouren arbeitet (Auswirkungen beachten, sachliche wie emotionale Wirkungen im Blick behalten, keinen Fehler machen, sinnvolle Schlussfolgerungen ziehen), kann nach außen ein ganz anderer Eindruck entstehen: Man erscheint langsam, wirkt schneller erschöpft, formuliert vielleicht nicht so eindeutig ('Ja, was denn nun, kaufen oder nicht kaufen?'), weil man unter der Bedingung A links und unter Bedingung B rechts wählen würde. Wer viele Facetten sieht und multiple Vor- und Nachteile abgewogen hat, bringt als Ergebnis vielleicht nicht 0 oder 1 heraus, sondern vielleicht 1,725 + Z x Y^3, bzw. wenn Z>Y auch schon mal 1,83+ $(Z-Y)^2$, sofern kein Vollmond ist, versteht sich.

Grundsätzlich gilt auch hier: 0/1-Denker sind weder besser noch schlechter. Doch im Berufsalltag gibt es viele Situationen, in denen in kurzer Zeit klare Aussagen oder Entscheidungen gefragt sind. Dann sind Abstufungen im Nachkommastellen-Bereich nicht gewünscht und oft auch nicht hilfreich. HSP sind in der Lage, differenziert zu denken, zu erspüren was es braucht oder geschickt nachzufragen, wenn die notwendige Klarheit fehlt. Genau diese Fähigkeiten sind hier zusätzlich gefragt. Wann braucht es welchen Detaillierungs- und Ausarbeitungsgrad, worauf wird speziell Wert gelegt und wie kann man diese Anforderungen erfüllen?

Perfekt heißt nicht immer allumfassend, perfekt kann auch heißen, schnell und gerade so viel wie notwendig.

Eine Analogie dazu ist das Kofferpacken. Das Optimum ist nicht, mit komplettem Hausstand zu reisen, sondern klug und zügig das Richtige einzupacken. Man kann sich für alle Eventualitäten absichern oder man kann im Zweifelsfall improvisieren, wenn es notwendig werden sollte.

Wer 15 Kilo von links nach rechts schleppt statt nur 5, muss mehr leisten. Wenn 10 Kilo davon nicht sichtbar sind, ist nachvollziehbar, dass der Eindruck frühzeitiger Überlastung entstehen kann. Wer 5 davon nur mitnimmt, weil er sich für jeden möglichen Fall absichern will, geht mit seinen Ressourcen sträflich um. Keiner schaut in den anderen hinein und selbst wenn, interessiert am Ende doch das Ergebnis. Artenschutz ist auch hier nicht zu erwarten und das ist meiner Meinung nach auch verständlich. Möchte man als HSP umgekehrt hören: 'Tut mir leid, dass ich auf Ihren Gefühlen herum getrampelt bin. Das verstehen Sie doch sicher, ich bin eben emotional eher grobmotorisch veranlagt'?

Es geht vielmehr darum, selbst zu erkennen, worin die Unterschiede zwischen der eigenen Denkweise und die der anderen liegen. Es hilft zu wissen, welche Auswirkungen die eigene Veranlagung haben kann, ohne selbst der noch größere Kritiker zu sein oder die Ansprüche an sich bis zur totalen Überforderung immer höher zu schrauben. Wer weiß, wozu ihn sein Denkstil prädestiniert und weshalb er an manchen Stellen weniger leichtfüßig unterwegs ist, hat den ersten Teil der 'Zauberformel' gefunden, der die Besen in die Ecke schickt.

In die Ecke, Besen, Besen!
Seids gewesen.

Da sich nachweislich auch in vielen anderen Spezies des Tierreichs die beiden Gruppen mit unterschiedlich hoher sensorischer Sensibilität unterscheiden lassen, muss das evolutionär einen Sinn ergeben und zwar im Zusammenspiel und nicht im Wettbewerb zueinander.

GUT MIT SICH SELBST SEIN

Oft fällt man auf gewisse DENKFALLEN herein, von denen man implizit annimmt, dass sie Gültigkeit haben. Sie können die Ursache dafür sein, dass der Weg so beschwerlich wird. Deshalb gibt es jeweils im Anschluss einige Tipps, wie man sie umgehen kann.

__Eckstein, Eckstein, alles muss perfekt sein. Oder, jeder möchte immer das maximal erreichbare Ergebnis haben.

Perfekt muss nicht vollumfänglich heißen. Stattdessen ist es besser, die eigene Feinfühligkeit einzusetzen, um zu ergründen, was im vorliegenden Fall speziell gefordert wird (Ideenreichtum oder Bearbeitungstiefe oder Schnelligkeit oder eine klare Aussage) und versuchen, (nur) das zu liefern. Dazu hilft es abzuklären, für wen z.B. eine Ausarbeitung gedacht ist und wozu sie dienen soll: Was soll erreicht werden, wer ist der Adressat? Daraus kann man selbst eine ganze Menge an Kriterien ableiten, die das Ergebnis erfüllen soll.

__Ein Ergebnis ist nur gut, wenn alle Aspekte beleuchtet wurden und in die Entscheidung eingeflossen sind.

Wenn gefordert, Tempo vor Inhalt stellen und auch mal ein (kalkulierbares) Risiko eingehen. Welchem Fisch soll der Köder schmecken? Schmackhafte Nahrung anbieten, auch wenn einem selbst das Ergebnis zu platt oder zu kurz erscheint. Viele Worte lenken oft auch vom Wesentlichen ab. Wer zu kompliziert wird, riskiert, dass andere abschalten, bevor die Botschaft transportiert werden konnte.

__Der andere weiß genau, was er will, ich muss es nur herausfinden.

Zu detaillierte Nachfragen erzeugen manchmal Unmut beim Auftraggeber, weil sie ihm vor Augen führen, dass er selbst noch nicht genau weiß, was er will. Im Zweifel lieber eigene Maßstäbe aus den vorhandenen Informationen ableiten, als *zu* viele oder *zu* bohrende Fragen zu stellen.

__Fehler machen ist unverzeihlich.

Fehler sind nicht gleich Fehler. Nach der bekannten Pareto-Regel (80:20 Regel) braucht Perfektion viel Zeit. Die Beseitigung der letzten 20 % der Fehler kostet 80 % der Zeit. Oder umgekehrt, in 20 % der Zeit kann man 80% des Ergebnisses erreichen. Vielleicht genügt im Einzelfall ein Perfektionsgrad von 90-95 %? Vielleicht müssen nicht alle Feinheiten in einem ersten Wurf enthalten sein? Vielleicht fällt ein Tippfehler gar nicht auf und wenn, ist er doch verzeihlich? Vielleicht muss man nicht jedem Patienten jeden Tag jeden Wunsch erfüllen, sondern nur hin und wieder den einen oder anderen? Differenzierte Betrachtung – wann lohnt die Investition in 100%, wann ist sie sogar unerlässlich?

__Andere haben einen gleich hohen (oder höheren) Anspruch an die Qualität meiner Arbeit als ich.

Checken, mit welchem Ergebnis Kollegen bisher Erfolg hatten. Die eigene Norm ist zwar wichtig, muss sich aber nicht immer mit der anderer decken. Was ist im Einzelfall für die eigene Zufriedenheit besser: die Erfüllung der eigenen Ansprüche oder die Anerkennung durch Kunden, Chefs und Kollegen? Manchmal ist es sogar einfacher, die Anforderungen der anderen zu erfüllen.

__Wenn man komplexe Dinge stark vereinfacht, wird man ihnen nicht mehr gerecht.

"Machen Sie bitte eine Präsentation für Topmanager und Kinder". Mit diesem Satz wollte man mir einmal sagen, dass ich die Dinge so darstellen sollte, dass man auf den ersten Blick das Wesentliche erkennt und sich der Entscheidungsträger nicht erst durch ein Gestrüpp von Informationen kämpfen muss. Auch wenn man unterstellen kann, dass ein Topmanager in der Lage ist, mit Komplexität umzugehen, möchte er das manchmal nicht, weil es zu viel Zeit kostet. 'Reduce to the max' (aus der Smart Werbung), nicht weniger, aber auch nicht mehr. Auch ich bin dankbar, wenn mich jemand beim Kauf von technischen Geräten mit den Details verschont und es mir überlässt nachzufragen, wenn ich mehr Informationen benötige. Dinge einfacher zu machen, kann auch ein Service für das Gegenüber oder den Kunden sein.

__Qualität geht immer vor Quantität.

Qualität oder Quantität – hier lohnt es, das 'oder' durch ein 'und' zu ersetzen, verbunden mit der Empfehlung, situativ abzuschätzen, was in welchem Ausmaß gefragt ist. Und die Antwort kann im Einzelfall auch heißen: Masse bringt Klasse. Ein guter Fotograf drückt mehr als einmal auf den Auslöser, wenn er ein optimales Ergebnis haben möchte.

GUT MIT ANDEREN SEIN

__Verstehen, dass sich viele nicht vorstellen können, was in den Gedanken eines HSP alles umher schwirrt ('Worüber du alles nachdenkst, ts, ts ...'). Das müssen sie auch gar nicht.

__Nicht ärgern werden, wenn andere ungeduldig werden. Besser versuchen, sich auf das zu beschränken, was gefragt ist – und liefern. Manchmal darf es einfach(er) und notfalls auch ein Zwischenergebnis sein.

__Respektieren, dass der Maßstab ein anderer sein kann, als der, den man selbst anlegen würde.

__Ergebnisse anderer nicht abwerten, die nach eigener Einschätzung nicht ausreichend sind. Vielleicht genügt es denen, die damit leben müssen, vollkommen.

__Kollegen mit einem anderen Denkstil mit einbeziehen, wenn statt Vielfalt Reduktion gefragt ist. Dafür Unterstützung anbieten, wenn kreative und Querdenker-Qualitäten gefragt sind.

__Situationsangepasster Einsatz der eigenen Talente, statt generell in allen Disziplinen anzutreten. Ein olympischer Hammerwerfer nimmt auch nicht am Kunstturnwettbewerb teil.

Textstellen zitiert aus der Ballade "Der Zauberlehrling" von Johann Wolfgang von Goethe.

ENTSCHEIDUNGSAUFGABEN . REISE NACH BARCELONA

WIE MAN VERMEIDET, SICH IM DSCHUNGEL DER GEDANKEN ZU VERIRREN

Im letzten Kapitel ging es um Entscheidungen im Kontrast zu kreativen Aufgaben im Berufsleben. Da auch das alltägliche Leben konstant Entscheidungen fordert (U-Bahn oder Fahrrad, Mandel- oder Sojamilch, Fenster auf, Fenster zu) hier noch einige Inspirationen zur Vertiefung des Themas.

Einer Entscheidungsfindung geht gewöhnlich die Sammlung von Informationen voraus, um nach entsprechender Abwägung zu einer Aussage zu kommen, die einem richtig erscheint. Genauigkeit, Neugier und einige Eigenschaften mehr prädestinieren HSP zu Ausflügen in den Informationsdschungel, ob im Netz, in Büchern oder Artikeln, die länger dauern können als beabsichtigt. Speziell das Internet ist ein Sumpf, in dem man leicht stecken bleiben kann und gleichzeitig ein Paradies, weil es den Hunger nach Informationen stillt. Verknüpfungen, Meinungen, Hintergründe, Klick hier, Link da, nicht nur das World Wide Web, auch unser Gehirn ist dicht vernetzt. Je mehr Türchen oder Fenster wir aufmachen, desto mehr Gänge öffnen sich dahinter.

Ich möchte den möglichen Ursachen der Recherche-Affinität einiger HSP auf den Grund gehen und Anregungen geben, wie man seinen 'Entscheidungsmuskel' trainieren kann, um schneller ans Ziel zu kommen.

DIE REISE

Eine Reise buchen, eine kleine, ein paar Tage nach Barcelona. Wie viel sind ein paar Tage? 3 oder 4 Nächte? Ein verlängertes Wochenende. Falls die Museen dort am Montag geschlossen haben, wäre es gut, mindestens bis Dienstag zu bleiben oder doch besser am Freitag schon da zu sein? Schauen wir mal, wie die Flüge liegen. Wer fliegt eigentlich nach Barcelona? Suchmaschine – Flüge günstig. Was soll denn das für eine Fluggesellschaft sein? Nie gehört. Ist es eine spanische? Neue Seite. Die Website lässt sich nicht navigieren, na toll, fängt ja gut an. Vielleicht doch besser Direktsuche bei den gängigen Fluganbietern?
Wo werden wir denn wohnen? Neue Seite. Wunderbar, die Apartments sehen spontan sehr gut aus. Wo bleibt man denn am besten für ein paar Tage? Zentral, klar. Welcher Stadtteil ist eigentlich zentral ? Neue Seite ...

Ich beschränke mich auf vier, da ich nicht spanisch spreche, erscheint es mir Herausforderung genug. Und ... prima, sind ja nur ein paar Hundert Angebote. Wie einschränken? Balkon wäre toll, leider ist das kein angebotenes Filterkriterium. Kamin wäre eines und elektrischer Türöffner – beides ist mir herzlich egal. Ich lerne, dass die Wände oft aus sichtbarem Ziegel und die Sofas meist anthrazitfarben sind. Vielleicht liegt das auch an meinem subjektiven Attraktivitätsfilter. Nach 2 Stunden habe ich mich auf 7 Angebote herunter gearbeitet.

Die Idee meiner Begleitung, man könne statt des Apartments ja auch ein Hotel suchen, liefert mir, die ich die Stadtviertel von Barcelona inzwischen korrekt auswendig tippen kann, eine dreistellige Anzahl in den gängigen Hotelsuchmaschinen. Ich schließe die Fenster beim Blick auf die Preise der attraktivsten Angebote ohne Bedauern und weitere Zeitverschwendung. Ja!

Flugsuche, die zweite. Das Budget lässt die vertrauensvoll klingenden Airlines gleich durchs Raster fallen und der mir bis dato unbekannte Billigflieger steigt im Kurs. Wo buchen? Wann buchen? Wunsch und Wirklichkeit sind nicht immer kompatibel. Als ich endlich meine Kreditkartennummer samt zugehörigem Code eingegeben habe, mehrfach die AGBs anerkannt und Versicherungen abgelehnt habe, ist der Flug ausgebucht. Virtuos, wenn auch mittlerweile leicht erschöpft, starte ich von neuem und ergattere 2 Plätze, nicht ohne jetzt schon Entscheidungen über Anzahl und Größe von Gepäckstücken treffen zu müssen.

Beim Apartment entscheide ich mich zur Belohnung für das schönste - und teuerste. Die Buchung der Bahnfahrkarte zum Flughafen ist nur noch ein einfacher virtueller Spaziergang. Ein Werbefenster poppt auf und preist den eben gebuchten Flug über ein anderes Portal deutlich günstiger an, Ironie? Schicksal!
Ich beschließe Augen wie Fenster zu schließen und es für ein Lockvogelangebot zu halten, das nur für Männer in Begleitung ihres Urgroßvaters gilt, der mit Handgepäck reist. Nichts für mich.

Geschichten wie diese (Auswahl der besten elektrischen Zahnbürste, des passenden Notebooks, der idealen Druckerei für die Einladungskarten ...) wiederholen ein dahinter liegendes Muster. Zu allererst: An dieser Vorgehensweise ist nichts falsch, sie führt im Allgemeinen zu guten Ergebnissen. Manchmal steht der Aufwand allerdings nicht in guter Relation zum Ergebnis und trotzdem verfällt man in dieselbe Schleife. Um diese Fa(e)lle geht es hier.

Otto Normalmensch geht in ein Reisebüro oder verreist erst gar nicht. Er bucht das Erstbeste, das ihm gefällt oder das Billigste, er fährt dorthin, wo er sich schon auskennt, er ignoriert Seitenpfade wie Gepäckgröße und -anzahl, Absturzstatistik, Farbe von Sofas und Form des Waschbeckens. Oder er macht den Veranstalter verantwortlich, wenn die Dinge nicht sind, wie er will. Das meiste davon geht für HSP gar nicht. Allerdings kann man bekannte Denkfallen vermeiden, um Entscheidungen nicht unnötig zu erschweren oder zu verlangsamen.

DENKFALLEN

___Alles kann und will bei einer Auswahl berücksichtigt sein.

Eine Schlinge, in der man sich leicht verfängt, ist 'allumfassende und bestmögliche Beachtung der Auswahlmöglichkeiten'. Als Denkfalle bezeichne ich das deshalb, weil es ohnehin nicht erreichbar ist. Einer meiner Freunde, der bewundernswert viele Informationen zu allen möglichen Themen im Kopf hat, ist Spezialist darin, zu gängigen Meinungen und Erkenntnissen stets auch Studien zu zitieren, die das Gegenteil beweisen. Wann hat man alles bedacht, und bedeutet es gleichzeitig, dass die Meinung der Mehrheit zu einem Thema die richtige ist? Was, wenn genau der einsame Rufer in der Wüste die Wahrheit kennt, die vielleicht nicht gern gehört und somit auch nicht gern verbreitet wird. Was, wenn sich die Dinge ändern, ein neues Produkt gerade jetzt auf den Markt kommt, eine Korruption auffliegt, die alles in neuem Licht erscheinen lässt? Es bleibt eine Illusion, alles in Betracht gezogen zu haben, deshalb muss man ohnehin - früher oder später - aufhören zu sammeln und ... entscheiden.

___Es gibt den besten Weg (Sache, Ding), man muss nur lange und gut genug danach suchen.

Möglicherweise gibt es Besseres als das, was für uns gerade erreichbar scheint. Die schönere Wohnung, die lukrativere Wertanlage, das Restaurant mit dem feineren Essen, der kompetentere Arzt, die optimalere Behandlung, die bessere Schule. Die Suche nach der Nadel im Heuhaufen fördert vielleicht irgendwann eine zutage, vielleicht braucht sie dann aber keiner mehr. Vergleiche sind eine Quelle der Unzufriedenheit. Vergleiche, die man hinterher anstellt, wenn nichts mehr zu ändern ist, ein Unglück.

Auch wissen wir nicht, ob sich das 'System' nicht anders verhalten hätte, wenn wir uns ebenfalls für die zweite, im Nachhinein als besser erscheinende Alternative entschieden hätten. In der Chaostheorie kennt man den Bifurkationspunkt. Ein System kann sich zu einem Zeitpunkt x in Abhängigkeit einer bestimmten Variable in zwei Richtungen weiter entwickeln. Ein Beispiel: Wir möchten uns setzen, auf einen Stuhl oder auf die Bierbank. Die Bank kann heil bleiben, wenn wir uns drauf setzen oder sie bricht zusammen, in Abhängigkeit der Vorbelastung und des Gewichts, das dazu kommt. Mit einer gewissen Wahrscheinlichkeit tritt eines der Ereignisse ein. Wenn sie zusammenbricht, haben wir mit unserer Entscheidung den Gang der Dinge mit beeinflusst. Hätten wir uns auf den Stuhl gesetzt, wäre es nicht geschehen. Das heißt, Entscheidungen können immer auch Überraschungen beinhalten. Selbst wenn wir die optimale gefunden zu haben glauben, kann genau das dazu führen, dass eine andere Alternative (der Stuhl) in diesem Fall doch die bessere gewesen wäre.

___Es gibt immer noch was Besseres, als das, was man schon gefunden hat.

In den meisten Fällen des Lebens gibt es nicht die *eine* richtige Entscheidung, es gibt stets mehrere mögliche mit unterschiedlichen Haupt- und Nebenwirkungen. Ob die jeweils abgelehnten Alternativen - das bringen Entscheidungen mit sich - das gebracht hätten, was wir vermutet haben, werden wir niemals wissen. Wir erfahren nur, was sich hinter dem einen Türchen verbirgt, das wir öffnen. Zu einem Zeitpunkt x sind nur einige Parameter bekannt, hinterher sind viele klüger. Die implizite Meinung, es gäbe stets nur eine richtige Wahl, erhöht den Druck, keinen Fehler zu machen. Wie oft ist das tatsächlich so? Kann man nur mit dem einen Partner glücklich werden, gibt es nur einen Beruf, der zu einem passt, nur eine Arbeitsstelle, bei der man sich verwirklichen kann? Gerade wenn die Entscheidung zwischen zwei Alternativen schwer fällt, haben offenbar beide viel Gutes, sonst wäre man nicht in einem Dilemma.

__Die Kombination möglichst vieler Informationen führt am besten zum Ziel.

Manchmal genügt eine einzige Variable, um vorherzusehen, was geschieht, auch wenn deutlich mehr als diese einen Einfluss auf das Ergebnis haben. Angenommen, Sie gehen mit Ihrer HSP Freundin in eine schöne Location, Sie genießen leckere Tapas, der samtige Rotwein schmeichelt dem Gaumen. Sie unterhalten sich angeregt über einen Film, den Sie beide vor kurzem gesehen haben. Alles gut. Wenn Sie sich jetzt vorstellen, dass die über Ihnen angebrachten kleinen Lautsprecher, die Sie gar nicht bemerkt haben, plötzlich ihr krächzendes, schepperndes Konzert beginnen, weil der Mann am Tresen seine Freude an spanischer Flamencomusik auszuleben beginnt, ist vorhersehbar, dass die ungetrübt gute Stimmung nicht mehr lange anhalten wird.

__Wenn ich nur weit genug voraus denke, vermeide ich unliebsame Überraschungen.

Auch wenn sonst alles passt, ist 'lautstarke Beschallung durch miserable Lautsprecher mit spanischer Gitarrenmusik nebst krächzendem Gesang' ein einzelner Faktor, der alles in seiner Wirkung überstrahlt, bzw. in diesem Fall übertönt. Sie können eine hohe Anzahl von Variablen in Ihre Entscheidung (Auswahl der Lokalität) mit einbeziehen, die Wahrscheinlichkeit, dass Sie alle erfassen können, die Einfluss auf das Ergebnis haben, ist nicht sehr groß. Selbst wenn, können unerwartete Ereignisse eintreten, die wieder alles in Frage stellen. Die Lautsprecher plärren nicht, stattdessen betritt der nur aus der Wohnung, nicht aber aus dem Herzen Ihrer Freundin ausgezogene Exfreund mit seiner neuen Eroberung das Lokal. Hätten Sie auch das voraussehen können?

__Sollte etwas nicht so sein, wie erwartet, bin ich daran schuld.

Die Neigung, sich selbst die Schuld zu geben, wenn eine Entscheidung nicht das gewünschte Ergebnis bringt, ist bei vielen eine wesentliche Ursache ihrer Entscheidungsschwäche und überproportional langer Vorbereitungen und Abwägungen. 'Hätte ich doch ... ' Lässt sich wirklich alles Ungute vermeiden, wenn man nur lang genug versucht, es zu verhindern? Sie sind für das Ergebnis *verantwortlich*, aber Sie sind nicht *schuld*. Das ist ein Unterschied.

GUT MIT SICH SELBST SEIN

Um mit sich selbst in Entscheidungssituationen besser umzugehen, liegt der Schlüssel in der Einstellung zu den Dingen. Kann man erst einmal die Haltung zu den Themen verändern, lässt sich auch das Handeln viel leichter beeinflussen.

__Vertrauen haben.

Das heißt in diesem Fall zu lernen, sich mehr auf das Schicksal zu verlassen. Es gibt in jedem Leben viele Beispiele, in denen sich Dinge nicht so entwickelt haben, wie man glaubte vorhersehen zu können. Im Unguten und ganz sicher auch im Guten. Mehr zu vertrauen, heißt zulassen können, dass die Dinge ihren Lauf nehmen. Man beeinflusst durch die Entscheidungen zwar weiterhin die Richtung, sieht sich jedoch nicht mehr allein als Ursache für das Ergebnis.
Ist es nicht arrogant zu glauben, wir könnten alles selbst stimmen? Das Vertrauen, dass alles so kommen wird, wie es soll, dass wir die Weichen stellen können, die Dinge dann aber einfach geschehen, das Vertrauen in das Schicksal entlastet das Herz in Entscheidungssituationen.

Da man das Ergebnis nicht vorwegnehmen kann, ist es auch unnötig bis unsinnig, sich selbst anschließend die Schuld zu geben, wenn etwas nicht wird, wie man möchte. Schuld setzt voraus, dass man seiner Verantwortung nicht nachgekommen ist, obwohl es möglich gewesen wäre. Wenn man die Verantwortung für eine Entscheidung übernimmt, kann man 'groß' bleiben. Gibt man sich die Schuld, macht man sich 'klein'- ganz ohne Not.

___Erwartungen loslassen.

Erwartungen sind die Geschwister der Enttäuschungen. Wer nichts erwartet, kann nicht enttäuscht werden, wer sehr spezifische Erwartungen an etwas hat, wird der Enttäuschung kaum entgehen können, wenn etwas anders kommt.

Oft hat man sehr genaue Vorstellungen davon, wie die Dinge zu sein oder auszugehen haben. Je länger man sich im Vorfeld von Entscheidungen mit den Dingen beschäftigt, desto konkreter und differenzierter können sich diese (Zukunfts-) Projektionen ausbilden. Kommt es dann anders, folgt die Enttäuschung auf dem Fuß. Es macht einen großen Unterschied, ob man sich wünscht, etwas möge so sein und dabei offen bleibt für das Ergebnis oder ob man ein dezidiertes Bild davon entwickelt, wie es auszusehen hat.

Mit einer inneren Haltung, die weniger Anhaftung an konkrete Vorstellungen beinhaltet, bleibt man auch im Geist flexibler. In Entscheidungssituationen sinkt der Druck, alles genau richtig machen zu müssen, damit dieses einzig wahre, erwartete Ergebnis eintreten kann. Man kann sich leichter auf einen überraschenden Ausgang einstellen, mehr als ein Resultat als das passende betrachten und die Gedanken werden freier. Wer sich von 'richtig oder falsch' verabschieden kann und mehr zu 'so oder anders' kommt, wird leichter und schneller Entscheidungen treffen.

___Verstand und Gefühl im Tandem.

Beides spielt bei Entscheidungen eine wichtige Rolle. Manchmal darf das Gefühl, der Bauch, nicht mittexten, wenn die Großen reden. Haben nicht gerade HSP eine ausgesprochen gute Wahrnehmung für Gefühle? Auch in scheinbar rationalen Situationen lohnt es, dem Bauch Gehör zu schenken, es muss ja kein entweder (Intuition) oder (Ratio) sein, beides kann wunderbar Hand in Hand gehen. Gerade wenn die Entscheidung ein Ergebnis bringt, dass uns nicht schmeckt, beschwert sich der Verstand deutlich weniger nach einer gefühlsbasierten Entscheidung als umgekehrt das Gefühl, wenn der Kopf im Vorfeld triumphiert hat. Das Gefühl kartet viel länger nach und beschwert sich, wenn es nicht beachtet wurde.

Im seltenen Fall, in dem in kürzester Zeit weitreichende Entscheidungen getroffen werden müssen, ist erwiesenermaßen die Intuition der bessere Ratgeber. Unbewusst wird dabei ein Vielfaches an Variablen in rasender Geschwindigkeit einbezogen, die der Verstand nicht im gleichen Tempo prozessieren könnte. Auch wenn man sie nicht wirklich benennen kann.

Ansonsten haben Entscheidungen stets zwei Komponenten: Schnelligkeit und inhaltliche Qualität. Meistens hat eine davon die Nase vorn. Wer sich in einer Situation klar macht, worauf es in erster Linie ankommt, kann danach handeln. Ist die Entscheidung wiederholbar, revidierbar, eine von vielen, mit geringem Risiko verbunden, mit wenigen Abhängigkeiten behaftet? Kommt es darauf an, schnell zu handeln, etwas voranzubringen, keine Zeit zu verlieren? Hängt viel davon ab, werden Weichen für eine langfristige Entwicklung gestellt, sind viele betroffen, kann nichts mehr verändert werden, sind die Auswirkungen massiv?

Was steht im Vordergrund, Tempo oder Sicherheit? Jeder Mensch hat beide Systeme in sich, sie können gut zusammen arbeiten, wenn man sie lässt.

[BUCHTIPP | Maja Storch . Das Geheimnis kluger Entscheidungen: Von somatischen Markern, Bauchgefühl und Überzeugungskraft . Goldmann Verlag 2005. Über das Zusammenspiel von Intuition und Verstand . **]**

___Einfach machen.

Um dem Gefühl die Chance zu geben, sich eine Meinung zu bilden, muss es die Möglichkeit bekommen, Erfahrungen zu machen. Während der Verstand in Trockenübungen Dinge hin und her bewegen kann, lernt das Gefühl in erster Linie aus sinnlichen Erfahrungen. Schon mal auf die sprichwörtlich heiße Herdplatte gefasst, trotz Warnung?

Das Leben findet nicht durch Grübeln im Kopf statt. Manches muss man einfach ausprobieren, um zu wissen, wozu es führt. Während man geistig probehandelt und versucht, mögliche Ergebnisse vorwegzunehmen, passieren bereits Dinge ohne eigenen Einfluss. Vieles kann man auch dann noch alternativ angehen, wenn man erfahren hat, dass es so nicht funktioniert, wie man im ersten Anlauf gedacht hat. Wer im Denken stecken bleibt, lebt auf Sparflamme. Siehe dazu auch den Exkurs 'Hypothetisches Handeln versus Hypothese und Handeln'.

GUT MIT ANDEREN SEIN

Ein schwacher 'Entscheidungsmuskel' führt manchmal zu Ergebnissen, die ein Sowohl-als-auch beinhalten. So lange man nur selbst von der Unentschiedenheit betroffen ist, ist das eine Sache. Wenn weitere Menschen davon abhängig sind, muss man damit rechnen, dass man Unzufriedenheit erntet. Wenn jemand eine eindeutige Aussage möchte, will er keine mehrdeutige haben. Die differenzierte Sicht auf die Dinge kann HSP im Weg stehen, wenn es mehr als links und rechts gibt.

Mir geht es immer gut, wenn ich mir selbst treu bleibe *und* eine eindeutige Antwort gebe. Ein Ergebnis kann auch heißen: 'Es gibt die Möglichkeiten A und B oder auch C. C scheidet für mich aus, A und B sind beide möglich und haben unterschiedliche Auswirkungen, ich schlage nach Abwägung der Argumente B vor.' Man kann fragen, ob man die Gedanken dazu noch weiter ausführen soll und wenn ja, nichts wie los. Ansonsten liegt in der Kürze die Würze.

Speziell im Berufsleben habe ich erfahren, dass Eindeutigkeit für viele einen hohen Wert darstellt. Anfangs bin ich oft vage geblieben, weil es mir richtiger schien, ein umfassendes Bild zu zeichnen. Im Laufe der Zeit habe ich gelernt, dass das Funktionieren eines Unternehmens von unglaublich vielen Entscheidungen abhängt, ja gewissermaßen daraus besteht. Wenn man als Teil des Ganzen nicht dazu beiträgt, die Komplexität zu verringern, sondern sie durch wohlgemeinte, aber dennoch hinderliche Differenziertheit erhöht, leistet man keinen sinnvollen Beitrag, den man ja eigentlich liefern wollte.
Auch im Privatleben wird man manchmal um Rat gefragt, wie in einer Situation am besten zu verfahren sei oder welche Wahl man treffen sollte. Auch hier hilft man dem Ratsuchenden meist mehr, wenn man eine klare Position einnimmt. Zweifel hat der Fragende vorher schon, hilfreich ist, wer eindeutig Stellung bezieht.

Als Kunstgriff, um solche Festlegungen vor sich selbst zu rechtfertigen, obwohl keiner der Alternativen eindeutig der Vorzug zu geben ist, kann folgende (hier schematisierte) Formulierung dienen. 'Ich würde an deiner Stelle A vorziehen, auch wenn B ebenfalls Vorteile hat. Da beides möglich ist, kommt es darauf an, was dir wichtig ist. Ich meine verstanden zu haben, dass du besonders auf die Vorteile von A Wert legst, deshalb scheint es mir die bessere Alternative für dich und deine Situation zu sein.'

Das Leben ist eine Kette von aneinander gereihten Entscheidungen, von denen die simpelste heißt: etwas machen oder lassen. Gerade weil davon am Tag einige hundert (oder mehr) kleinere und größere anstehen, liegt hier ein wesentliches Ressourcen-Einsparpotenzial. Mutwillige Vereinfachungen sind nicht empfehlenswert, doch mit einer bewusst vorgenommenen Reduzierung der Komplexität tut man sich und vielen anderen einen Gefallen.

EXKURS

HYPOTHETISCHES HANDELN VERSUS HYPOTHESE + HANDELN

Die Fähigkeit, Dinge von allen Seiten beleuchten zu können, sehr exakt zu sein, ja keine voreiligen Schlüsse zu ziehen, führt in der Praxis tendenziell zu Handlungsverzögerungen oder gar zur Handlungsvermeidung, was für einen selbst vielleicht noch akzeptabel, für andere aber oft nicht nachvollziehbar bis lästig ist. Pragmatismus gehört eher nicht zu den herausragenden Eigenschaften von HSP und ruft Unverständnis hervor, wenn die Tragweite der Sache überschaubar und selbst der Worst-Case keine Katastrophe darstellen würde.

Trotzdem zündet der Funke nicht. Der Kopf läuft heiß, von außen betrachtet geschieht nichts Erkennbares. Der Schritt zum Handeln erfolgt oft nicht, weil die' innere Freigabe' noch nicht erteilt wurde. Sie ist an Bedingungen geknüpft, die unter Umständen nie erfüllt werden können. 'Wenn ich mir sicher bin, dass ... passiert, werde ich ... '. Die Folge davon ist, dass man im energieraubenden, gedanklichen, hypothetischen Probehandeln stecken bleibt. Der Weg hinaus führt stattdessen über 'Hypothese + Handeln'.

Ein innerer Dialog, der den Schritt vom Denken ins Tun bewirken kann, ist folgender: 'Ich bin mir bewusst, dass es noch Unklarheiten/Unsicherheiten/Restrisiken gibt *und* ich bin überzeugt, dass *jetzt* etwas getan werden sollte.' *Gedanklich* setzt man ein 'unter der Bedingung dass es wahr/richtig/gut ist' davor und *handelt* unter dieser Prämisse. Statt also nur hypothetisch zu handeln, formuliert man eine Hypothese und handelt unter dieser Bedingung. Aufgrund der Resonanz, die man auf sein Tun (und nicht nur auf das Denken) bekommt, erhöht sich die Sicherheit bzw. Klarheit und bestätigt das eigene Vorgehen. Selbst wenn beim nächsten Schritt das Gegenteil des Vermuteten eintritt, ist eine Erkenntnis gewonnen, auf die man reagieren kann. Diese Antwort hätte man vielleicht nie bekommen, egal wie lange man Argumente hin und her gewälzt hätte.

Die Frage ist doch: Was hindert mich, jetzt aktiv zu werden? Wenn die innere Stimme keine durchschlagenden Argumente zu bieten hat: Einfach machen! Kritiker werden einwenden, dass das nicht geht, weil ja die Folgen ... Ja, manchmal sind die Folgen zu schwerwiegend, aber ganz ehrlich, wie oft ist das der Fall und wie oft sind die Folgen von Nichts-Tun mindestens genauso tragisch?

Durch Handeln eröffnet man sich die Chance auf Veränderung und damit auch auf Verbesserung. Denkschleifen ermüden ohne erkennbaren Effekt.

Wir haben nur *ein* Hirn, aber *zwei* Hände, zum Handeln.

GESELLSCHAFTSAUFGABEN . FREI AB 12

WAS MAN IM KINO ÜBER ENTSCHEIDUNGEN, MUT UND TOLERANZ LERNEN KANN

Ein Fest für Nase und Ohren, schon vor Vorstellungsbeginn. Kruschpelnde, knackende Nachos, knisterndes Popcorn, krachendes, gelegentlich schmatzendes Kauen, dazu der Duft von Salsa Soße gemischt mit dem Aroma von geröstetem Zuckermais, ein olfaktorischer Hochgenuss. Ab und zu weht ein Hauch Parfum oder kalter Rauch vorbei, der die Zuschauer begleitet, die an mir vorbei müssen, um ihre Plätze einzunehmen.
Waren früher die Popcorntüten so groß, dass sie spätestens zum Ende der Werbung leer gefuttert waren, reichen sie heute bis zum Abspann des Hauptfilms, weil der Kauer zwischendurch die Kiefernmuskel entspannten muss, wenn er die Einkaufstüte bis zum Grund leeren will.

Dann beginnt der Hauptfilm. Putzige Zwerge in grünen Auen feiern im Haus eines kleinwüchsigen, barfüßigen netten Herrn ein Festgelage, nachdem sie seine Speisekammer geplündert haben. Die Tischmanieren der Zwerge sind nicht vom Feinsten. Im Vergleich zu den ästhetischen Herausforderungen der nächsten eineinhalb Stunden, Peanuts.
Im Verlauf des Films steigern sich Lautstärke wie Gruseligkeiten ins Unermessliche. Sind denn alle hier schwerhörig? Warzige, schwabbelige Gestalten von riesenhafter Gestalt konkurrieren mit zahnkranken, bleichen oder schleimigen Wesen mit grotesk verzerrten Gesichtern und furchteinflößenden Waffen. Dolby-Surround krachen die Balken und fliegen die Steine um mich herum – 3 D.
Die Musik, das einzige, was ich mittlerweile noch mitbekomme, weil ich mich längst, beide Zeigefinger bis zum Anschlag in die Ohren gesteckt, unter meinen Mantel zurückgezogen habe, steigert sich fulminant. Geigenspieler bearbeiten ihre zarten Instrumente, Chöre jubeln im höchsten Sopran, Pauken werden geschlagen, alles strebt irgendeinem Höhepunkt entgegen.

Längst höre ich kein Popcorn mehr knistern, ich würde nicht mal mitbekommen, wenn das Kind neben mir um Hilfe riefe, doch das scheint, im Gegensatz zu mir, weit davon entfernt zu sein.

Nachdem das Orchester sein infernalisches Trommeln und Trompeten beendet und der Chor sein Kreischen eingestellt hat, wage ich mich unter meinem Mantel hervor. Als der böse Drache unerwartet den Kopf aus einem Berg voll Gold reckt, erschrecke ich nicht mehr. Nachdem er seine faltigen Augenlider geöffnet hat, erscheint auf der Leinwand der offenbar ausschließlich von mir lang herbeigesehnte Abspann.

Das Kino entlässt seine Besucher in eine weiße Schneelandschaft. Der abendliche Betrieb der Großstadt kommt mir nach diesem Erlebnis der dritten Art vor wie ein ländliches Idyll.

GESELLSCHAFTSTAUGLICH ?

Brauchen manche diese Reizfülle, um sich anzuregen, um noch *irgendetwas* zu fühlen? Beschleunigt sich sonst der Herzschlag nicht mehr? Müssen die Macher von Filmen alles immer mehr steigern, um die Zuschauer in die Kinos zu locken?
Vermutlich war die HSP-Dichte in diesem Kino nicht bei repräsentativen 15-20 %, vermutlich sind andere nicht dem Schmelz einer Kinderstimme erlegen, die wollte, dass ich mitkomme, obwohl ich vorher schon die starke Vermutung hatte, nicht zur Zielgruppe zu gehören.

Wenn so viele Menschen etwas gut finden (9. Spielwoche, voll besetztes Kino), zeigt das, *wie* groß die Unterschiede zu mir sein müssen. Wie unterschiedlich deren Wahrnehmung sein muss, wie viel Lautstärke, visuelle Eindrücke, schnelle Schnitte und sogar Grausamkeit sie ertragen können, ohne sich annähernd unwohl dabei zu fühlen, ganz im Gegenteil. Voraussichtlich waren alle (einschließlich mir) freiwillig hier. Vermutlich jagte es ihnen höchstens kleine wohlige Gruselschauer über den Rücken, während mir schier der Kopf platzte.

Wenn dem so ist, welche Erwartungen kann ich dann realistischerweise an meine Mitmenschen haben, sich in meine Lage zu versetzen? Umgekehrt gelingt es ja auch mir nicht, obwohl ich zumindest ein Bewusstsein für die Unterschiede habe. Wie sollen all diese begeisterten Kinobesucher verstehen können, dass die Töne, die einem Kopfhörer in einem ratternden Zug entweichen, eine Beeinträchtigung für einen drei Plätze weiter sitzenden Nachbarn sind? Wie soll sich jemand vorstellen können, dass einem die Bearbeitung der Tastatur mit künstlichen Fingernägeln eine Gänsehaut nach der anderen über den Rücken jagt? Das ist eindeutig zu viel verlangt. Als HSP kann man auf Toleranz und Respekt hoffen, Verständnis und Nachvollziehbarkeit sind nicht zu erwarten. Wenn ein Hund Sprengstoff riechen kann oder Zugvögel über viele Kilometer die Orientierung halten, ist das ebenfalls mit dem Verstand erklärbar oder erscheint einem als ein Wunder, doch wirklich mit-fühlen kann man es nicht.

Vermutlich würden viele Nachbarn, Mitreisende und Kollegen ebenfalls staunen, wenn sie eine Ahnung davon bekommen könnten, wie es der Nase, den Ohren und der Seele eines HSP geht, der sich im Kino den Hobbit ansieht oder wie er seinen Alltag erlebt.

GUT MIT SICH SELBST SEIN

Gut mit sich selbst sein heißt, selbst gut für sich zu sorgen. Das kann oft auch ganz simpel 'Vermeidung' sein. Der Bildschirm zu Hause lässt sich (anders als im Kino) ausschalten, die Lautstärke ist regulierbar, der Film ist wählbar und dazu schmeckt Schokolade, die man sich auf der Zunge zergehen lässt!

[GENUSSTIPP | Lindor von Lindt . Ein zartschmelzendes Geschmacks- und Genusserlebnis, sofern man dabei nicht über die Kalorienzufuhr nachdenkt . Als Tafel, als Kugel, als Stange, mmmmh! Nein, ich werde nicht gesponsert, leider ;- **]**

Und ... Kinos halten ihre Ausgänge auch während der Vorstellung unverschlossen, jeder hat die Freiheit, jederzeit zu gehen. Aus dem Kino und anderswo. Man muss *nur* die

Konsequenzen in Kauf nehmen. Das sagt sich einfacher als es ist, doch sehen Menschen oft gar nicht die Ausgänge aus einer Situation, die es prinzipiell gäbe.

In meiner Coachingpraxis erlebe ich häufiger, dass mir Menschen voller Überzeugung erklären, dass sich an einer für sie unguten Situation nichts ändern ließe. Das ist insofern richtig, als dass aus dem Beibehalten aller Parameter notwendigerweise Stillstand resultiert. Ändert man einen (oder mehrere) davon, hat das Auswirkungen auf die anderen Komponenten und genau dazu sind viele nicht bereit. Sie selbst sehen das oft anders. Ich würde ja gern, aber ... mein Chef, meine Frau, mein Kind, die Nachbarn ... Unbewusst wird die Existenz von Alternativen, die unerwünschte 'Nebenwirkungen' mit sich bringen (können), ausgeblendet und somit erscheint die eigene Situation unveränderbar.

Nicht ändern *können* heißt in diesem Sinne eigentlich nicht ändern *wollen*, da man die Auswirkungen nicht haben möchte, die unbestritten weitreichend und ebenfalls unerfreulich sein können. Jede Veränderung kostet zunächst Energie. Erschwerend kommt hinzu, dass man das Gegenwärtige schon kennt, das Neue hingegen noch unbekannt ist, was tendenziell Angst machen kann.

Das ist nachvollziehbar, doch hilft es demjenigen nicht weiter. Die entscheidende Frage in diesem Fall ist: Welcher Preis ist höher? Die Erhaltung des Status Quo oder die vermuteten Folgen, wenn man einen anderen als den bisherigen Weg geht? Es macht einen Unterschied, ob ich glaube, keine Wahl zu haben oder Alternativen abwähle, weil sie mir subjektiv noch unangenehmer erscheinen als mein augenblicklicher Zustand. Es ist der Unterschied zwischen Opfer und Täter sein. Kann ich die Situation nicht ändern oder entscheide ich mich dafür, den Zustand zu belassen?

Wie ist das im Fall der Hochsensibilität? Was sind Sie bereit für ein selbstbestimmteres, den eigenen Anlagen besser entsprechendes Leben auf sich zu nehmen? Den Rückzug oder die Ablehnung von Menschen, die sich daran gewöhnt haben, dass Sie immer für sie da sind? Eine Gehaltseinbuße

oder den Verlust von Sicherheit beim Wechsel des Jobs? Soziale oder finanzielle Zuwendungen werden oft an Bedingungen geknüpft, die man meint, erfüllen zu müssen. Mein Vater sagte manchmal: "Nichts muss man, nur sterben muss man." Das bringt es auf etwas makabre Weise auf den Punkt. Alles andere sind Entscheidungen gegen potenziell unerfreuliche Nebenwirkungen (Verlust von Sicherheit oder Anerkennung durch die Umwelt, monetäre Einbußen, körperliche Auswirkungen, etc.) bei Veränderung des derzeitigen Zustands. Ein Kino verlässt man nicht, ebenso wenig die Familie, und einen sicheren Job gibt man nicht auf.

Niemand sagt, dass es einfach ist, sich in wirklich belastenden Situationen für einen neuen Weg zu entscheiden, aber möglich ist es! Wir selbst sind in allen Situationen der Regisseur. Wir können auf unserem Kinostuhl sitzen bleiben bis die Vorstellung aus ist oder die Konsequenzen einer alternativen Entscheidung in Kauf nehmen. Da Letzteres der viel aktivere Prozess ist, fühlt man die Bürde der Verantwortung: Wie kann ich mir/anderen das antun?

Im Coaching stelle ich die Gegenfrage: Wie können Sie sich/anderen das antun, woran Sie gerade leiden? Bei kleineren Irritationen wählt niemand freiwillig Alternativen, die mit großen Nebenwirkungen verbunden sind. Ist das Leiden aber groß, ist es wert, eine Abwägung zu treffen. Die Veränderung ist mit Kosten verbunden. Jeder muss selbst entscheiden, ob sie zu hoch sind oder ob er evtl. doch bereit ist, sie zu 'bezahlen'. Manchmal ist es zugegebenermaßen die Wahl zwischen Pest und Cholera, doch sind diese Situationen nicht die Regel. Meistens geht es nicht um wirklich existenz- oder lebensbedrohliche Probleme, mit denen man im Alltag konfrontiert ist, wobei natürlich selbst in diesem harmlosen Kinobeispiel die Abwägung nicht einfach ist. Ein paar böse oder abwertende Blicke der Kinozuschauer, wenn man das Kino vorzeitig verlässt, das Unverständnis der Freunde, die mit dabei sind?

Jeder sitzt selbst am Steuer seines Lebens. Diese Einstellung klingt vermutlich etwas brutal und ist es in letzter Konsequenz auch. Andererseits macht sie deutlich, dass es keine ausweglosen Situationen gibt (mit Ausnahme von Schicksalsschlägen, in denen es keine Hilfe gibt, doch die sind hier nicht gemeint). Die eigene Perspektive auf die Dinge kennt jeder schon, und sie hat gerade nicht zum Finden einer Lösung beigetragen. In festgefahrenen Situationen ist es deshalb essenziell wichtig, gewohnte Denkmuster in Frage zu stellen, auch wenn es unbequem wird. Ich habe mehr als einmal erlebt, dass in der Folge jemand durch eine vorher gedanklich ausgeblendete Tür gegangen ist und nicht mehr zurück wollte, selbst wenn auf der anderen Seite nicht gleich das Paradies gewartet hat. Schon das Bewusstsein dieser stets vorhandenen Entscheidungsfreiheit setzt Potenziale frei, die verkrustete, starre Lebenssituationen wieder in Fluss bringen. Mein Lieblingszitat von Georg Christoph Lichtenberg: "Ich kann freilich nicht sagen, ob es besser werden wird, wenn es anders wird; aber so viel kann ich sagen, es muss anders werden, wenn es gut werden soll." Vereinfacht ausgedrückt: Wer weiter macht wie bisher, bekommt, was er immer hatte.

[**BUCHTIPP** | Reinhard K. Sprenger . Die Entscheidung liegt bei dir . Wege aus der alltäglichen Unzufriedenheit . Campus Verlag . Ein unglaublich unbequemes, ein unglaublich gutes Buch !]

GUT MIT ANDEREN SEIN

Dass manche Menschen freiwillig Orte aufsuchen, die ich als HSP am liebsten meide, ist nicht neu, führt mir allerdings die Unterschiede zu meinem eigenen Fühlen deutlich vor Augen. Für mich ist das ein Anlass, Menschen, deren Wahrnehmungs-und Gefühlswelt sich von meiner unterscheidet, im Alltag (wieder) mit mehr Toleranz zu begegnen. Weil sie eben keine HSP sind, vielleicht nicht mal SP, sondern einfach P. Sie sind nicht grundsätzlich ignorant, sie gehen einfach davon aus, dass andere so sind wie sie. Und in den allermeisten Fällen haben sie damit sogar Recht.

Man betrachtet die Welt aus der ganz eigenen Perspektive und geht implizit davon aus, dass sie für jeden ähnlich sein muss. Und, was erschwerend hinzukommt, man hält die eigene Sicht für die richtige. Davor ist niemand gefeit, auch kein HSP. Es ist aber nicht so. Wahrnehmung ist derart subjektiv, dass eine hohe Deckungsgleichheit eher die Ausnahme als die Regel ist.

Wir leben alle gemeinsam auf einem Planeten. Die Ansprüche sind unterschiedlich und manchmal kommen wir uns ins Gehege. Wer wollte entscheiden, wer Recht hat: der Stärkere, der Mächtigere, der Reichere, der Ältere, der Schwerhörige, der Behinderte, der Gesunde, der Robustere oder der Empfindlichere?

Wir können uns darüber verständigen, auf Verständnis hoffen, vielleicht manches auch verstehen. Letztendlich ist jeder ganz individuell und einzigartig. HSP oder Nicht-HSP zu sein entscheidet nicht darüber, ob man tolerant oder rücksichtsvoll miteinander umgeht. Letztlich kommt es darauf an, die Mitmenschen mit ihren Anliegen und Wahrnehmungen zu respektieren, und nicht zuletzt die eigenen Handlungsoptionen zu erkennen, wenn man in einer Situation steckt, die mit dem eigenen Wesen nur schwer vereinbar ist.

GERECHTIGKEIT . NICHT IMMER EIN HOHER WERT

WARUM GERECHTIGKEIT MANCHMAL UNBELIEBT IST

Soweit ich mich zurück erinnern kann, spielt Gerechtigkeit in meinem Leben eine große Rolle. Oder vielleicht sollte ich besser sagen Un-Gerechtigkeit. Da es oft emotional belastende Erlebnisse waren, blieben sie mir lebhaft in Erinnerung.

Diesen überproportionalen Gerechtigkeitssinn teile ich offenbar mit anderen Hochsensiblen. Er nimmt großen Einfluss auf die Art, wie man handelt und seiner Umwelt begegnet. Das kann für HSP mitunter zum Bumerang werden, weil das Streben nach Harmonie und die erhöhte Empfindlichkeit für Kritik und Ablehnung ebenfalls zu den charakteristischen Eigenschaften gehören. Ein Mix, der es in sich hat. Deshalb möchte ich dem Thema, auch anhand meines eigenen Erlebens, etwas tiefer auf den Grund gehen, bevor ich einige generelle Anregungen zum Umgang damit geben möchte.

DIE INNERE JUSTITIA

Gerechtigkeit bzw. Ungerechtigkeit hat stets eine subjektive Komponente. Jeder hat seinen Maßstab, den andere durchaus nicht teilen müssen. Wenn die inneren Sirenen losheulen, beruht dies nicht notwendigerweise auf einem objektiv vorhandenen Fakt, sondern auf der eigenen Bewertung. Die Gefühlswallung, die daraufhin in Gang kommt, ist real vorhanden. Daran ändert sich auch nichts, wenn man prinzipiell weiß, dass es sich lediglich um eine subjektive Einschätzung der Lage handelt.

Gefühlt habe ich einen dieser großen roten Alarmbuttons in mir, der ausgelöst wird, sobald in meinem Umfeld Anzeichen von Ungerechtigkeit auftauchen. Ich fühle mich wie Robin Hood, der Rächer der Gerechten, und glaube auch dann (zumindest innerlich) reagieren zu müssen, wenn mich die Dinge gar nicht persönlich angehen. Als Kind schon rebellierte ich mehr oder weniger offen bei Entscheidungen von Erwachsenen, die für mich nicht nachvollziehbar, eben ungerecht waren. Die Kraft der Logik eines Kindes zwang die Erwachsenen im Allgemeinen nicht, ihr Verhalten zu ändern oder in Frage zu stellen. Mit dem Gefühl der erlebten Ungerechtigkeit ging deshalb auch oft so etwas wie Hilflosigkeit oder Ohn(e)macht einher, da die Großen am längeren Hebel saßen. Sie entschieden, wer was bekam, wer wann wo zu sein oder wer wem was zu geben hatte, auch wenn es meinem subjektiven Fairnessmaßstab nicht entsprach.

In der Schulzeit scheute ich mich nicht, den Mund aufzumachen, wenn jemand ungerecht behandelt wurde. Ich fühlte mich berufen, die Dinge anzusprechen, selbst wenn ich mir dadurch, sehr zum Leidwesen meiner Eltern, mehr als einmal Nachteile einhandelte. Auf diese Weise habe ich mich mit einigen Vorgesetzten in der Zeit meiner angestellten Berufstätigkeit auseinandergesetzt und mir dadurch nebenbei auf meiner Karriereleiter einige Sprossen abgesägt. Gefallen bin ich nicht, aber halten wollte sie der eine oder andere Chef auch nicht mehr für mich.

Gelegentlich gibt es auch heute noch Fälle, bei denen das Blut in meinen Adern laut rauscht und das Herz bis zum Hals schlägt. Erscheint mir etwas unfair oder ungerecht, muss ich etwas unternehmen. Wenn die Gefühle die Regie übernehmen und der Verstand nicht rechtzeitig einschreitet, kann es passieren, dass die Worte nicht mehr wohl gesetzt sind. Gefühlt bin ich dann einer 'schreienden Ungerechtigkeit' begegnet, der ich im Kampf mit meinem Schwert gegenüber trete. Die Heftigkeit der Reaktion erscheint unverhältnismäßig zum Auslöser. Mittlerweile habe ich gelernt, mir aus diplomatischen Gründen auf die Zunge zu beißen und ich arbeite weiterhin daran, die Gefühlswallung gar nicht erst bis auf Sturmstärke anwachsen zu lassen.

GERECHTIGKEIT UND MACHT

Ich habe mich oft gefragt, warum das Echo des Umfelds auch auf von mir ganz ruhig vorgebrachte Argumente oft so negativ war. Mir schien, ich war ich in guter Mission unterwegs, oft selbstlos und nicht verbal unangemessen. Umso unbegreiflicher war mir die Resonanz. Es hat eine Zeit gebraucht, bis ich die Antwort gefunden habe. Ein Kollege sagte einmal zu mir, als ich sprachlos über die Reaktionen meines Chefs grübelte: "Du bist für ihn eine Hexe". Damals war mir nicht so klar, was er meinte. Heute weiß ich, dass ich eine gewisse Fähigkeit habe, 'hinter die Kulissen' zu sehen und dadurch teilweise Dinge bemerke, die sich andere bemühen zu verbergen. Man sieht, was man nicht sehen soll. Manchmal stecken beispielsweise hinter Entscheidungen, die vordergründig mit vernünftigen und plausiblen Argumenten begründet werden, andere Motive als die offiziell dargestellten. Ich hatte wenig Hemmung solche Themen anzusprechen, da mir vieles recht offensichtlich erschien. Damit habe ich wohl des Öfteren unwissentlich einen Vorhang zur Seite geschoben, den jemand als Deckmantel über sich ausgebreitet hatte.

Dieses Aufdecken hat etwas Entlarvendes, insbesondere, wenn jemand die Möglichkeiten (aus)nutzt, die ihm Kraft Alters, Amtes, Status', Rolle oder Hierarchie gegeben sind, um eigene Interessen zu verfolgen. Kommt wirklich der am besten qualifizierte Kandidat weiter oder ist es die Beförderung des Wasserträgers? Wer wird bei der Spielaufstellung bevorzugt? Wie werden Aufgaben mit mehr oder weniger Erfolgschancen verteilt? Welches Kind erhält den begehrten Hortplatz? Der Hinweis auf ein solchermaßen ungerechtes Verhalten, auch wenn er fundiert und logisch begründet daher kommt, ist äußerst unwillkommen, weil die Autorität eines anderen in Frage gestellt wird. Der Papst ist unfehlbar und viele seiner Brüder und Schwestern auf Erden ebenfalls.

Als Kind, vielleicht auch noch als Jugendliche und junge Erwachsene hatte ich den Glauben, dass meine Argumente nur gut genug sein müssten, um eine Einsicht beim Gegenüber zu erreichen. Ich investierte also Energie in die Klärung einer Angelegenheit und begründete sie möglichst fundiert. Diese Naivität ist mittlerweile der Erfahrung gewichen und mir ist klar, dass ich dadurch vieles nur schlimmer gemacht habe. Dahinter stand mein Glaubenssatz, dass Gerechtigkeit etwas mit Recht, im Sinne von Wahrheit zu tun haben müsse. Tatsächlich geht es oft um das Recht des Stärkeren bzw. Mächtigeren. Je besser meine Beweise, desto mehr fühlte sich derjenige in die Ecke gedrückt, um dessen Einsehen ich so sehr gerungen hatte.

Nach Platons Verständnis ist Gerechtigkeit eine innere Einstellung, eine Tugend "der entsprechend jeder das tut, was seine Aufgabe ist, und die drei Seelenteile des Menschen, das Begehrende, das Muthafte und das Vernünftige im richtigen Verhältnis zueinander stehen".

Während ich versuche, an das 'Vernünftige' zu appellieren, steht für einige Menschen das 'Begehrende' im Vordergrund. Die Dinge sollen so sein, wie sie es gerne hätten, ohne den beschriebenen 'Ausgleich der Interessen', der den Blick über den Tellerrand zum einen als Fähigkeit, zum anderen als Tugend voraussetzt. Gerecht zu handelt, erfordert die Fähigkeit des Perspektivwechsels, da es um die Abwägung unterschiedlicher Interessen geht. Menschen, die die Welt grundsätzlich nur aus ihrem eigenen Blickwinkel betrachten, werden auch egozentrisch handeln. Man kann im Einzelfall darüber spekulieren, ob es sich um ein Nicht-Können oder ein Nicht-Wollen handelt.

Fälle, in denen das Gegenüber unabsichtlich ungerecht gehandelt hat, sind dahingegen meist schnell aus der Welt zu schaffen. Auch über unterschiedliche Kriterien für gerechte Entscheidungen muss man nicht streiten. Verteilt der Freund Schokolade nicht in drei gleichen Teilen, sondern gibt mir weniger als dem Dritten im Bunde, ist die Begründung ('Den mag ich lieber') vielleicht schwer zu schlucken, doch es ist nicht die Art der Ungerechtigkeit, die (zumindest bei mir) so heftige Reaktionen auslöst.

So ist nachvollziehbar, warum der mit Argumenten unterlegte Ruf nach Gerechtigkeit häufiger nicht den Effekt erzielt, den man sich verspricht, sondern eher das Gegenteil. Die Strafe gab und gibt es für den Zweifel an der Unfehlbarkeit des Mächtigeren. Die Ablehnung, die daraufhin folgt, ist nicht leicht zu ertragen. Sie zeigt sich vielleicht zunächst im Ausweichen von Blickkontakt, in unpersönlicher werdenden Formulierungen, in zwar höflicher, aber sparsamer Kommunikation und anderen 'Kleinigkeiten'. Nachdem die Antennen für zwischenmenschliche Harmonie und Disharmonie bei HSP gut entwickelt sind, spürt man das Echo recht unmittelbar, auch wenn dem Umfeld noch gar nichts auffällt.

Umgekehrt kann dieses seismographische Gespür auch der Grund sein, warum einige HSP so stark auf das Thema Gerechtigkeit anspringen. Sie nehmen auch subtile Verschiebungen war, lassen sich vom Schein nicht so leicht täuschen, weil sie empfänglich sind für Stimmungen und die Qualität zwischenmenschlicher Beziehungen. Sie nehmen wahr, wenn die Balance der Interessen nicht gewahrt ist und sehen sich somit viel früher oder häufiger mit Situationen konfrontiert, die dem persönlichen Werteverständnis zuwider laufen. Wie andere Wahrnehmungen auch, sind sie nicht so einfach aus dem Bewusstsein zu drängen, sondern beschäftigen die Gedanken für lange Zeit und produzieren ungute Gefühle.

Bleibt nur die Wahl zwischen zwei Übeln? Wegschauen und Mund halten oder Einstehen für die Themen und mit der Ablehnung umgehen? Es gibt noch einige Möglichkeiten mehr.

GUT MIT SICH SELBST SEIN

Ich möchte unterscheiden zwischen dem Fall einer plötzlich und unerwartet auftretenden 'schreienden Ungerechtigkeit' und einer sich allmählich einschleichenden, die weniger überraschend auftaucht.
Wer in keinem der Fälle einen nennenswerten Anstieg der Pulsfrequenz zu verzeichnen hat, sondern ruhig und besonnen handeln kann, kann gleich beim übernächsten Absatz weiterlesen. Wer dazu neigt zu explodieren (Druck entlädt sich nach außen) oder zu implodieren (Druck entlädt sich nach innen), findet im folgenden Absatz Anregungen.

UMGANG MIT 'SCHREIENDER UNGERECHTIGKEIT'

Im Prinzip handelt es sich bei einer überbordenden Reaktion (ausgelöster Alarm) im Zusammenhang mit empfundener Ungerechtigkeit körperlich um eine ganz gewöhnliche Stressreaktion, die schon im Kapitel 'Stressiger Hormoncocktail' beschrieben ist. Der Organismus stellt sich auf Kampf oder Flucht ein, mit allen Begleitreaktionen des Körpers, um davon zu rennen oder den Knüppel schwingen zu können. Handelt es sich um Aggression gegen einen Zustand oder einen Vorgang, der zunächst nicht eindeutig einem Individuum zuzuordnen ist, fühlt man sich möglicherweise besonders hilflos, weil im Kopf die Keule rotiert, letztlich aber kein Objekt oder (glücklicherweise auch kein) Subjekt vorhanden ist, das man zur Rechenschaft ziehen könnte. Richtet sich die Aggression gegen eine Person, ist besondere Vorsicht geboten, wenn man anschließend nicht die Scherben der Beziehung zusammenkehren möchte.

Auf keinen Fall ist es ratsam, mit diesem aggressiven Cocktail im Blut für die gerechte Sache zu kämpfen. Mit großer Sicherheit sind die Erfolgsaussichten wesentlich größer, wenn der Geist wieder klar ist und der Blickwinkel sich wieder erweitert hat.

Für diese, wie auch für andere Auslöser von Stressreaktionen ist die Erste-Hilfe-Regel Nummer eins der Abbau der überschießenden Hormone in der Blutbahn. Dazu hilft alles, was Onkel Neandertaler auch geholfen hätte: Bewegung, Bewegung, Atmung, Atmung, Ausagieren. Ob Sie die Laufschuhe anziehen und rennen, das Bad putzen oder den Keller aufräumen, alles hilft, um das Adrenalin wieder aus dem Blut zu bekommen. Vielleicht können Sie sich auch irgendwo hinsetzen, Ihre Atmung einige Minuten lang bewusst verfolgen, ganz tief ausatmen und mit der Konzentration auf diesen körperlichen Vorgang allmählich Ihr Nervensystem beruhigen.

Für den Fall, dass Sie sich gerade an einem Ort befinden, der keine Bewegung zulässt, kann es hilfreich sein, einen Zettel, ein leeres Buch, eine Tastatur zur Hand zu nehmen und sich alles von der Seele zu schreiben. Ungefiltert, undiplomatisch, emotional, so wie es sich gerade anfühlt. Vielleicht schreiben Sie auch einen Brief, in dem Sie alles loswerden, was Sie aufregt. Schicken Sie ihn keinesfalls ab! Es geht nur darum, einen Kanal zu finden, in dem die überschüssige Energie und Aggression abfließen kann und darum, die aufgewühlten Gedanken wieder zu klären.

Vielleicht gehören Sie auch zu den Menschen, die mit anderen sprechen müssen, wenn sie etwas belastet. Rufen Sie die Person Ihres Vertrauens an, bei der Sie Dampf ablassen können, unzensiert, ungeschminkt. Sie sollte gut zuhören können, Sie reden lassen und Ihnen nicht sofort erklären, dass Sie auch die andere Seite verstehen müssen. Das macht erst in einem zweiten Schritt Sinn, wenn es darum geht, nach Lösungen zu suchen. Akut geht es um die Ventilfunktion und nicht um Abwägung, Toleranz und Verständnis, so wertvoll diese Eigenschaften sonst auch sind.

UMGANG MIT UNGERECHTIGKEIT, WENN DIE EMOTIONSWELLE (WIEDER) IN KONTROLLIERTEN BAHNEN VERLÄUFT

Was ist Ihnen wichtig? Machen Sie sich zunächst klar, was für Sie Priorität hat: auf die von Ihnen empfundene Schieflage *hinzuweisen* oder etwas daran zu ändern. Das klingt zunächst, als handele es sich um ein und dasselbe, muss aber nicht so sein. Sind die Würfel bereits gefallen und an der Sache an sich ist nichts mehr zu ändern, sollten Sie darüber nachdenken, was genau Sie mit dem Hinweis auf fehlende Gerechtigkeit noch erreichen möchten. Möglicherweise handeln Sie sich auch nur Nachteile ein, ohne einen Nutzen davon zu haben. Wie oben beschrieben, kann der Fingerzeig allein von manchen Menschen schon als Vorwurf und Infragestellung ihrer Autorität aufgefasst werden, was nicht dazu beiträgt, deren Einsicht zu erhöhen. Vielleicht finden Sie es dennoch wichtig, auch wenn Sie sich möglicher Nebenwirkungen bewusst sind.

Sie sehen eine Chance, noch etwas zum Besseren zu wenden? Dann lohnt es sich, folgende Punkte zu beachten:

__Emotionen herunterkühlen (siehe oben) und strategisch vorgehen, d.h. sich über Zeitpunkt, Ort, Wortwahl, eigene Einstellung und Ziele Gedanken machen.

__Sich der eigenen Subjektivität in der Einschätzung der Lage bewusst sein und auch im Gespräch mit dem Verantwortlichen explizit erwähnen.

'Aus meiner Perspektive stellt sich das Thema folgendermaßen dar ... wie sehen Sie das?'

__Um eine Begründung für die Entscheidung bitten.

'Können Sie mir sagen, aus welchem Grund Sie so gehandelt haben, ich würde es gerne besser verstehen?'

__Dem Gegenüber in *jedem* Fall die Chance geben, das Gesicht zu wahren.

'Möglicherweise haben Sie Folgendes ... für weniger wichtig erachtet/nicht in Betracht gezogen, auf das ich gerne nochmals hinweisen möchte ...'

__Ggf. darum bitten, beim nächsten (vergleichbaren) Mal, im Vorfeld gehört zu werden, um die eigene Einschätzung einbringen zu können.

'Ich würde mich freuen, wenn Sie mir beim nächsten Mal die Gelegenheit geben, meine Punkte vorab einzubringen.'

__Bestenfalls das Bedauern über die für Sie nicht nachvollziehbare Entscheidung zum Ausdruck bringen, jedoch nicht die Fähigkeit, Lauterkeit, Kompetenz des Betreffenden in Frage stellen. Es sei denn, Ihnen ist an der zukünftigen Qualität der Beziehung nicht gelegen.

'Ich finde es sehr schade, dass es jetzt so ist und werde mich bemühen, mich damit zu arrangieren.'

GUT MIT ANDEREN SEIN

Will man Gehör bekommen, ernst genommen werden und etwas ändern, sei es auch nur beim nächsten Mal, ist es wichtig, sein Gegenüber nicht anzugreifen, auch nicht in guter Absicht oder für eine gute Sache. Man kann auf das Verhalten hinweisen, mit dem man nicht einverstanden ist, doch nicht die Person an sich bewerten (= abwerten), ohne dass sie sich getroffen fühlt. Wenn das passiert, z.B. durch Unachtsamkeit in der Wortwahl, steht auch der Erfolg der Sache in Frage. Aktion, Reaktion. Menschen in Verteidigungshaltung sind selten kooperativ.

Man kann selbst seinen Teil dazu beitragen, indem man dem Gegenüber auf Augenhöhe und ergebnisoffen gegenüber tritt. Die Wahl, das Feld zu verlassen, auf dem mit unfairen Mitteln gespielt wird, hat man immer. Doch ist das der letzte und nicht der erste Schritt.

Auch wenn es kein, wie im benannten Beispiel, hierarchisches Gefälle zwischen den Personen gibt, gilt alles gleichermaßen für das Verhältnis zwischen Kollegen oder im privaten, zwischenmenschlichen Bereich. Das Aufdecken von Ungerechtigkeit ist im seltensten Fall etwas, bei dem man Dankbarkeit vom Verursacher erntet, also ist ein Konflikt vorprogrammiert. Für Menschen, die sich aufgefordert fühlen, auf solche Punkte aufmerksam zu machen, ist es ratsam, konsequent den oben beschriebenen, respektvollen Weg zu gehen. Im Falle von Gerechtigkeit und Ungerechtigkeit kochen die Emotionen hoch, umso wichtiger ist es, die eigenen Gefühle und die der anderen zu achten, um sich nicht selbst gleichfalls angreifbar zu machen.

LEBEN IN DER MUSCHEL . UND AUSSERHALB

WIE MAN EINE GUTE BALANCE ZWISCHEN STILLE UND ANREGUNG FINDET

Die Riesenmuschel, die Wawa gefunden hatte, war vielleicht die größte der Welt. Sie sah aus wie eine Suppenschüssel mit geschlossenem Deckel und lag gut geschützt vor den Wellen auf dem Kiesstrand, hinter grauen Felsblöcken. "Sie ist so praktisch, meine Mupfel!", sagte Wawa stolz. "Es ist mein erstes Haus, das ich tschumachen kann. Und schön ist sie außerdem!" Er presste die Schalen mit den Vorderpfoten auseinander. Ping Pinguin hüpfte hinein. Wawa folgte ihm und ließ das Muscheldach zuklappen. Das Sonnenlicht schimmerte märchenhaft durch die Wölbung aus Perlmutt.
Wawa seufzte behaglich: "Hier kann ich ungestört nachdenken. Die Sonne geht auf und unter und tschieht über mich hinweg, der Mond geht auf und unter und tschieht über mich hinweg,..." Ping Pinguin betrachtete seinen Freund interessiert." Das ist aber ziemlich viel Geziehe!", sagte er.

URMEL AUS DEM EIS | Max Kruse

In den Ratschlägen für das überstimulierte Nervensystem von HSP tauchen bestimmte Punkte immer wieder auf: Rückzug, Erholung, Ruhe, Abschalten, Entspannung, keine weitere Reizexposition. Zumindest den ca. 70% Introvertierten unter den HSP dürfte die Empfehlung an sich keine Schwierigkeiten bereiten, höchstens vielleicht die konkrete Umsetzung. Selbst die eher Extravertierten genießen bestimmt hin und wieder gern eine ruhige Stunde auf dem Sofa.

Wer mit anderen eine Wohnung teilt, ob in einer Wohngemeinschaft, mit Freunden oder der Familie, läuft kaum Gefahr, eine zu hohe Dosis Ruhe oder Abgeschiedenheit zu bekommen. Die folgenden Gedanken richten sich deshalb an Menschen, die in ihrer Freizeit nicht notwendigerweise in Gesellschaft sind, weil sie beispielsweise alleine leben.

Die Behaglichkeit, Ruhe und Beschaulichkeit der eigenen vier Wände gibt man vor allem an nassgrauen Herbsttagen nur ungern auf, um sich in den Dschungel der Großstadt oder des Arbeitslebens zu begeben. Doch wie viel Rückzug ist wertvoll und wo beginnt er ins Gegenteil umzuschlagen?

Solange das Verhältnis aus Stille und Anregung in einem guten Gleichgewicht ist, öffnet sich die Muschelschale spätestens, wenn das Pflichtgefühl ruft oder die Vernunft anmahnt, dass es wieder Zeit ist, die Nase vor die Tür zu strecken. Vielleicht entsteht nach einer Zeit der Einsamkeit auch ein Bedürfnis nach Austausch oder Erlebnis. Statt wie Wawa die Bahn des Mondes zu verfolgen, steigt man selbst in die Bahn, um am sozialen Leben Teil zu haben.

Wem der Kontakt mit anderen regelmäßig den Stecker zieht und der Besuch sogenannter Freizeitveranstaltungen nur kalte Schauer über den Rücken jagt, dem kann es passieren, dass er immer wieder den Rückzug in seine 'Mupfel' antritt und die Welt außen vor lässt. Wie bei allen Genüssen stellt sich auch hier die Frage nach dem gesunden Maß. Unbemerkt kann der Wunsch nach dem Alleinsein zu einer Ablehnung des Mit-anderen-Sein werden und das nicht nur, wenn die Nerven überreizt sind.

In den Achtzigerjahren wurde von der Trendforscherin Faith Popcorn der Ausdruck 'Cocooning' geprägt, sich wie eine Seidenraupe einspinnen. Er bezeichnet den Rückzug ins häusliche Privatleben, um dem Stress des Alltags zu entkommen. Auch Menschen ohne besonderes Erholungsbedürfnis nutzen die Möglichkeiten, vieles von zuhause zu erledigen. In den letzten Jahren sind die Optionen immer vielfältiger geworden. Einiges, was früher nur im direkten Kontakt möglich war, lässt sich heute vom Sofa oder Schreibtisch aus erledigen: Einkaufsplattformen locken mit ihrem unendlichen Warenangebot, Online-Banking funktioniert rund um die Uhr, die Möglichkeit, Medien aller Art zu bestellen und abzurufen bringt Bücher und Filme ins eigene Wohnzimmer, Essenslieferservice ist längst nicht mehr auf Fastfood-Angebote beschränkt, der Supermarkt um die Ecke bietet die Zustellung der Einkäufe an. Falls man doch ein paar virtuelle Worte wechseln möchte, gibt es Chats und Foren zu allen erdenklichen Themen.

Manchmal ist Bequemlichkeit der Grund, möglichst nicht aus der Wohnung zu gehen. Bei HSP sind andere Ursachen wahrscheinlicher. Beispielsweise kann sich eine Scheu gegenüber Menschen gut hinter dem Argument verstecken, dass es zur Erholung des Nervensystems wichtig sei, Stille und Ruhe zu haben. Das ist richtig, aber nicht immer.
Für Menschen, deren Neigung zu sozialem Rückzug hoch ist, ist die Verführung groß, immer häufiger den virtuellen Kontakt einem realen vorzuziehen. Da das Angebot mittlerweile so groß ist, dass man selbst zur Erledigung der wesentlichen Dinge nicht mehr am gesellschaftlichen Leben teilnehmen muss, fällt das gar nicht auf.

Die Erkenntnis, dass zu viele Eindrücke ein Unwohlsein nach sich ziehen, verleitet manche HSP dazu, sich eine Art 'Erlebnisdiät' (der Ausdruck geht auf Rolf Sellin in seinem Buch "Wenn die Haut zu dünn ist" zurück) zu verschreiben. Wenige Sozialkontakte, wenig Teilnahme an der Welt und ihren gesellschaftlichen Ereignissen, Leben im Kokon, in der Muschel, unter der Käseglocke. Vordergründig löst es vielleicht einige Schwierigkeiten, langfristig ist es ein problematischer Weg. Es ist eine Art 'soziale Magersucht', bei der sich irgendwann der Maßstab verschieben kann und man gar nicht mehr realisiert, dass die Kontakte abnehmen, während die Einsamkeit zunimmt.

Für den Erhalt der seelischen Gesundheit ist es entscheidend, dass das Einigeln keine Flucht ist, die sich auch zur 'Sucht' entwickeln kann. Die Sucht nach Rückzug, die die Schwelle der Tür jedes Mal höher werden lässt, bis man sie nur noch unter großer Kraftanstrengung und mit Mühe überwinden kann. Wer sich der Welt nicht mehr 'aussetzt', verliert irgendwann auch die Fähigkeit dazu. Wie ein Muskel, der bei Nichtgebrauch nach und nach degeneriert.

Der Mensch ist ein soziales Wesen, weshalb das ständige Alleinsein Spuren in der Seele hinterlassen kann, die noch ganz andere Probleme nach sich ziehen, als diejenigen, die man vorher schon hatte. Die Absage von Einladungen, das Vermeiden von Telefonaten, die Abkehr von Orten, an dem sich viele Menschen aufhalten, bergen das Risiko, dass auch die Initiative, die von anderen ausgeht, allmählich immer schwächer wird. Irgendwann muss man nichts mehr absagen, weil gar keiner mehr fragt.

GUT MIT SICH SELBST SEIN

Wer den sozialen Umgang meidet, wird allmählich auch die Fähigkeiten verlieren, sich auf dem gesellschaftlichen Parkett souverän zu bewegen. Smalltalk? Das mögen die wenigsten HSP, doch selbst der muss nicht wehtun, wenn man ein bisschen in Übung bleibt. Niemand muss freiwillig stundenlang mit oberflächlichen Menschen über belanglose Themen plaudern. Möglicherweise braucht es etwas Phantasie und Energie, um Gelegenheiten zu finden, bei denen man Gleichgesinnte treffen kann. Statistisch ist die Wahrscheinlichkeit auf einen anderen HSP zu treffen, immerhin 1:4. An Orten, die bevorzugt von solchen Menschen aufgesucht werden (denken Sie dabei einfach an Ihre eigenen Interessen), ist sie noch höher. Die Vermeidung von Sozialkontakten raubt einem nämlich auch die Chance, mit angenehmen Menschen in Kontakt zu kommen.

Das Ziel ist keinesfalls, eine Partynudel zu werden. Auch kleine Begegnungen haben eine positive Wirkung. Haben Sie mal ausprobiert, was passiert, wenn man einfach jemand zulächelt? In der U-Bahn, an der Ampel, in der Warteschlange? So viel gute Resonanz kann entstehen, wenn man mit offenem Herzen unterwegs ist und Menschen mit einer positiven Einstellung begegnet. Vielleicht entwickelt sich sogar ab und zu ein freundlicher Dialog daraus. Man nimmt das gute Gefühl mit nach Hause und die Erlebnisse machen es beim nächsten Mal einfacher, den Fuß vor die Tür zu setzen.

Am besten hat man in der Hand, was geschieht, wenn man selbst den Ort und die Personen für Begegnungen wählt, d.h. in Eigeninitiative jemanden anruft und gemeinsam etwas unternimmt. Nicht überall ist es laut und hässlich. Kontakt mit der Welt muss auch nicht immer 'miteinander sprechen' bedeuten. Kunst und Natur (so ein schönes Paar) haben eine positive Wirkung und bieten von Fall zu Fall die Chance der Begegnung mit gleichgesinnten Menschen. Naturkundliche Führungen und Wanderungen gibt es auch in der Großstadt. Dort ist nur dabei, wer das Interesse und die Nähe zur Natur teilt.

Wenn man eher abgeschieden wohnt, ist vielleicht gerade das der Anlass, sich mit jemandem zu einem Ausflug in die nächste Stadt zu verabreden, um ganz gezielt ein Konzert, einen Film, einen Vortrag oder die Sternwarte aufzusuchen.

[FREIZEITTIPP | Naturkundliche Wanderungen mit Eva Schneider . www.munaris.de . Ganz toll, was man alles über Bäume und Vögel in der Stadt erfahren kann . Vergleichbares gibt es sicher auch an anderen Orten . **]**

GUT MIT ANDEREN SEIN

Im nächsten Kapitel wird es um Abgrenzung und Nein-Sagen gehen. Hier steht das' Ja' im Mittelpunkt. So wenig wie man alles ablehnen sollte, so wenig muss man zu allem ja sagen. Zwischen immer und nie gibt es manchmal. Die gelegentliche Teilnahme an Treffen nach Feierabend, der Besuch einer Geburtstagsfeier, die Begleitung in ein Konzert etc. kosten vielleicht etwas Überwindung, dafür wirken sie sich positiv auf das tägliche Miteinander aus. Es ist wichtig, seinem Umfeld die Gelegenheit zu geben, durch das gemeinsame Erlebnis etwas übereinander zu erfahren. Wer sich ausschließt, bleibt unkalkulierbar und fremd, was selten zu Sympathie führt. Gerade auf die sind feinfühlige Menschen aber oft besonders angewiesen.

Abschreckend ist die Vorstellung, bis tief in die Nacht hinein an irgendwelchen Gesprächsrunden mit unsagbar lauten und langweiligen Menschen teilhaben zu müssen. Auch hier sitzt die Bremse im Kopf. Wer schlau ist, wählt seinen Sitzplatz gezielt und sucht sich den Gesprächspartner aus, der sympathischer erscheint. Auch die Themenwahl hat man selbst in der Hand, wenn man den Dialog mit dem Nebensitzer sucht, statt sich am allgemeinen Tischgeplauder zu beteiligen. Vielleicht kann man die Zeit nutzen, um selbst etwas Interessantes oder Nützliches zu erfahren. Wer seine Nase gezeigt hat, kann sich auch früher zurückziehen. Einer ist immer der Erste, der geht. Es ist meist besser, kurz als nie dabei zu sein, und vielleicht ist es wider Erwarten ganz anregend und man verlässt die Veranstaltung erst als Dritter.

Ein weiterer Grund, die Muschel zu öffnen, ist das, was man zu geben hat. Gerade die Vielfühler leisten einen wichtigen Beitrag in der Gesellschaft, weil ihnen das faire Miteinander, die Gerechtigkeit, das Schöne und Gute im Allgemeinen ein Anliegen ist. Wer sollte denn sonst dafür sorgen, dass die Welt jeden Tag ein bisschen besser wird ;-?!

GRENZEN
WIE MAN DURCH GELUNGENE ABGRENZUNG FREIHEIT GEWINNT

GEDANKEN UND GEFÜHLE
WIE MAN GEFÜHLSSTÜRME ZU SANFTEN BRISEN MACHEN KANN

DOLCE FAR NIENTE . DAS SÜSSE NICHTSTUN
WARUM RUHE GEBEN MANCHMAL UNRUHIG MACHT

ALLEIN SEIN
WIE MAN DIE ZEIT MIT SICH SELBST WERTVOLL GESTALTET

SCHREIBEN
WIE STIFT UND PAPIER EIN BERUHIGUNGSMITTEL ERSETZEN KÖNNEN

ACHTSAMKEIT
WESHALB DER SCHLÜSSEL FÜR VIELES IN DER ACHTSAMKEIT LIEGT

YOGA
WIE HOCHSENSIBLE VOM AKTUELLEN YOGA-HYPE PROFITIEREN

QUELLEN DER KRAFT
WELCHE IDEEN ES GIBT, UM ENERGIE ZU TANKEN

HÜRDE & SPRUNG

WIE MAN SCHWIERIGKEITEN
ÜBERWINDEN KANN

5

h&s

GRENZEN

WIE MAN DURCH GELUNGENE ABGRENZUNG FREIHEIT GEWINNT

UNSICHTBARE GRENZLINIEN

Ich mag es nicht, wenn jemand mein Handtuch benutzt, auch nicht innerhalb der Familie. Meinen Computer benutze *ich*, es sei denn, es ist unser Computer, den benutzen *wir*. Ich kann Freunden in meiner Abwesenheit meine Wohnung zur Verfügung stellen, aber ich mag es nicht, wenn sich jemand ungefragt auf meinen Schreibtischstuhl setzt. Ich teile Dinge mit anderen, aber wenn sie sich selbst an meinen Sachen bedienen, finde ich es nicht gut. Auch dann nicht, wenn es um scheinbar Unwesentliches geht, wie Kugelschreiber oder Notizzettel. Ich scheine einen eingebauten Sensor für Grenzübertritte zu haben. Allerdings ist mein persönliches Areal, das situations- und personenabhängig unterschiedliche Dimensionen haben kann, nach außen nicht immer ausreichend sichtbar markiert. Und offenbar sind die Dinge, auf die sich mein Anspruch erstreckt, für mein Umfeld teilweise nur schwer nachvollziehbar.

Rationale Gründe für meine Reaktion kann ich nicht angeben. Ich befürchte nicht, dass mein Stuhl unter dem Gewicht von anderen zusammenbricht, auch meine Kugelschreiber sind Gebrauchsgegenstände und ich gehe davon aus, dass andere sich ebenfalls die Hände waschen, bevor sie sie mit meinem Handtuch trocknen. Meist leide ich still vor mich hin, weil ich gelernt habe, dass meine Reaktion nicht auf Verständnis stößt oder als ziemlich übertrieben wahrgenommen wird, was sie vermutlich auch ist.

Es fühlt sich eher so an, dass manches zu einem Teil von mir wird, seine persönliche Geschichte mit mir hat und auf irgendeine Weise mit mir verbunden ist. In dem Moment, wo jemand scheinbar nur irgendwelche Dinge berührt, berührt er mich und kommt mir in einer Weise nahe, die ich mir so nicht ausgesucht habe. Vielleicht behandle ich die Dinge innerhalb meines Grenzgebiets auch in besonderer Weise und möchte nicht, dass jemand anders damit umgeht als ich - derber, unachtsamer, grober.

Sicher kennen andere das auch. Niemand benutzt selbstverständlich fremde Zahnbürsten oder bindet sich einen umherliegenden Schal um, wenn er gerade fröstelt. Bei mir sind die Gegenstände und Situationen vielschichtiger und das Bedürfnis nach Abgrenzung intensiver. Mein Ich dehnt sich auf unerwartete Gegenstände und Situationen aus, was meine Grenzen für andere unvorhersehbarer und schwerer einschätzbar macht.

Gut mit Grenzen umzugehen setzt voraus, dass man auf Zeichen achtet. Erkennt man, wo das Grundstück des anderen beginnt, auch wenn er keinen meterhohen Zaun darum gezogen hat? Manche Menschen können ahnen, wo sie zu weit gehen, viele können es nicht und deshalb ist man selbst dafür verantwortlich, rechtzeitig Signale zu senden. Sollten sie sich bereits mitten im Tulpenbeet befinden, hat man die Wahl sofort mit der Schreckschusspistole zu knallen oder sich - in der defensiveren Variante - betroffen und verletzt zu fühlen. Man kann aber auch, indem man sich klar macht, dass der imaginäre Zaun vermutlich unsichtbar war, den anderen höflich darum bitten, das Beet wieder zu verlassen.

Gut mit Grenzen umzugehen ist auch eine Frage des Respekts. Das heißt zu akzeptieren, dass Menschen diese unterschiedlich eng oder weit setzen, dass es dafür kein richtig oder falsch gibt. Respekt setzt das Bewusstsein voraus, dass Grenzen von Mensch zu Mensch variieren, manchmal auch von Zeit zu Zeit. Es bedingt, dass man ihre Existenz akzeptiert, auch wenn sie nicht mit blinkenden Alarmanlagen versehen sind. Manchmal sind sie da, wo man selbst keine setzen würde oder fehlen dort, wo man welche aufgebaut hätte. Respekt heißt achtsam bleiben, wohin man tritt. Nicht alle Menschen, auch nicht alle HSP, sind gleichermaßen achtsam.

In den ersten Jahren meiner Berufstätigkeit sagte mir eine Führungskraft, die sich nicht an die Vorschriften zur Anmeldung für eine begehrte Veranstaltung gehalten hatte: "Wenn ich nicht jeden Tag eins auf die Mütze bekomme, weiß ich, dass ich meinen Handlungsspielraum noch nicht ausgenutzt habe." Diese Antwort löste in mir irgendetwas zwischen Faszination und Abscheu aus. Einerseits bewunderte ich die Haltung, andererseits war ich empört, weil ich es war, die in diesem Fall für die 'Grenzsicherung' verantwortlich war. Gelernt habe ich daraus, dass man Grenzen dadurch erfährt, dass man sie berührt, das gilt auch für die eigenen.

GRENZEN, EIN ZENTRALES THEMA FÜR HSP

Wahrnehmungsfilter wirken wie eine natürliche Grenze, die nur manches, was durch die Sinnesorgane von außen aufgenommen wird, zur Verarbeitung weiter vermitteln. Auch innere Signale wie zum Beispiel Muskelspannung, Hungergefühle, etc. müssen erst eine gewisse Schwelle überschreiten, um beachtet zu werden. Da hochsensible Menschen anders und anderes wahrnehmen und eine erhöhte Sensitivität haben, führt das aufgrund der stärkeren Informations- und Reizflut zu Schwierigkeiten, die bei anderen Menschen gar nicht erst auftreten. Vieles plätschert herein, was kanalisiert werden muss, um nicht 'Hochwasser und Überschwemmung' anzurichten. Statt der automatisierten Schleuse braucht es einen Schleusenwärter, der eine drohende Flut erkennt und Grenzsignale setzt. Was sonst unbewusst geschieht, ist für HSP eine willentlich zu steuernde Aufgabe.

Grenzen zwischen innen und außen gibt es einerseits an der Schnittstelle zu den Sinnesorganen, wo - verkürzt gesagt - entschieden wird, welche der wahrgenomenen Informationen weiter prozessiert werden. Grenzen gibt es auch auf weniger materiellem Terrain. Hochsensible erleben oft eine Vermischung von innen und außen im Bereich der Gefühle. Sie trennen dann nicht zwischen ihren eigenen und fremden Empfindungen und können nicht immer klar zwischen eigenen Wünschen und denen ihres sozialen Umfelds unterscheiden. Das macht es auch schwieriger, die eigenen Bedürfnisse überhaupt als solche wahrzunehmen. Sie fühlen manchmal sogar Schmerzen mit und sind wie (Achtung, Biologieunterricht!) eine semipermeable Membran, durch die alles Mögliche hinein, aber nicht unbedingt wieder hinaus diffundiert. Deshalb ist es wichtig, eine für sich selbst akzeptable Art der Abgrenzung zu finden, die erlaubt, den hohen Wert der Harmonie hoch zu halten, jedoch nicht höher als den Wert der eigenen seelischen Gesundheit. Manchmal geht es dabei um

eine Abgrenzung sich selbst gegenüber, um Überforderung zu vermeiden, manchmal gegenüber anderen Menschen.

VERTRÄGLICHE GRENZSETZUNG

Dass sich viele tendenziell schwer mit der Abgrenzung tun, kann daran liegen, dass sie gedanklich in unmittelbarer Nachbarschaft zum Egoismus zu liegen scheint. Egoistisch zu sein heißt, sich selbst und die eigenen Bedürfnisse in uneingeschränkter Form in den Vordergrund zu stellen. Wenn jemand in einer Weise handelt, die Nachteile für andere in Kauf nimmt und alleine auf den eigenen Vorteil bedacht ist, dann ist das problematisch. In der Art von Grenzsetzung, von der ich hier spreche, sorgt jemand für sich, ohne dem anderen willentlich oder auch überhaupt nur zu schaden. Es kann sogar gut sein, dass es für das Gegenüber gar keine Schwierigkeit darstellt, die Grenzen zu akzeptieren. Und wenn doch, kann zumeist über ein Gespräch das wechselseitige Verständnis verbessert und ein tragfähiger Kompromiss angestrebt werden. Wie so oft, kommt es im zwischenmenschlichen Miteinander auf die Wortwahl und die Stimmlage, auf den Zeitpunkt und die Situation, also auf das Wann und Wie an, mit dem man zu verstehen gibt, wo die eigene Wohlfühlzone anfängt und wo sie aufhört.
Da selbstsüchtige Ignoranten nur selten für Gespräche und Argumente empfänglich sind, grenze ich dieses Thema zunächst aus.

Wie findet man nun ganz praktisch den passenden Umgang mit dem Thema Abgrenzung? Es ist eines der zentralsten Themen für hochsensible Menschen überhaupt, deren natürliche Grenzen nach außen und innen nicht ausgeprägt sind, deshalb möchte ich ausführlich darauf eingehen.

Eine gelungene Abgrenzung ist ein Prozess über mehrere Schritte
___die passende innere Einstellung
___die Wahrnehmung der eigenen Gefühle
___die Akzeptanz der eigenen Gefühle
___die aktive Änderung des unerfreulichen Zustands

Das gilt sowohl in der Abgrenzung gegenüber anderen als auch gegenüber sich selbst, wobei letztere mindestens genauso wichtig ist, um die eigenen Ressourcen zu schonen. Die Wahl des passenden Zeitpunkts, einige Formulierungshilfen und Tipps gegen 'Rückfälle' sollen helfen, einen selbstverständlichen Umgang mit dem Thema zu finden.

Die folgenden Schritte bauen aufeinander auf, jeder ist Voraussetzung für den nächsten.

ICH BIN MIR WICHTIG

Man sorgt nur für den, der einem wichtig ist. Deshalb beginnt alles damit, sich selbst und seine Bedürfnisse ernst zu nehmen. Das schließt keinesfalls aus, gleichzeitig auch anderen wertschätzend und achtsam zu begegnen, ganz im Gegenteil.
Wenn Sie sich schwer tun mit Abgrenzung, dann fragen Sie sich jetzt einmal, wie oft sie machen, was Ihr Umfeld möchte und wie oft Sie in Relation dazu Ihren eigenen Wünschen den Vorzug geben. Meine Vermutung: Die anderen haben gewonnen. Deshalb steht dieser Schritt 'ich bin mir wichtig' oder auch 'ich sorge für mich' an erster Stelle. Den Selbst-Wert in sich zu spüren und zu nähren, ist elementar und für viele gar keine leichte Aufgabe. Wenn Sie dazu gehören, lade ich Sie hier zu einer gedanklichen Übung ein. Sie verfehlt nicht die Wirkung, wenn Sie sie ernst nehmen, auch wenn das Vorgehen zunächst ungewohnt erscheint.

ÜBUNG

Diese Übung können Sie immer dann abgewandelt wiederholen, wenn Sie bei Fragen wie 'Warum steht mir zu, was anderen zusteht (z.B. eine Pause)? Warum darf ich mir etwas Gutes tun? Warum darf ich sagen, was ich denke und fühle?' und vergleichbaren Themen nicht unmittelbar eine positive Antwort für sich parat haben.

Stellen Sie dazu gedanklich die Menschen Ihrer Umgebung in einer Reihe auf und sich selbst irgendwo dazwischen. Nun gehen Sie die Reihe ab und finden Argumente, weshalb jeder einzelne einen Anspruch darauf hat, mit seinen Gefühlen und Bedürfnissen (in der Situation oder Sache, die Sie vor Augen haben) ernst genommen zu werden, einschließlich Sie selbst! Vielleicht drängt sich, wenn Sie bei sich angekommen sind, gleich ein 'ja aber ... ' auf, womöglich sogar begleitet von einem körperlichen Unwohlsein. Dann wechseln Sie bitte Ihren Platz (Stuhl, Bank, Sessel, auf dem Sie gerade sitzen) und halten dagegen. Diskutieren Sie mit sich aus (auf wechselnden Plätzen), warum Sie einen gleichberechtigten Platz in dieser Reihe beanspruchen dürfen. Wenn Sie sich selbst überzeugt haben, setzten Sie die Reihe mit den übrigen Menschen fort.

Da dieser Punkt das Fundament ist, auf dem die nächsten aufbauen, gehe ich im Abschnitt 'Abgrenzung gegenüber anderen' ganz ausführlich darauf ein, weshalb es manchmal so schwer fällt, sich selbst wichtig zu nehmen und wie es dennoch gelingen kann.

ICH LERNE MEINE GEFÜHLE KENNEN (ohne sie zu bewerten)
Der zweite Schritt besteht darin, die eigenen Bedürfnisse und Stimmungslagen in den verschiedenen schwierigen Situationen zu beobachten und wahr zu nehmen. Welche Gefühle tauchen wann auf, was beschert mir Wohlsein, was Unwohlsein? Womit fühle ich mich gut, womit geht es mir schlecht? Zunächst geht es allein um die wertfreie Wahrnehmung, nicht darum, deren Berechtigung zu verteidigen oder in Frage zu stellen.

ICH KENNE MEINE GRENZEN UND AKZEPTIERE SIE
Durch die (möglichst wertfreie) Beobachtung des eigenen Erlebens lernt man die subjektiven Wohlfühlgrenzen immer besser kennen. Man wird feststellen, dass sie an manchen Tagen weitläufiger sind, wenn eher wenige Eindrücke auf einen einstürmen. An Tagen, an denen die Welt zu groß und zu viel ist, sinkt die Toleranzschwelle. Wer das Phänomen der Hochsensibilität kennt, weiß, dass dies kein persönliches Unvermögen und Versagen ist, für das man sich selbst verurteilen müsste. Hellhäutige Menschen suchen eben eher den Schatten (oder den Sunblocker), wenn die Sonne vom Himmel brennt. Dunkelhäutige Menschen bekommen keinen Sonnenbrand. Akzeptieren Sie (zunächst) selbst Ihre eigenen Grenzen.

ICH SORGE AKTIV FÜR MEIN WOHLBEFINDEN
Sie wissen, was Sie brauchen, Sie haben sich zugestanden, dass es in Ordnung ist. Jetzt gilt es, aktiv zu handeln. So wichtig die Schritte vorher sind, dieser ist der entscheidende, damit sich etwas zum Positiven verändern kann. Die innere Stimme textet: 'Ich müsste eigentlich ... die können doch auch ... wieso kann ich nicht? Das kann doch jetzt nicht wahr sein ... warum stell ich mich bloß so an? Beiß die Zähne zusammen, es wird schon gehen ...'

Zweifellos gibt es Situationen, aus denen man sich nicht in seine subjektive Wohlfühlzone zurückziehen kann. Eine Mitarbeiterin, die das Teammeeting mit den Worten verlässt 'mir ist es zu laut hier und außerdem ist die Luft so verbraucht', riskiert vielleicht, nicht mehr lange im Team zu sein. Manchmal muss man auch durchhalten, das kennen HSP und Nicht-HSP gleichermaßen.

Es gibt jedoch genügend Situationen, in denen die Option besteht, die Dinge in einer Weise zu regeln, die vielleicht nicht naheliegend, sondern unüblich ist. Es kann sein, dass es Erstaunen hervorruft, weil andere das nicht kennen – weil sie so nicht fühlen. Wenn die Umstände ungut sind, heißt es nach Möglichkeiten zu suchen und den Mut zu haben, etwas daran zu ändern und zwar selbst. 'Wenn du helfende Hände suchst, findest du sie am Ende deiner Arme', hat mal einer gesagt. Ich mag den Spruch, weil er klar macht, dass es nichts bringt, auf den Retter zu warten. Man muss selbst wissen, wann es so weit ist, seinen eigenen Maßstab zu definieren und aktiv zu werden. Keiner kommt und drückt der Sommersprossenfrau die Sonnencreme in die Hand oder spannt einen Schirm für sie auf.

SICH SELBST GRENZEN SETZEN

Es gibt Situationen (überfüllter Bus, lautes Restaurant, quäkende Lautsprecher im Supermarkt, burger-kauender Sitznachbar), in denen man es selbst in der Hand hat, für sich zu sorgen. In dem Fall setzt man für sich selbst ein Stoppsignal, um nicht länger oder öfter als notwendig in einer beeinträchtigenden Situation zu verharren. Die im letzten Abschnitt beschriebenen Schritte sind auch hier wesentlich. Wenn Sie sich nicht ernst nehmen und meinen, es sei albern, sich von einer Situation stressen zu lassen oder aus falsch verstandener Höflichkeit sitzen bleiben, statt aus dem Feld zu gehen, quälen Sie sich weiter, während der Reizpegel unaufhörlich steigt.

Beispielhaft hier einige Ideen, die gar nicht so abwegig sind, wie sie zunächst scheinen. Manchmal ist es auch die Abwägung größerer gegen kleinere Übel, doch auch damit beeinflussen Sie die eigene Stimmung. Die folgenden Anregungen sollen vor allem Ihre Phantasie für weitere kreative Lösungen anregen.

Überfüllter Bus
Verlassen Sie den Bus, gehen Sie zu Fuß, fahren Sie mit dem Rad, gründen Sie eine Fahrgemeinschaft. Steigen Sie wenigstens eine Haltestelle vor dem Ziel aus und erlauben Sie sich, die Stresshormone bei einem Spaziergang wieder abzubauen.

Volles Restaurant (inklusive aller Reizerscheinungen)
Essen Sie zügig zu Ende oder lassen Sie sich alternativ den Rest einpacken und verlassen Sie unverzüglich das Lokal. Kehren Sie nicht mehr dorthin zurück und wenn, dann nur zu weniger frequentierten Zeiten. Suchen Sie mit Ihrer Begleitung ein nicht ganz so angesagtes Restaurant aus und erfreuen sich an der nun wieder entspannten Stimmung. Belohnen Sie sich mit einem schönen Drink oder Nachtisch. Wärmen Sie im zweiten Fall den Rest zu Hause auf, öffnen Sie dazu eine gute Flasche Wein, und freuen Sie sich an der himmlischen Ruhe.

Beschallung im Supermarkt
Kaufen Sie nicht im Supermarkt ein, sondern in kleinen Läden und auf dem Markt oder beim Gemüsehändler um die Ecke. Gibt's alles nicht? Gehen Sie nur noch mit Ohrstöpseln oder Kopfhörern einkaufen, die Ihre Ohren mit selbst gewählter Musik beschallen. Verfolgen Sie zielstrebig die Liste Ihres vorher erstellten Einkaufszettels und konzentrieren Sie sich darauf, alles zügig einzusammeln. Halten Sie sich keine Minute länger als nötig dort auf. In der Schlange an der Kasse üben Sie die Ein-Minuten-Meditation aus dem Kapitel 'Achtsamkeit'.

Schmatzender, burger-kauender Sitznachbar
Lassen Sie den Nachbarn Nachbar sein, wünschen Sie ihm gedanklich, der Burger möge seiner Gesundheit nicht abträglich sein und wechseln Sie den Platz. Nachdem es nicht verboten ist, in öffentlichen Verkehrsmitteln zu essen, können Sie nur froh sein, dass niemand Sie zwingt, in das Labberbrötchen zu beißen. Sie können sich einen alternativen Sitzplatz suchen, bevor Ihre Nerven Großalarm schlagen.

Ohne Frage gibt es deutlich schwierigere Situationen, in denen man als HSP die innere Abgrenzung sucht. Ich möchte an diesen Beispielen zeigen, dass es möglich ist und zwar mit einfachen Mitteln. Positiv denkende HSP sind keine Opfer und passive Erleider, sondern Täter und Handelnde. Das erfordert gelegentlich ein Umdenken und eine Neuorientierung sowie den Mut zu unkonventionellen Aktionen. Allein das Gefühl, einem Zustand nicht mehr hilflos ausgeliefert zu sein, entstresst und zentriert die Energie. Man programmiert sich auf Lösung statt auf Leiden. Auch wenn Sie es nicht in jeder Situation schaffen, sammeln Sie auf diese Weise über den Tag gesehen viel weniger Beeinträchtigendes auf, durch waches und achtsames Gutsein mit sich selbst.

ANDEREN GEGENÜBER GRENZEN SETZEN

Noch anspruchsvoller wird es meistens, wenn man sich mit Menschen aktiv auseinander setzen *muss*, um für die eigenen Bedürfnisse zu sorgen. Gern meldet sich dann ein tief eingepflanztes Gebot zu Wort, das einen auffordert zurückzustecken, weil man Gefahr laufen könnte, deren Wohlwollen zu verlieren. Dahinter steckt fast immer die Angst vor Ablehnung, die Sorge, andere könnten einen nicht mehr mögen, wenn man 'nein' oder 'nicht' oder 'jetzt nicht' oder 'überhaupt nicht' oder 'will ich nicht' oder 'mag ich nicht' oder Vergleichbares sagt. Interessanterweise geschieht das selbst dann, wenn einem die Person gar nicht besonders wichtig ist oder man sie kaum kennt.

Ja, diese Sorge ist berechtigt. Insbesondere, wenn das Gegenüber bisher gewohnt war, statt Grenzen weit geöffnete Scheunentore in Form von 'mach ich gern, kein Problem, für dich doch immer, na klar, sicher sofort' vorzufinden.

Zwei Fragen dazu

___Wie lange, glauben Sie, hält der Zustand des Nicht-Mögens an? Für immer und ewig? Ein paar Sekunden? Oder irgendwas dazwischen?

___Wie sehr ist Ihnen an der Zuneigung einer Person tatsächlich gelegen, der Sie einmalig oder auch öfter in freundlicher/höflicher Weise erklären, dass etwas, was sonst geht, nun gerade nicht für Sie machbar oder erträglich ist?

Machen Sie sich ganz konkret klar, was und wen Sie tatsächlich mit einer Absage verlieren können und wie wahrscheinlich es ist. Durch die realistische Betrachtung verliert das Schreckensmonster ganz schön an Größe, weil man ihm damit die Luft auslässt. Lohnt es sich dafür, die eigenen Ressourcen aufzubrauchen und die Energiespeicher zu leeren? Was können Sie umgekehrt gewinnen, wenn Sie diese (größtenteils unrealistische) Verlustangst überwinden?

Zwischen totalem Liebes- bzw. Sympathieentzug (= völliger Ablehnung) und einer, wenn überhaupt auftretenden, leisen Enttäuschung oder Verstimmtheit liegt ein kleines Universum. Die feine HSP-typische Wahrnehmung registriert schon das leiseste Zucken der Mundwinkel, spürt die kleinste Enttäuschung in der Stimme und schon geht's einem schlecht. Ganz besonders, wenn es sich um Menschen handelt, deren Wohl einem sehr am Herzen liegt. Da schnappt die Falle schnell zu. Lieber selber leiden und den anderen glücklich machen, als ihn leiden zu sehen und sich selbst für die Ursache zu halten. Ist ja so ein Armer und ich so ein Scheusal!

Aus diesem Dilemma gibt es kein wirkliches Schlupfloch, es gibt zwei Möglichkeiten:

___Man hat die Wahl das zu tun, was die anderen vermutlich gerne hätten. Das kostet Kraft und Energie, die man einbringen muss, obwohl es nicht die eigene Präferenz ist. Je nach Ausgangszustand, in dem man sich gerade befindet, kommt man an sein Limit. Man wird unleidig, gereizt, angestrengt, übellaunig, erschöpft. Ist es das wert? Oder schadet man der Beziehung damit eigentlich mehr, als man ihr nutzt, weil man in der Folge nicht nur sich selbst, sondern auch sein näheres Umfeld (vielleicht genau die gleichen Personen) mit der daraus resultierenden Stimmung konfrontiert?

___Man hat die Wahl, jetzt nein zu sagen bzw. andere zu bitten, etwas sein zu lassen oder zu machen. Das kostet zunächst Überwindung, erzeugt vielleicht ungute Gefühle beim Gegenüber, die auf einen selbst zurückwirken können. Das muss man für den Moment aushalten, entgeht dafür aber einer Situation, die für einen selbst unangenehm und belastend ist, vermutlich viel länger andauert und einen an oder über die Grenzen bringt. Ist es wert, jetzt eine Enttäuschung/ablehnende Reaktion in Kauf zu nehmen, um langfristig ein typkompatibleres und somit (in der Folge meist auch für das Gegenüber) angenehmeres Ergebnis zu erreichen?

Beides bringt Gutes und weniger Gutes für alle Beteiligten, doch das Maß ist entscheidend. Nicht jeder heruntergezogene Mundwinkel muss ein Anlass sein, 'alles wieder gut' zu machen. Wer Umgang mit Kindern hat, dem ist bewusst, dass die Erfüllung aller Kinderwünsche (Cola, Schoko, iPod spielen) nicht zu deren Vorteil ist und ein Nein an der richtigen Stelle zwar Unmut erzeugt, aber dennoch die bessere Antwort ist.

Und wenn das Nein doch so schwer über die Lippen geht? Es reicht leider überhaupt nicht aus, dem Verstand kluge Ratschläge zu liefern. Was hier reagiert ist das Gefühl. Dort ist diese unrealistische Sorge vor lebenslangem Liebesentzug verankert. Dem ist nur durch reale Erlebnisse beizukommen, die ein anderes als das befürchtete Ergebnis bringen. Üben, üben, üben. Machen, machen, machen. Der erwartete Sturm entpuppt sich nicht selten als Windhauch, weil andere gar kein Problem mit einem

'Nein' oder 'Bitte-lass-das' haben müssen. 'Ach schade, na gut, dann ziehen wir mal ohne dich los.' 'Echt, das stört dich? Hab gar nicht gemerkt, dass ich vor mich hin pfeife, sorry'. Und selbst wenn, ist es in vielen Situationen auch schnell wieder vergessen, ohne ungute Langzeitfolgen zu haben. Es braucht wiederholte neue Erfahrungen für das Gefühlsgedächtnis, das sich nicht durch hypothetische Überlegungen verändert. Der Verstand kann das Gefühl nicht überzeugen, deshalb helfen auch wohlmeinende Ermutigungen ('Mach dir nichts draus! Nimm dir das doch nicht zu Herzen!') nicht. Die Alarmreaktion entsteht in einem viel älteren Hirnareal, das deutlich schneller reagiert als das Großhirn, aus dem die 'vernünftigen' Argumente kommen.

Wenn man tief in sich die Überzeugung trägt, dass einen keiner mehr mag, wenn man einen Wunsch abschlägt, dann ist das wie eine dicke Bügelfalte. Auch wenn man noch so oft drüber bügelt, bleibt sie sichtbar. Sprüht man Wasser darauf (in Form neuartiger realer Erlebnisse mit anderem Ergebnis), dann wird sie allmählich weniger werden. Die schlechte Nachricht ist, es ist ein in der Seele eingeprägtes Muster, das irgendwann einmal entstanden ist. Die viel bessere Nachricht ist, dass man durch neue Erfahrungen nach und nach selbst etwas daran ändern kann. Wie beim Sport (oder beim Bügeln) reicht die einmalige Wiederholung nicht aus, der Erfolg stellt sich erst bei kontinuierlicher Übung ein.

Ein neuer Ansatz, mit dem man diesen Mustern erfolgreich schnell und dauerhaft begegnen kann, ist die 'Introvision'.

[WEBTIPP | Mehr Informationen dazu finden Sie z.B. in dem Blog www.introvision-coaching.de und gerne bei mir. **]**

PRAXIS GUTER ABGRENZUNG

Der innerliche Entschluss steht fest: Ich sage nein bzw. ich bitte jemanden darum, etwas zu tun oder zu lassen. In welcher Form man es ganz konkret angeht, hat entscheidenden Einfluss auf die Erfahrungen, die das 'Gefühlsgedächtnis' abspeichern wird. Wenn man, vielleicht mangels Übung, eine herbe Abweisung einfängt, traut man sich vermutlich kein zweites Mal über den eigenen Schatten zu springen. Ohne Erfahrung und ohne 'Taktik' ist es gut möglich, dass genau das eintritt, was man befürchtet.
Statt einem ruhigen, souveränen 'Nein du, tut mir leid, da kann ich dir leider gerade nicht helfen, meine Aufgabenliste ist auch übervoll', stammelt man herum, entschuldigt sich dreiundvierzig Mal, schaut in enttäuschte Rehaugen und ... 'Na gut, naja, gib her, ich mach das schnell (oder auch nicht schnell) für dich mit.' Prima.

Oder ein weiteres Szenario: Man wartet so lange, wenn einem jemand mit seinem Verhalten auf die Nerven geht, bis aus dem duldsamen Wesen, das man gerade noch war, unbeherrschte Worte herausbrechen, die besser nicht gesagt worden wären. Die mitschwingende Aggression ist nach einem solchen Stau meist weder dem Anlass noch der Person angemessen. Je nach Temperament entlädt sich die Spannung in Form einer verbaler Explosion oder einer Implosion, die der Gesundheit auch nicht zuträglicher ist. Das Adrenalin im Blut kann in Stresssituationen Konzentrationen erreichen, die sogar die Speicherung des unseligen Dialogs im Gedächtnis verhindert (siehe auch Kapitel 'Stressiger Hormoncocktail').

NEIN SAGEN, ETWAS ABLEHNEN

Wie kann man auf eine gut verträgliche Art etwas ablehnen, was man nicht tun möchte, andere aber gerne hätten?
Dazu gehört ...

DIE INNERE HALTUNG

Ich darf etwas ablehnen *und* der andere darf sich etwas wünschen, beides ist grundsätzlich in Ordnung, auch wenn sich daraus eine Differenz ergibt.

DER RICHTIGE ZEITPUNKT

Wer sich in solchen Situationen sicher fühlt, antwortet spontan. Wer noch übt, sollte sich eine kurze Bedenkzeit ausbitten, um sich über die Sache und die passende Formulierung Gedanken machen zu können.

2640
ONE OF THESE DAYS I'M GONNA CUT YOU INTO LITTLE PIECES....

Beispielsweise so: 'Ah ok, verstehe, ich würde gerne kurz darüber nachdenken und gebe dir/Ihnen gleich Bescheid.'

Oder so: 'Nett, dass du mich fragst, ich möchte mir das kurz überlegen und melde mich gleich wieder.'

DIE RICHTIGE FORMULIERUNG

Sie besteht idealerweise aus den Elementen

1 | Wertschätzung für das Anliegen des anderen
2 | grundsätzlich positive/offene Haltung dem Menschen und der Sache gegenüber
3 | Absage für diesen konkreten Anlass mit einer kurzen Begründung, der eigenen Sichtweise, die keine Rechtfertigung sein soll
4 | Evtl. positiver Abschlusssatz

BEISPIELE

1 | Ich kann gut nachvollziehen, dass Sie gerade in Arbeit untergehen und 2 | ich unterstütze Sie auch gerne, wenn ich kann. 3 | Heute ist es mir leider nicht möglich, da ich selbst ein volles Programm habe, das mich ziemlich auslastet. 4 | Ich hoffe, Sie können das verstehen.

1 | Ich finde es sehr nett, dass du mich fragst, ob ich zu der Vernissage mitkommen mag 2 | und freue mich, dass du bei solchen Dingen an mich denkst. 3 | Heute habe ich allerdings schon so viel erlebt, dass ich gar nicht mehr richtig aufnahmefähig bin und lieber einen ruhigen Abend verbringen möchte. 4 | Trotzdem danke für deine Einladung.

DIE STANDHAFTIGKEIT

Man sollte damit rechnen, dass jemand, der einem etwas auf den Tisch packen will oder, wie im zweiten Beispiel, Gesellschaft sucht, nicht sofort aufgibt. Das ist kein Grund, sich darüber zu ärgern oder zu erschrecken. Doch es ist auch kein Anlass zum Einknicken. Es gibt gute Gründe, weshalb Sie absagen, und die zählen genauso wie die Bitte des Gegenübers. Bleiben Sie standhaft und rechnen Sie schon mit einem 'Schmollen' oder 'Nachkarten', dann kommt es nicht ganz so unerwartet. Ein gewisses Maß an Enttäuschung von dem, der nicht bekommt, was er sich gewünscht hat, ist eine ganz verständliche Reaktion. Interessensunterschiede sind normal, es ist absolut unrealistisch, dass immer alle Beteiligten in jeder Situation das Gleiche möchten. Die Kunst besteht darin, langfristig ein Gleichgewicht zu schaffen, doch kann man nicht in jedem Augenblick jeden glücklich machen.

DER FRIEDEN MIT SICH SELBST

Freuen Sie sich, wenn es Ihnen gelungen ist, Ihre Bedürfnisse wahrzunehmen und auf eine gute Art dafür einzustehen. Ihr Nervensystem dankt es Ihnen, wenn Sie zusätzliche Außenreize erfolgreich abgestellt haben. Jetzt ist es wichtig, dass Sie nicht durch Selbstvorwürfe oder -zweifel dafür sorgen, dass im Ausgleich dazu die innere Reizlage ansteigt. Es war eine Entscheidung für diese eine Situation. Es gibt noch unendlich viele mehr, wo Sie die Bedürfnisse anderer (zum Ausgleich) wieder höher hängen können als Ihre eigenen. Diesmal hat der Zeiger in Ihre Richtung ausgeschlagen und das darf so sein.

JEMANDEN DARUM BITTEN, ETWAS ZU MACHEN ODER SEIN ZU LASSEN

Manchmal kann man Dinge lösen, indem man selbst etwas ändert, z.B. den Raum verlässt oder die Tür schließt. Mitunter ist das einfacher und energieschonender als Menschen zu einem Verhalten zu bewegen, das für sie nicht erstrebenswert oder auch nicht verständlich ist. Einen Jugendlichen in der S-Bahn auf seine Kopfhörer anzusprechen, die eher wie Lautsprecher klingen, kann ein frustrierendes Erlebnis sein, das man sich nicht geben muss, wenn man stattdessen einfach das Abteil wechselt.

Wenn Sie dennoch andere dazu bewegen wollen, etwas zu verändern, sind auch hier folgende Punkte wichtig.

DIE INNERE HALTUNG

Der andere ist in 99% der Fälle nicht mit der Absicht unterwegs, Sie zu ärgern, sondern hat nicht auf dem Schirm, dass er es gerade tut. Umgekehrt dürfen Sie jederzeit jemanden bitten, etwas zu tun oder zu lassen, obwohl er nicht bewusst gegen Sie arbeitet und möglicherweise nicht spontan nachvollziehen kann, womit er sie stört.

DER RICHTIGE ZEITPUNKT

Handeln Sie unbedingt frühzeitig, bevor sich Stress im Inneren breit macht, der die konstruktive Lösung der Situation erschweren kann. Bei sich wiederholenden Ereignissen (unordentliche Kollegin, Rauch im Treppenhaus, klavierspielender Nachbar) bietet es sich an, unabhängig vom konkreten Anlass das Anliegen nach guter Vorbereitung in einer ruhigen Minute anzusprechen. Wenn der Reizpegel noch niedrig ist, kann man bewusster und kontrollierter agieren und argumentieren.

DIE RICHTIGE FORMULIERUNG

Sie besteht in diesem Fall aus ...

1 | einer vorbereitenden Einleitung
2 | der (vorwurfslosen!) objektiven Beschreibung der Fakten
3 | der Darstellung der eigenen Befindlichkeit in der Situation
4 | dem Wunsch an den anderen

BEISPIELE

1 | Ich bin mir nicht sicher, ob Ihnen das schon aufgefallen ist, 2 | in unserem hellhörigen Haus kann man viele Geräusche und so auch Ihr Klavierspiel über mehrere Etagen hören, 3 | das ist nicht so angenehm für mich, da es bei mir sehr ruhig ist und dadurch besonders auffällt. 4 | Es wäre schön, wenn wir zeitliche Absprachen treffen könnten, wann Sie Ihrem schönen Hobby nachgehen und wann ich dafür meine Ruhe genießen kann.

1 | Ich habe eine Bitte an Sie, vielleicht finden Sie das etwas ungewöhnlich. 2 | Ihre benutzten Kaffeetassen stehen in der Regel bis zum Abend auf Ihrem Schreibtisch. 3 | Da hat sicher jeder unterschiedliche Gewohnheiten. Mir ist das nicht so angenehm. 4 | Meinen Sie, Sie könnten mir zuliebe die leeren Tassen immer gleich in die Teeküche bringen?

DIE OFFENHEIT FÜR DEN AUSGANG

Da man keinen zwingen kann, sich so zu verhalten, wie es einem selbst angenehm wäre, ist man darauf angewiesen, das Verständnis des anderen zu erreichen. Das gelingt nicht mit Konfrontation. Man kann erklären, was das Verhalten bei einem selbst auslöst und offen sein für Vorschläge zu einer gütlichen Einigung. Einfordern kann man nur, wozu es Gesetze und Regeln gibt, doch das sind Fälle, um die es hier nicht gehen soll. Deshalb ist ein Schritt des Gegenübers in die eigene Richtung als Entgegenkommen zu werten und verdient Dankbarkeit, auch wenn nicht alles so ist, wie man es sich vorstellt. Gerade bei den von HSP erlebten Störungen im akustischen, olfaktorischen und ästhetischen Bereich ist es für jemanden, der sich gerade mit 80 Dezibel Hardrock auf die Ohren dröhnt, nur schwer nachvollziehbar, dass einen HSP ganz leise Geräusche stören. Und wie will jemand, der 80 € Euro für einen 25 ml Flacon Parfum ausgegeben hat, verstehen, dass dieser Duft eine Belastung sein kann?

DER FRIEDEN MIT SICH SELBST

Freuen Sie sich, wenn Sie den Mut hatten, die Dinge anzusprechen. Selbst wenn sich die Situation nicht in der gewünschten Weise verändert hat, war es den Versuch wert. Sie haben Ihre Bedürfnisse ernst genommen und versucht, Verständnis dafür zu erreichen. Vielleicht gelingt es Ihnen ein anderes Mal besser.
Friedlich sollte man auch mit seinem Gesprächspartner bleiben, auch dessen Wünsche und Vorlieben haben eine Berechtigung.

Und sollten Sie an einen komplett argumentresistenten, unbarmherzigen Zeitgenossen geraten sein, Pech! Diese Menschen gibt es, und gegen sie ist kein Kraut gewachsen. Sie haben es mit ihrer Art sicher ebenfalls nicht einfach und manchmal fühle ich sogar so etwas wie Bedauern für sie. Irgendwann zieht das Universum Bilanz, in diesem oder im nächsten Leben.

FAZIT

Grenzen setzen, Abgrenzung, Forderungen, Aufforderungen, all das kann emotional sehr aufreibend sein, da es den harmonischen Gleichklang stört. Wo unterschiedliche Materialien aufeinander treffen, entsteht eine gewisse Spannung, wo unterschiedliche Menschen aufeinander treffen, ebenfalls. Dafür sorgt das Polaritätsprinzip in der Welt, das ja gleichzeitig auch einen Teil des Reizes von Begegnungen ausmacht. Durch die notwendigerweise unterschiedlichen Perspektiven und Interessen kann nicht ausbleiben, dass hier und da die Unterschiede zwischen den Individuen vordergründig und bedeutungsvoll werden. Je mehr es gelingt, sie als Selbstverständlichkeit anzusehen statt als 'Störung im System', umso konstruktiver und gelassener kann man damit umgehen.

Jeder hat ein Recht, so zu fühlen, wie er fühlt, doch bedeutet das nicht zwangsläufig, dass sich andere darüber freuen oder danach richten müssen. Der Königsweg heißt 'situative Abwägung von Interessensunterschieden'. Man kann ihnen ohne allzu große emotionale Ausschläge begegnen, wenn man akzeptiert, dass sie zwischenmenschlich natürlich gegeben und normal sind. Trotzdem bleiben solche Erlebnisse anspruchsvoll und in manchen Fällen wird es auch nicht gelingen, in guter Weise damit umzugehen. Dann bleiben Enttäuschung oder Ärger oder Hilflosigkeit zurück, die hoffentlich durch eine veränderte Sicht auf die Dinge in Zukunft immer seltener werden.

EXKURS

EINSSEIN VERSUS ABGRENZUNG

Je nach geistiger Heimat, der man sich zugehörig fühlt, kann Abgrenzung im Sinne des 'Nicht-eins-Seins' als ungut empfunden werden. Eins-Sein wird als das höchste Entwicklungsziel einer Seele angesehen und eine Form der Abgrenzung dazu als widersprüchlich. Bei den folgenden Ausführungen geht es mir nicht darum, meine 'Wahrheit' als die richtige heraus zu stellen. Hier beschreibe ich meine Sicht auf die Dinge, die neben dem spirituellen Nährboden auch in der klassischen Psychologie wurzelt. HSP, die eine Affinität zu spirituellen Inhalten haben, sind möglicherweise auch zu anderen Schlüssen gekommen.

Ich bin der Überzeugung, dass alles auf unserem Planeten und auch darüber hinaus auf vielfältige Weise miteinander in Verbindung steht. Das Streben nach Einheit führt zunächst über die Stufe und das Erlebnis des Sich-als-Individuum-Fühlens bzw. des Sich-getrennt-Fühlens. Wenn man spürt, wer und wie man selbst ist, kann man mit Dingen in Beziehung treten und sich dennoch als Teil eines Ganzen erleben.

Unter der Annahme, dass die Seele im irdischen Dasein unterwegs ist, um sich weiter zu entwickeln, braucht man eine Vorstellung davon, dass es einen selbst gibt. Entwicklung zeigt sich in der relativen Veränderung zur Umgebung oder zu einem vorherigen Zustand. Dazu ist es zunächst notwendig, sich als getrennt von der Umwelt wahrzunehmen, um zu erkennen, wie und wo man aktuell steht und wohin man sich bewegt.

Analog hat man bei der Fortbewegung im Raum einen Referenzpunkt, der einem anzeigt, ob man schnell oder langsam unterwegs ist. Wenn es nicht die Augen sind, ist es vielleicht der Windhauch auf der Wange, den zum Beispiel der blinde Bergführer Andy Holzer nutzt, um sich zu orientieren. Fehlen diese äußeren Referenzen völlig, verliert man die Einschätzung über Geschwindigkeit und Richtung. Das kennt jeder aus Fahrten mit dem Zug im Tunnel oder dem Fahrstuhl.

Ob im Vergleich mit anderen oder mit sich selbst, man spürt Veränderung und Entwicklung über die Vorstellung des eigenen Seins, unter anderem über die Wahrnehmung der eigenen Begrenzungen und deren Relativität zur Umgebung.

Im Prinzip ist der Körper ein Molekülhaufen (das klingt jetzt nicht sehr schmeichelhaft), der sich zwischen weiteren Molekülansammlungen bewegt, zum Beispiel durchs Wasser oder durch die Luft. Auch die Haut ist keine echte Hülle, sie besteht ebenfalls aus verschiedensten Molekülen, die unmittelbar an die der umgebenden Luft, des Wassers oder des Sessels angrenzen. Die (erwachsene) Wahrnehmung ist so ausgerichtet, dass sie das eine vom anderen unterscheidet. Es ist eine Festlegung, die definiert, was zum Selbst gehört und was zur Umwelt.

Wenn ein neugeborenes Baby mit Durchtrennen der Nabelschnur auch 'physisch' zu einem eigen-ständigen, getrennten, menschlichen Wesen wird, beginnt der Prozess der Individualisierung. Das Kind lernt, dass es so etwas wie das eigene Ich und andere gibt, testet diese 'Grenzen' aus und erfährt sich damit immer wieder selbst als Individuum, das es ist, ohne je aufgehört zu haben, Teil eines Ganzen zu sein. Auch wenn die Analogie nicht gerade attraktiv klingt, ist es wie der Molekülhaufen, der eine Einheit bildet und zugleich Teil des Universums ist. Ein Baby beginnt beispielsweise damit, das Ende des Unwohlseins im Bäuchlein (Gefühlserleben im Inneren) in Zusammenhang mit der Nahrungsaufnahme (Zufuhr von außen) zu bringen. Zugleich fühlt es sich wohlig gehalten und mit einem liebenden Menschen verbunden. Das Kind lernt auf diese Weise etwas über seine eigenen Bedürfnisse, über Abhängigkeit, über Trennung und Verbindung.

Erlebt man sich als eigenständiges Individuum, kann man für sich sorgen. Man nimmt wahr, was einem gut tut und was nicht. Manche Menschen lösen diese feine Membran zwischen sich und anderen auf und sind durchlässig für alle Gefühle und Schwingungen aus der Umgebung. Diese starke Verbindung zur Gefühlswelt von Menschen ist eine Gabe, die in vielen Bereichen des Lebens wertvoll ist. Sie kann allerdings auch sehr belastend sein, wenn man wie ein Jo-Jo an den Gefühlen der anderen hängt und deren gefühlsmäßige Berg- und Talfahrten mitmacht. Umso wichtiger ist die Innenschau, der Fokus auf das eigene Erleben, um wieder unterscheiden zu können, was man selbst braucht (Bewegt sich der Zug mit mir oder bewege ich mich selbst?). Das Gefühl von Verbunden-Sein und Eins-Sein kann daneben bestehen, es steht dazu nicht im Widerspruch.

Damit möchte ich verdeutlichen, dass die Wahrnehmung und Berücksichtigung eigener Bedürfnisse, das Setzen und Erleben von Grenzen und der Ausdruck von Individualität nicht per se etwas 'Böses', Harmoniezerstörendes, Trennendes, Egozentrisches ist. Es ist zutiefst menschlich und wichtig für das Wohlergehen und die Gesundheit der Seele.

Wer den Weg noch weiter gegangen ist und sein 'Ich' loslassen konnte, hat das Anhaften an Erwartungen und Wünsche bereits überwunden und empfindet die Welt mit ihren vielfältigen Reizen nicht mehr als Last. Diesen spirituellen Weg bewusst zu gehen, ist eine eigene große Aufgabe.

[LINKTIPP | www.andyholzer.com . Andreas Holzer, von Geburt an blind, ist heute als Bergführer für Sehende unterwegs und hat auch sonst viel zu erzählen von seiner 'Sicht' auf das Leben . **]**

GEDANKEN UND GEFÜHLE

WIE MAN GEFÜHLSSTÜRME ZU SANFTEN BRISEN MACHEN KANN

Die Eigenschaft, stärker zu empfinden, stellt HSP oft vor schwierige Aufgaben. Viele passen sich so sehr an die Anforderungen ihrer Umgebung an, dass sie 'von außen' gar nicht mehr auffallen, ja vielleicht manchmal selbst keine Idee davon haben, dass sie sich durch das So-sein-wollen-wie-alle-anderen extrem beanspruchen.
Selbst wer in einem stillen Dorf weitab der hektischen 'Zivilisation' aufwächst, ist nicht frei von belastenden Einflüssen. Die Konfrontation mit Menschen, deren Wertesystem ein anderes ist, innere Zweifel und Kämpfe, Existenzängste oder der Mangel an kultureller Stimulation können ebenfalls zu einer Herausforderung werden, der in geeigneter Weise begegnet sein will.

Obwohl positiv wie negativ empfundene Reize das Erregungsniveau erhöhen, sind es in erster Linie die unerfreulichen Empfindungen, die die subjektive Belastung, den Wert auf der 'HSP-Skala' |* nach oben treiben.

Auf der Suche nach einer möglichst ressourcenschonenden Lebensgestaltung ist der erste Schritt, die Auswirkungen der Reizflut möglichst gering zu halten. Da das aus verschiedenen Gründen nicht immer möglich und auch nicht immer sinnvoll ist, geht es im zweiten Schritt um eine wirkungsvolle Regeneration. Idealerweise hält ein innerer Jongleur die Bälle Herausforderung, Anspruch, Wachstum, Entspannung, Erholung und Ruhe in der Luft und sorgt dafür, dass man weder in Überlastung noch in Stagnation, weder in Überforderung noch in Schonhaltung verfällt.

DIE EIGENEN GEFÜHLE STEUERN

Idealerweise, eben. Manchmal kommt der innere Jongleur etwas aus dem Gleichgewicht und braucht Unterstützung. Dazu möchte ich näher auf das eingehen, was passiert, wenn die Reize die Wahrnehmungsschwelle überschritten haben und in den Gedanken kreisen.

| * Die HSP-Skala ist ein, in Analogie zur Richterskala (Erdbebenstärke), von mir so bezeichneter Maßstab für den Belastungsgrad durch innere und äussere Reize.

Wie im Kapitel 'Energie und Kapazität' dargestellt, gibt es nur eine begrenzte Anzahl 'Plätze' im Arbeitsgedächtnis. Das ist ein natürlicher Engpass, mit dem jeder Mensch umgehen muss. Die absolute Menge der aufgenommenen Reize ist demnach nicht allein ursächlich für das subjektive Gefühl der Überforderung. Das entsteht vor allem durch die innere Weiterverarbeitung. Je weitreichender die Analyse der Informationen geht (das Merkmal der Hochsensibilität schlechthin), desto mehr Kapazität wird gebunden. Neben der rein intellektuellen Verarbeitung von Stimuli werden emotionale Prozesse in Gang gesetzt. Man kann auch sagen, ohne ein Minimum an Emotionalität hätte das Gehirn gar keinen Grund, sich weiter mit dem Inhalt zu befassen. Eine gefühlsmäßige Aktivierung ist so gesehen die Voraussetzung für die weitere gedankliche Beschäftigung. In Folge der Wahrnehmung entstehen Reaktionsketten aus Gedanken und Gefühlen. Solange es sich um positive Verknüpfungen handelt (Duft einer frisch gemähten Wiese, Plätschern eines Baches), hat es durchaus angenehme Auswirkungen. Der gleiche Mechanismus setzt sich jedoch auch bei unangenehmen Reiz-Gefühl-Verbindungen in Gang und erhöht auf diese Weise den Erregungspegel.

Mit der geeigneten EINSTELLUNG, TECHNIK und stetiger ÜBUNG ist es möglich, auf diese Regelkreise Einfluss zu nehmen. Die schlechte Nachricht ist, die Kette von Reiz – Wahrnehmung – Gefühlsreaktion ist schwer zu ändern. Die gute Nachricht ist, es ist möglich!

Ausgenommen von der willentlichen Beeinflussung sind Reaktionen, die durch die erhöhte Sensitivität von HSP stärker ausfallen als bei anderen Menschen und auf rein körperlicher Ebene ablaufen. Dazu gehört die intensivere Reaktion auf Medikamente und Drogen verschiedener Art, wie zum Beispiel auch auf Alkohol, auf scharfe Gerüche (Salmiak) und Geschmacksempfindungen (Chili), um nur einige zu nennen.

Bevor ich näher auf die Entstehung von Gefühlen und die Möglichkeiten der 'Steuerung' eingehe, das Wichtigste:

DIE EINSTELLUNG

Auch hier ist die innere Haltung, mit der man sich der Aufgabe stellt, entscheidend für den Erfolg. Wer sich seinen Gefühlen ausgeliefert fühlt, sich selbst für bedauernswert hält und das Umfeld für sein Wohlergehen verantwortlich macht, wird den rechten Hebel nicht ansetzen können. Dann sitzt er wie ein Reisender in der Wüste vor dem streikenden Motor seines Jeeps und findet alles einfach nur furchtbar. Andererseits ist das tatkräftige Ansetzen von Schraubenschlüsseln und Zangen für einen Ungeübten auch kein Garant für den Erfolg. Selbst ein erfahrender Bastler wird des Öfteren in die Werkzeugkiste greifen müssen, wenn der Sand die Mechanik wieder einmal schachmatt gesetzt hat.

Ich schreibe das, weil ich vermeiden möchte, dass Sie den Schraubschlüssel wegwerfen, weil Sie die Methode, die ich hier beschreiben werde, nicht auf Anhieb immun macht gegen die Widrigkeiten der Alltagswüste. Ich kann Ihnen umgekehrt versprechen, dass Sie ganz schnell den Erfolg spüren werden, wenn Sie mit einfacheren Aufgaben beginnen. Niemand schraubt als Lehrling gleich einen ganzen Motor auseinander, auch hier beginnt, wer nicht frustriert vor einem Schraubenhaufen sitzen will, besser mit Luftfilter wechseln oder Zündkerzen tauschen.

DIE GENESIS DER GEFÜHLE

Erreicht eine bestimmte Information (ein Reiz, auf den man reagiert) die Verarbeitungszentrale, wird sie mit vorhandenen Gedächtnisinhalten in Beziehung gesetzt und unwillkürlich emotional 'markiert'. Diese Bewertung kann eine positive oder einen negative Polung haben und entsteht bereits, ohne dass man sich ihrer bewusst wird. Sie beruht auf vergangenen Erfahrungen und Einschätzungen und verleiht der Information oder Situation die Bedeutung, auf die man in der Folge gefühlsmäßig reagiert. Diese automatischen Bewertungen haben sich über die lange Zeit der bisherigen Lebenserfahrung gebildet und laufen selbständig ohne verstandesmäßige Begleitung ab. Das ist auch gut so, denn die Komplexität der Welt wäre gar nicht zu bewältigen, wenn das Gehirn nicht gewisse Kategorisierungen und Vereinfachungen vornehmen würde.

In der Folge entstehen bestimmte Emotionen, die man in sich aufkommen fühlt. Das heißt in kurzen Worten: Die (mittlerweile) automatisierten Gedanken produzieren entsprechende Gefühle. Das kehrt um, was man üblicherweise annimmt. Man ist gewohnt zu glauben, dass die *Situation* die Gefühle auslöst. Tatsächlich bestimmt man *selbst* durch die eigenen *Denkmuster* die Qualität der Gefühle, die man verspürt. Nicht eine Sache an sich ist gut oder schlecht, sondern das, was man daraus macht. Es ist die Bewertung, die man ihr anhängt, zumeist bevor man sich auf einer bewussten Ebene gedanklich damit auseinander gesetzt hat. Diese Vorstellung ist nicht unbedingt jedermann ausnahmslos sympathisch. Spontan ist es einfacher anzunehmen, andere hätten einen enttäuscht, wütend, ärgerlich, traurig gemacht, anstatt sich selbst als Ursache dafür zu sehen. Wäre es die Situation oder Information, die die Emotionen auslöst, müssten alle in der gleichen Lage dasselbe fühlen und das widerspricht jeder Alltagserfahrung. Man ist also selbst verantwortlich für seine Gefühle. Wichtig, hier geht es nicht um eine Schuldzuweisung, sondern um das Verstehen der Reaktionskette. Hat man verstanden, was Henne und was Ei ist, kann man in positiver Weise Einfluss nehmen.

In der weiteren Informationsverarbeitung werden mit dem Inhalt und der damit verbundenen Bewertung alle erdenklichen Erfahrungen mit diesem Reiz aus den Tiefen des Gedächtnisses gefischt. Dabei gibt es einige instinktive (in der Evolution erworbene) und eine überwältigend große Anzahl individuell gelernter Gedächtnisinhalte.

Kleinkinder haben beispielsweise noch einen wesentlich entspannteren Umgang mit Exkrementen, schleimigen Schnecken und ähnlichem Getier. Ein Zeichen dafür, dass die scheinbar selbstverständlichen Ablehnungsreaktionen 'gelernt' sind und somit auch wieder 'ver-lernt' werden können. Da ich mir nicht vorstellen kann, dass Proktologen oder Urologen ein ernsthaftes Problem mit Ausscheidungsprodukten haben, hat hier offenbar im Laufe der Zeit ein Um-Denken und Neu-Lernen stattgefunden.

Aus der Tiefe des Gedächtnisses steigen Erinnerungen, Befürchtungen, Assoziationen auf, die sich zu Gedankenketten aneinanderreihen, die von der Vergangenheit über die Gegenwart bis in die Zukunft reichen können. Ganze Geschichten erfüllen in Windeseile das Denken und lösen eine Flut von Gefühlen, Hoffnungen und Befürchtungen aus, die Herz und Hirn überschwemmen. Wem es gelingt, die eigenen Gedanken zu 'steuern', der erhält auch eine bessere Kontrolle über die Gefühle und damit über den Grad der Überlastung.

Das Verständnis der Reaktionskette (Information – Gedankenmuster – Gefühle) beinhaltet zwei bis drei große Chancen:

___Was man in bestimmter Weise gelernt hat, kann man (wieder) neu lernen.

___Die Richtung der Gefühle ist beeinflussbar über die Richtung der Gedanken.

___Über die Qualität der Gedanken beeinflusst man den Grad der Belastung, den Erlebnisse mit sich bringen.

Dieser Ansatz erfordert eine gewisse Konsequenz und auch Übung, ist aber genial einfach und lohnend. Es ist das Gegenteil von ' sich hineinsteigern', was bestimmt jeder kennt. Führen Sie sich alle erdenklichen zusätzlichen schrecklichen Dinge zu einem Ereignis vor Augen, und Sie schaffen es in kurzer Zeit miserable Laune zu bekommen. Im Umkehrschluss gilt: Wer genau das nicht macht, hat den Schlüssel in der Hand, negative Gefühle abzuschwächen.

BALKON

Ich sitze auf dem Balkon, unter mir ist die Tür ins Freie geöffnet, was ich nicht sehen, aber riechen kann. Es ist 10 Uhr morgens und intensiver Zwiebelgeruch zieht an meiner Nase vorbei. Ich kenne das schon, in unterschiedlichen Variationen. Knoblauch am Morgen, Kuchen am Abend, Waschmittelgeruch rund um die Uhr. Die Luft auf dem Balkon ist ein Geruchspotpourri, kaum, dass der Frühling beginnt. Ich brauche nicht zu erwähnen, dass ich mich aufgrund dieser und weiterer Erlebnisse auf diversen Kanälen 'gereizt' fühle, ein ideales Feld meines Selbstversuchs zur Gefühlssteuerung!

Der Zwiebelgeruch erreicht meine Nase und sofort beginnt mein inneres Fegefeuer zu lodern, begleitet von folgenden (im Nachhinein von mir protokollierten) Gedanken:

___Wie kann man nur schon morgens einen solchen Gestank verbreiten?
___Sollen sie sich doch an ihrem Schweinebraten den Magen verderben!
___Ich hasse es, ständig deren Mief ausgesetzt zu sein.
___Wie schön könnte es hier sein, wenn nicht ...

Das Ganze lässt sich noch lange so weiterführen, immerhin wohnen wir schon einige Zeit im selben Haus. Genauso ätzend, wie Ihnen mein Lamentieren beim Lesen vorgekommen sein muss, fühlt sich mein Inneres an. Eine Menge unguter Gefühle beeinträchtigt die Schönheit des Frühlingstages. Sie vermiesen mir *meinen* Tag, während die Nachbarin fröhlich im Kochtopf rührt.

An diesem Beispiel kann man erkennen, wie subjektiv und auch automatisiert die Gedanken ablaufen. Die ersten Duftmoleküle genügen und schon sinkt meine Laune in den Keller, ohne dass ich mich bewusst damit beschäftige. (Das Gedankenprotokoll habe ich erst nachträglich angefertigt, um mir darüber klar zu werden, was passiert ist.)

Es sind auch nicht Zwiebeln, die esse ich selbst gern. Auch nicht das Waschmittel, obwohl meines natürlich ganz anders und viel besser riecht ;-). Es ist die gesammelte Erfahrung der Vergangenheit, die alles so groß und bedeutungsvoll macht und die ungefragt aus dem See der Erinnerung steigt.

GEDANKENSTOPP

___Der Stau, in dem man steht
___Das Klackern der Fingernägel auf der Tastatur gegenüber
___Das Kreischen der Kinder im Hof
___Der Geruch von Schweiß in der U-Bahn
___Das Telefon, das ständig klingelt
___Der dauernörgelnde Patient aus Zimmer 8
___Der Beitrag im wöchentlichen Teammeeting

Alles Situationen, denen man sich mehr oder weniger hilflos ausgesetzt sieht und die einen idealen Nährboden für negative Gedanken-Gefühls-Ketten darstellen. Das geht anderen Menschen auch so, nur als HSP funktioniert das Ausblenden schlechter, die Aufmerksamkeit wird in viel höherem Maße davon dominiert und deshalb wird es viel schneller zum Problem. 'Hör halt weg' – wenn es so einfach wäre! Und was ist mit 'Riech nicht hin?' protestiert gehässig der kleine HSP-Teufel.

Es braucht eine bessere Lösung und die heißt 'Gedankenstopp'. Im Klartext bedeutet es, man wird sich der destruktiven Gedankenketten bewusst, wenn sie in Gang kommen, man beendet sie oder ersetzt sie durch konstruktivere Gedanken.

Vielleicht meinen Sie jetzt, das sei zu einfach. Einfach ist lediglich das Prinzip, die Praxis ist bedeutend anspruchsvoller. Es erfordert zum einen die konsequente Selbstbeobachtung in der Gegenwart (dazu kann man auch Achtsamkeit sagen), um zu bemerken, wenn die unheilbringende Gedankenkette angestoßen wird und zum anderen die konsequente Ablehnung, sie weiter zu verfolgen und dem destruktiven Strom nachzugeben.

Dieses Prinzip ist übrigens nicht zu verwechseln mit dem so bezeichneten 'positiven Denken', mit dem einem suggeriert wird, alles sei zu schaffen, alles sei gut und jedes Glas sei halbvoll, man müsse nur genau hinsehen.

PRAKTISCHE ANWENDUNG DER GEFÜHLSSTEUERUNG

Am besten beginnen Sie mit einer für Sie weniger schwierigen, weniger bedeutungsvollen Situation, die noch keine

Gelegenheit hatte, sich tief in Ihrem Erfahrungsspeicher einzugraben (z.B. die Bohrmaschine der Straßenarbeiter). Es ist einfacher mit einem einmaligen Ereignis als mit einer Begebenheit, die Sie schon häufig in unerwünschte Gefühlslagen katapultiert hat.

Finden Sie zunächst ein gutes Wort für sich, das Sie als Stoppsignal für Ihren inneren Dialog verwenden können. Es sollte neutrale bis positive Gefühle bei Ihnen auslösen und einen Signalcharakter haben: relax, cool it, das-Leben-ist-schön, ich-bin-stärker, entpann-dich, ruhig-Brauner oder auch einfach stopp!

Wenn Sie bemerken, dass ein Geräusch, Geruch, Gedanke, Reiz beginnt, Macht über Sie zu gewinnen, achten Sie auf Ihre Gedanken ('was soll das schon wieder, der nervt doch, wie kann man nur, ich krieg die Krise, ich kann nicht mehr, wo ist der Ausgang, ist das etwa ... warum gerade jetzt, warum mir, warum ich ...'), und unterbrechen Sie die Gedankenkette mit Ihrem Stoppsignal, indem Sie es sich innerlich vorsagen. Voraussichtlich geht der innere Monolog gleich wieder los – und stopp! Versagen Sie sich die Verführung, in Ihren negativen Gedanken und Gefühlen zu schwelgen, die Sie nur immer tiefer in den Strudel führen, indem Sie diese mit Ihrem Signalwort unterbrechen.

Zu diesem Zeitpunkt geht es ausschließlich darum, die Gedankenkette zu bemerken und möglichst konsequent zu beenden. Es geht nicht darum, etwas Positives daran zu finden ('Zwiebeln sind ja so gesund ...'). Das Ziel ist schlicht, *gar keinen* weiteren Gedanken mehr darauf zu ver(sch)wenden, keinen negativen und keinen positiven. Sie sollen sich auch nicht darüber ärgern, wenn Sie merken, dass es nicht gleich funktioniert. Lassen Sie alle Gedanken los, wie Papierschiffchen auf dem Wasser, die aus der geöffneten Hand den Fluss hinabtreiben.

Mit zunehmender Übung werden Sie immer früher bemerken, wann es 'los' geht und rechtzeitiger intervenieren können. Die Aufmerksamkeit wird wachsen, so dass Sie der Gedankensturm nicht mehr so leicht bzw. schnell mitreißen kann. Zunächst hängen sie vielleicht noch an dem einen oder anderen Schiffchen, doch irgendwann werden Sie nichts mehr festhalten, sondern ihnen nur noch nachschauen, wie sie im Blau verschwinden.

Den Zwiebeln erfolgreich entgegen getreten. Es folgt Paprika, meine Gedanken sind wieder im Renntempo unterwegs – heute kein Knoblauch? Wie lange kann man denn an so was kochen? Und wie kann ein Waschmittel gleichzeitig so penetrant riechen? Oder ist es gar kein Waschmittel? Stopp!

Jedes Mal, wenn es gelingt, die Gedanken zu unterbrechen und loszulassen, beruhigt sich das Nervensystem wieder und es bleibt lediglich ein Hintergrundrauschen, das zwar noch da ist, aber die Macht verloren hat. Das ist die Belohnung für die Arbeit an der Gedankensteuerung und ein gutes Gefühl. Man gewinnt die Kontrolle über die Situation zurück, man sitzt selbst am Steuer auf der Fahrt durch die Alltagswüste und überlässt es nicht anderen, darüber zu bestimmen, wann man die Piste verlässt.
Wenn Sie lernen, Ihre selbst-destruktiven Gedankenketten zu erkennen und zu beenden, hilft das nicht nur in der einen Situation, sondern auch in vergleichbaren. Das Muster ist immer dasselbe und die Lösung auch.

VERÄNDERUNG DER DENKMUSTER

Es gibt Situationen, in denen es nicht reicht, einfach aufzuhören, störenden Vorstellungen nachzuhängen und damit die emotionalen Auswirkungen zu beschränken. Hier ist erforderlich, in neuen, nicht gewohnten und eingefahrenen Mustern denken zu lernen, um handlungsfähig zu werden, wo heute innere Blockaden aufgebaut sind.

Ein Beispiel oben war: Angst haben, sich in einer Teambesprechung oder einer anderen Gruppe zu äußern. Hier spielen innere 'Störfelder' eine bedeutende Rolle, die sich bereits zu früherer Zeit eingegraben haben und heute zu Gedankenketten führen, die nicht hilfreich sind. Auch sie sind durch Lernerfahrungen entstanden, die prinzipiell durch neue erweitert bzw. ersetzt werden können.

Erkennen kann man sie beispielsweise an inneren Selbstgesprächen, die wiederholt in Form von 'das kann wieder nur mir passieren, bestimmt störe ich, wenn ... mir hört eh keiner zu, wenn ich ... andere können das sicher besser ... ich hoffe keiner hält mich für egoistisch, wenn ...' auftauchen.

Diese Denkmuster werden schon in Kindertagen erworben und haben eine durchschlagende Wirkung bis ins Erwachsenenalter. Als innere Regisseure 'gebieten' sie beispielsweise, es anderen stets Recht zu machen oder sich selbst und die eigenen Bedürfnisse nicht wichtig zu nehmen. Kein Wunder, dass schon die Vorstellung, sich in einer Diskussion in den Mittelpunkt zu stellen, Gänsehaut auslöst. Weil diese Botschaften über sehr lange Zeit immer wieder verstärkt und bestätigt wurden, sind sie tief im Inneren verankert und können durch einen vernünftigen Beschluss des Verstandes, nicht ohne weiteres ausgeschaltet werden. Dazu sind neue Lernerfahrungen notwendig, die das 'Gefühlsgedächtnis' erreichen und dort abgespeichert werden.

Um wirklich nachhaltig an den persönlichen sogenannten 'Antreibern' zu arbeiten, braucht es mehr als einen guten Tipp. Das Thema ist zu umfangreich, um es in diesem Buch in der gebotenen Tiefe behandeln zu können, deshalb kann ich hier nur erste Empfehlungen geben, zu finden am Ende des nächsten Kapitels 'Dolce far niente'. Dort sind auch Schritte beschrieben, wie man seinen inneren Quertreibern auf die Spur kommt und wie man sie beeinflussen kann.

ÜBEN ÜBEN

Um den Gedanken vom Anfang wieder aufzugreifen ... es gibt Dinge in unserem Inneren, die nicht zu ändern sind, auf sie sollten wir keine weitere Energie verwenden. Andere dagegen sehr wohl, sie brauchen neben der richtigen 'Technik' oder Herangehensweise, wie vieles im Leben, Übung und Geduld. Ebenso gibt es unabänderliche Dinge im Außen, mit denen man lernen kann und muss, sich zu arrangieren, statt sich über deren Existenz immer wieder aufs Neue zu echauffieren. Auch das kostet jedes Mal neue Kraft.

Ich halte es für eine unerschöpfliche Quelle der Zufriedenheit, nicht mehr Sklave der eigenen sich verselbständigenden Gedanken zu sein, die einen von einer Gefühlswelle auf die nächste werfen. Einer der größten Stressoren ist Hilflosigkeit, und genau die lässt sich durch ein verbessertes Bewusstsein für die inneren Abläufe und deren aktive Beeinflussung auf ein viel geringeres Maß reduzieren. Wellenreiten!

[FILMTIPP | Gefährliche Brandung . Ein Action-Film, der wenig Hochsensibles zu bieten hat, dafür Patrick Swayze als coolen Surfer auf der Suche nach *der* Welle und Keanu Reeves als seinen Widersacher . **]**

DOLCE FAR NIENTE . DAS SÜSSE NICHTSTUN

WARUM RUHE GEBEN MANCHMAL UNRUHIG MACHT

In allen Ratgebern zum Abbau von Stress und zur Prävention von Burn-out wird empfohlen, mehr Ruhe zu geben. Einfach mal nichts tun. Nur das mit dem 'einfach' ist für viele nicht so einfach.

Auch in den Ratgebern für hochsensible Menschen ist immer wieder davon die Rede, dass man Pausen machen und abschalten soll. Wenn Sie zu den Menschen gehören, denen das leicht fällt, dann ist dieses Kapitel nicht für Sie gedacht. Wenn Sie zu denen gehören, die das gerne *könnten*, innerlich aber mitunter von einem Hummelschwarm oder kleinen Teufelchen geplagt werden, sollten Sie weiterlesen.

Warum ist es manchmal so schwer, einfach zu *sein* und sich dabei gut zu fühlen?

Irgendwie geht es schon, ab aufs Sofa, in den Relax-Sessel, Beine hoch legen ... wenn dann nur nicht das Kopfkino zu laufen anfinge und eine innere Stimme konstant vor sich hin leiern würde, was man alles noch nicht gemacht hat, was unbedingt noch zu tun wäre, was man keinesfalls vergessen darf. Ständig dringt ein 'Eigentlich-sollte-ich' an das innere Ohr, das sein Nicht-einverstanden-Sein mit dem augenblicklichen Nichtstun signalisiert.

Ich lausche dieser Stimme, was will sie nur von mir? Es interessiert keinen Mensch, wie ich den Tag verbringe, wie ich irgendeinen Tag verbringe. Ich bin mein eigener Herr, und doch flüstert mir jemand Dinge ins Ohr, die mir klar machen sollen, dass ich mich außerhalb der legitimen Zone bewege.

Wer hat etwas davon, wenn ich einer Regel folge, die keiner für mich aufgestellt hat und von der ich dennoch denke, sie hätte für mich Gültigkeit? Nicht einmal ich, insbesondere nicht ich, denke ungut über Menschen, die sich einen schönen, entspannten Tag machen. Ganz im Gegenteil! Ich kenne auch keinen, der es mir nicht gönnen würde, zumindest niemand, der mir wichtig ist. Warum meine ich, mindestens so aktiv sein zu müssen wie mein Umfeld, damit ich im Reinen mit mir sein kann?

INNERE ANTREIBER

In der Transaktionsanalyse (einer Theorie der menschlichen Persönlichkeit und einem daraus abgeleiteten psychotherapeutischen Verfahren, das auf Eric Berne zurückgeht) kennt man das Konzept der inneren Antreiber. Das sind Handlungsmuster, die im Kindesalter 'gelernt' werden und noch im Erwachsenenalter das Denken, Fühlen und Verhalten steuern, selbst wenn man sich darüber nicht bewusst ist. Man kann sie sich vorstellen wie eine Art Autopilot, der ungefragt das Steuer übernimmt. Beispiele für Antreiber sind: sei perfekt, streng dich an, beeil dich – klingelt's? Solche Aufträge lassen sich mit dem süßen Nichtstun nur schwer vereinbaren!

Verkürzt gesagt werden elterliche (oder auch im gesellschaftlichen Umfeld oder Kulturkreis geltende) Normen und Werte als Handlungsmaxime internalisiert. In Form von 'nun mach doch mal, warum brauchst du denn so lang', 'pass doch auf', 'wenn du dir mehr Mühe gegeben hättest', 'was man anfängt, muss man auch fertig machen', 'streng dich an', erreichten die Botschaften bereits die Kinderohren. Als Kind ist man in hohem Maße abhängig von der Gunst und Zuwendung der Eltern, insofern entwickelt man ein feines Gespür für erwünschtes Verhalten. Die Transaktionsanalyse geht davon aus, dass wir Grundannahmen treffen, wie wir uns der Zuwendung durch die Eltern versichern können. Hat man sich 'regelgerecht' verhalten, wird dies mit positiver Aufmerksamkeit belohnt: 'Brav, schau, das hat sie toll gemacht, so ein fleißiges Mädchen ...' Aus diesen Erwartungen können sich unbewusst Muster bilden, die auch dann noch wirken, wenn man längst den Kinderschuhen entwachsen ist und die Eltern ihren Erziehungsauftrag nicht mehr verfolgen. Das hängt von den Umständen und der Intensität ab, mit der man solchen Botschaften und den Folgen ausgesetzt war.

Den Antreibern liegen Grundannahmen über sich selbst und das eigene Verhältnis zur Welt zugrunde, die als eine Art 'Drehbuch' aus verbalen und nonverbalen Botschaften der Eltern und/oder sonstiger Bezugspersonen übernommen werden. Die Antreiber sind wie Gebote, die zeigen, wie man sich 'regie-konform' verhält. Als Denkmuster geben sie Bahnen vor, in denen sich die eigenen Einschätzungen über richtig und falsch bewegen, und üben einen gewissen Druck aus. Das Nicht-Befolgen führt zu unguten Gefühlsreaktionen.

Manches hätte man nicht erreicht, wenn man diese Richtungsweiser nicht gehabt hätte. Sie sind nichts grundsätzlich Falsches, das es zu bekämpfen gilt. Doch wenn sie etwas Zwanghaftes bekommen, man ihnen mechanisch folgt, auch wenn es gar nicht zur Situation passt, wirken sie handlungseinschränkend und machen unfrei. Sie verhindern zum Beispiel, dass man sich mit gutem Gewissen der Entspannung hingibt.

HSP scheinen mir insbesondere prädestiniert für

___Sei perfekt
___Streng dich an
___Mach es allen Recht

Die Verankerung dieser Soll-Botschaften liegt ganz tief, so tief, dass man nicht einfach mit dem Verstand darüber trumpfen kann. Das Gefühlsgedächtnis ist auch hier schneller als die Ratio. Man fühlt sich bereits unwohl, wenn man gegen die Gebote verstößt, bevor das Hirn seinen Senf dazu gegeben hat.

DER UMGANG MIT INNEREN ANTREIBERN

Da liegt das Problem:

___Wir kennen unsere Antreiber (zunächst) nicht.

___Sie wirken weiterhin, obwohl die Situation und unser Entwicklungsstand nicht mehr dem eines Kindes entspricht.

___Sie entziehen sich (zunächst) der willkürlichen Steuerung.

Im Umkehrschluss liegt hier auch die Lösung:

___Wir lernen unsere Antreiber kennen.

___Wir prüfen rational, ob sie in der vorliegenden Situation oder überhaupt noch für uns hilfreich sind.

___Wir schaffen neue Erfahrungen, geben uns die Erlaubnis, bewusst anders zu handeln und setzen uns mit dem (neuen) Ergebnis auseinander.

Mit Hilfe eines begleitenden Coaches oder Therapeuten kann man seine wirksamen Antreiber erkennen. Es gibt auch einfache Fragebogen, die als Ergebnis eine Idee über die eigenen Antreiber liefern. Sie sind zum Beispiel im Internet zu finden, wenn man als Suchworte 'Antreiber Fragebogen' eingibt. Schon diese Erkenntnis kann ein erstes Aha-Erlebnis bewirken.

Vermutlich stellt man schnell fest, dass es Bereiche gibt, in denen diese Haltungen weiterhin hilfreich sind. Es wird aber auch genügend Beispiele geben, wo ein starres Festhalten an den Überzeugungen unflexibel und rigide macht. Um zu einem reifen, 'erwachsenen' Umgang zu finden, ist es wichtig, sich aus ihrem Diktat zu befreien. Was bleibt, ist die freie Entscheidung, dem Gebot zu folgen oder nicht.

Der dritte und wichtigste Punkt ist, sich anders als bisher zu verhalten, was sich leider leichter anhört als es ist. Wie bereits erwähnt, hat man sich das Programm, das man unbewusst verfolgt, bereits unabsichtlich in den Kindertagen angeeignet. Mit dem bloßen Beschluss, jetzt alles in anderer Weise zu machen, ist es nicht getan. Bevor man noch darüber nachdenken kann, schlägt das Gefühl Alarm und meldet sich mit unguten Körperreaktionen, destruktiven Gedanken und sonstigen Anzeichen. Das Gefühlsgedächtnis lernt, wie bereits ausgeführt, nur über reale Erfahrungen und nicht über kluge Ratschläge oder gute Vorsätze des Verstandes. Erst wenn es wiederholt gelingt, gegen die innere Stimme (den Antreiber) zu *handeln*, kann man neue Erlebnisse schaffen, die ein Umlernen ermöglichen. Man darf und muss sich selbst die Erlaubnis geben, dagegen zu verstoßen. Man lernt, dass man trotzdem gemocht wird, auch wenn man mal Fünfe grad sein lässt, mitten im Arbeiten eine Pause macht, etwas mit Leichtigkeit statt mit Verbissenheit angeht oder im Mittelfeld landet, statt vorne zu sein. Auf Dauer schwächt das die Wirkung der inneren Antreiber und die unguten Begleitgefühle. Es braucht aber so manche Wiederholung und dauert seine Zeit.

Aufmerksame innere Selbstgespräche begleiten ein erfolgreiches Umlernen. Die passenden Erlaubnisse zu den oben genannten Antreibern sind z.B. zu

SEI PERFEKT

'Ich bin gut genug, so wie ich bin.'
'Ich darf auch Fehler machen und aus ihnen lernen.'
'Ich werde um meiner selbst willen geschätzt und geliebt, nicht nur für meine Leistungen.'

STRENG DICH AN

'Ich darf mir Zeit für mich und meine Gedanken nehmen.'
'Ich darf Pausen machen.'
'Ich darf mir Zeit nehmen, um neue Energie zu tanken.'
'Arbeit darf Spaß machen und leicht von der Hand gehen.'
'Ich darf mich auch mal entspannen, Erfolge sehen und genießen.'

MACH ES ALLEN RECHT

'Ich darf meine eigenen Bedürfnisse ernst nehmen.'
'Ich muss nicht zu jedem und immer freundlich und nett sein.'
'Ich darf etwas für mich fordern.'
'Ich darf etwas ablehnen.'

Diverse einschlägige Ratgeber und Seiten im Internet vermitteln den Eindruck, man müsse seine inneren Gebote nur kennen und schon ändere sich alles zum Guten. Dazu kann ich nur sagen – schön wär's! Es ist der erste Schritt. Doch

wer bereit ist, Zeit und Energie in seine persönliche Weiterentwicklung zu investieren, kann viel für sich erreichen.

Haben Sie schon mal versucht, einen versehentlich entstandenen Knick aus einem Papier zu bekommen? Wenn man immer wieder darüber streicht, dagegen knickt oder sonstige Geheimtipps anwendet, wird es besser. Es braucht Zeit und Anstrengung und doch wird man diesen Knick noch sehen. Das ist nicht schlimm, aber eben auch nicht vermeidbar. So verhält es sich meiner Erfahrung nach im Umgang mit den Antreibern.

Dem Verstand wird schnell oder ist bereits klar, dass die Nicht-Befolgung der Gebote heute keine existenziell bedrohlichen Nachteile mehr bringt. Trotzdem ist der Schritt 'dagegen' zu handeln, oft schwer. Da Antreiber über Autoritätspersonen entstanden sind, können sie am besten mit Hilfe von selbst gewählten 'Fachautoritäten' bearbeitet werden. Deshalb hilft eine zusätzliche Bestärkung und Unterstützung von außen auf dieser 'befreienden Reise'.

Mit Unterstützung eines Coaches, kann man daran arbeiten, dauerhaft zu konstruktiveren Einstellungen zu kommen, um den persönlichen inneren Störenfried mundtot zu machen bzw. ihm einen konstruktiveren Text zu soufflieren. Idealerweise sollte sich der Beratende mit Skripten und Antreibern, d.h. im Fachjargon, mit Transaktionsanalyse auskennen.

Wer sich dem Thema eher mit einem Buch nähern möchte, findet Anregungen für die Suche nach den eigenen Denkblockaden im leicht verständlichen Praxisbuch von Ulrich und Renate Dehner.

[BUCHTIPP | Steh dir nicht im Weg! Mentale Denkblockaden überwinden . Ulrich und Renate Dehner . Campus Verlag 2006 **]**

Ein sehr vielversprechender Ansatz, aber bisher in der Praxis noch wenig verbreiteter Ansatz, der auf die Forschungen von Prof. Dr. Angelika C. Wagner an der Universität in Hamburg zurückgeht, beginnt sich gerade zu etablieren:

Mit Hilfe der sogenannten INTROVISION kann der innere Alarm, der gefühlsmäßig ausgelöst wird, wenn man in subjektiv 'bedrohliche' Situationen kommt, endgültig gelöscht werden. Dieser Ansatz ist wirkungsvoll, von Dauer und schnell. Dabei begleitet Sie ein Introvisions-Coach, der gemeinsam mit Ihnen Ihre inneren 'Alarmknöpfe' aufspürt und bearbeitet. Im Unterschied zu anderen Herangehensweisen, die über Ursachenanalysen und Umlernprozesse Einfluss nehmen, nimmt die Introvision den direkten Weg. Man könnte sagen, dass man, statt sich mit der Funktionsweise einer defekten Alarmanlage zu beschäftigen, dieselbe einfach abschaltet. Sie geht direkt an die Auslöser unguter Gefühle, Gedanken und Körperreaktionen heran, und ermöglicht einem, wieder rational nachzudenken, statt seinen inneren Konflikten ausgeliefert zu sein.

[COACHINGTIPP | Bei der Suche nach einem zertifizierten Introvisions-Coach in Ihrer Nähe helfe ich Ihnen gerne weiter. **]**

Also, ein Streng-dich-an-Antreiber. Diagnostik ist prima, aber was ist jetzt die Methode, um das abzustellen? Ich glaube, ich muss einen ernsthaften Dialog mit meinem inneren Peitschenschwinger führen und ihm klar machen, dass die Sklaverei in Deutschland schon länger abgeschafft ist. Dass ich in meinem Leben schon genug Steine geschleppt habe und es nicht notwendig ist, andere damit zu beeindrucken, indem ich immer so weiter mache. Mein Soll ist erfüllt. Ich darf frei haben, auch wenn andere arbeiten. Ich merke, wie schwer es mir schon fällt, diesen einen Satz zu schreiben. Genau darum geht es also, wir sind am Kern angekommen, voilà! Ich darf mich ruhig hinsetzen, wenn andere umherrennen, jawohl! Arbeite ich nicht, verdiene ich kein Geld. Räume ich nicht auf, lebe ich in Unordnung. Ich bin ein freier Mensch und entscheide, wann Zeit ist für das eine und wann für das andere. Während des Arbeitens denke ich auch nicht ständig an meinen Liegestuhl, warum sollte ich im Liegestuhl dauernd an die Arbeit denken? Schweig einfach, du Tyrann, niemand außer dir hat etwas davon, wenn du mich ärgerst. Niemand sonst will, was du willst. Ich habe jetzt frei und das ist gut so.

ALLEINSEIN

WIE MAN DIE ZEIT MIT SICH SELBST WERTVOLL GESTALTET

Jeder Mensch [...] sollte einmal im Jahr, einmal in der Woche, einmal am Tag allein sein. [...] Was [aber] die Suche nach dem Alleinsein angeht, so leiden wir an einer abträglichen Atmosphäre, die so unsichtbar, so allgegenwärtig und so zermürbend ist wie die feuchte Hitze eines August-Nachmittages.
Die Welt von heute versteht weder das Bedürfnis der Frau, noch des Mannes, allein zu sein. Wie unerklärlich uns das erscheint! Jede andere Entschuldigung wird eher angenommen. Die Zeit, die wir uns für eine geschäftliche Verabredung, für den Friseur, für eine Einladung oder für Einkäufe nehmen, wird respektiert. Sagt man aber: ich kann nicht kommen, denn das ist die Stunde, die ich ganz für mich allein reserviert habe, dann gilt man als ungezogen, egoistisch oder als Sonderling.
Was wirft es für ein Licht auf unsere Zivilisation, wenn das Bedürfnis nach Einsamkeit verdächtig erscheint; wenn man sich dafür entschuldigt, wenn man es verbergen muss wie ein geheimes Laster!

MUSCHELN IN MEINER HAND | A.M. Lindbergh

Zeiten des Seins, nicht des Tuns, in der Stille, ohne zusätzliche Anregung, einfach so, sind wundervoll zum Auftanken und zum Aus-Atmen. Die Gedanken fließen lassen, ohne einem davon hinterher zu rennen. Es geht um Stille und Reiz-Losigkeit oder Reiz-Armut, von der keine Musik, kein Buch, keine Nebenbeschäftigung ablenken.

Nichts-Wollen, nur Sein. Wenn man seinen Gedanken in diesen Momenten die Möglichkeit gibt, sich zu sortieren, können Informationen, die man im Laufe des Tages aufgesammelt hat, im Gehirn bearbeitet und verarbeitet werden, ohne durch neuen Input unterbrochen zu werden. Wenn man Ruhe gibt, sich Ruhe nimmt, sortiert sich alles an seinen Platz und die Speicher werden wieder aufnahmebereit für Neues.

Ruhe geben kann heißen, dass man einfach aus dem Fenster sieht, in die Weite schaut, in eine Kerze sieht, sich auf eine Parkbank setzt, sich für ein paar Minuten auf dem Badewannenrand niederlässt, auf dem Sofa ausstreckt, ...

Auch fünf Minuten sind schon wertvoll, es muss nicht immer gleich die volle Stunde sein. Einige Minuten als Erholungspause für das Nervensystem sollten immer möglich sein, auch für Menschen, die einen sehr vollen Tag haben. Provokativ gesagt, würde sich auch keiner einreden, er könne nicht zur Toilette gehen, weil er so viel zu tun hat. Demnach ist es eine Frage der Wichtigkeit, die man diesen stillen Minuten einräumt. Einen Ort der Ruhe aufsuchen, das kann manchmal auch das Bad sein, wenn ringsum der Punk abgeht. Nicht umsonst kennt man den Begriff des 'Stillen Örtchens'. Was wichtig ist, bekommt Zeit, ein kleineres oder größeres Stück aus dem 24-Stunden-Kuchen des Tages.

Solche Inseln der Ruhe und des Schweigens entstehen nicht von allein. Sich Zeit für etwas nehmen, bedeutet immer, etwas anderes nicht zu tun. Insofern ist es eine aktive Entscheidung, sich Zeit für sich und die Stille zu nehmen. Wer das als Quelle der Kraft für sich erfahren möchte oder schon erfahren hat, wird Verabredungen mit sich treffen. Ganz richtig, mit Date im Kalender, wenn es sein muss. Wie sonst sollen sich diese stillen Momente gegen die Konkurrenz von geschäftlichen Terminen, familiären Verpflichtungen und Freizeitaktivitäten durchsetzen können?

Meine Empfehlung: Planen Sie insbesondere für längere Ruhepausen einen Serientermin ein, immer um x Uhr immer am y.Tag, dann müssen Sie nicht jedes Mal aufs Neue abwägen, ob es gerade passt oder welcher Tätigkeit Sie ansonsten bevorzugt Ihre Zeit schenken. Beim Zähneputzen denkt auch keiner nach, ob es besser wäre, jetzt doch was anderes zu tun. Es hat (hoffentlich) einen festen Platz und muss ihn sich nicht täglich neu erkämpfen.

Möglicherweise sind diese Momente der Stille und des Alleinseins nicht für jeden gut erträglich. Für den einen, weil der Haustyrann im eigenen Gehirn die Peitsche schwingt (siehe Kapitel 'Dolce far niente'), für den nächsten, weil die äußere Stille die inneren Stimmen besser hörbar macht, die etwas sagen, was man gar nicht wissen will. In der Stille ist man näher bei seiner Seele, zumindest wenn man glaubt, dass man eine hat. Was findet man vor in der Innenschau? Wer in Kontakt mit sich und auch mit seinen Schattenseiten ist, kann Licht ins Dunkel bringen. Hat man den Fleck im weißen T-Shirt entdeckt, kann man sich dran machen, ihn zu entfernen. Befindet er sich dort, wo man nicht hinsieht, bleibt er – womöglich für alle anderen gut erkennbar– dauerhaft erhalten.

Es ist ein Nebeneffekt der Ruhe, dass man im stillen Wasser tiefer blicken kann. In erster Linie soll diese Zeit mit sich allerdings dafür da sein, die Energievorräte wieder aufzufüllen, nicht um zu grübeln.

Allein sein, einmal im Jahr, einmal im Monat, einmal in der Woche, einmal am Tag ist ein schönes Ziel. Man drückt die Pause-Taste und schaltet den Reizstrom von außen ab für eine selbstbestimmte Zeit in der Oase der Stille.

PRIVATO

SCHREIBEN

WIE STIFT UND PAPIER EIN BERUHIGUNGSMITTEL ERSETZEN KÖNNEN

Schreiben kommt für manche in der Hierarchie der unangenehmen Empfehlungen, die sie freiwillig nie umsetzen würde, gleich nach 'Bilder malen' und 'Teilnahme an Gesprächskreisen'. Meiner Erfahrung nach ergreift der Durchschnitts-Seminarteilnehmer zumindest innerlich die Flucht, wenn es darum geht, etwas aus seinem unbeobachteten Innenleben in Form von niedergeschriebenen Sätzen oder gar Bildern ans Licht zu bringen. Noch dazu mit Mitteln, deren Gebrauch er seit Kindertagen nicht mehr aktiv geübt hat. Ich kann nicht malen, was soll ich denn schreiben?
Möglicherweise sind HSP dem gegenüber aufgeschlossener, deshalb wage ich es, in diesem Kapitel über die positive Wirkung des Schreibens zu schreiben.

Ein Charakteristikum der Hochsensibilität ist die gründliche gedankliche Beschäftigung mit Themen und - je nach Inhalt - die gefühlsintensive Begleitmusik. Insbesondere die Nachbereitung von Erlebnissen löst viele Gedankenprozesse aus, die Bewertungen, Assoziationen und inhaltliche Verarbeitung zum Gegenstand haben. Auch im Vorfeld von persönlich bedeutsamen Ereignissen steigert sich die gedankliche Aktivität und damit verbundene Emotionen.

Speziell unangenehme Gedanken neigen dazu, auch ungebeten immer wieder zu kommen und kreisen in Schleifen, ohne dass man sie richtig zu fassen bekommt. Sie verfolgen ihre Bahn oft im Hintergrund und fressen Kapazität, die für die aktuelle Tätigkeit nicht mehr zur Verfügung steht. Wenn sie in Ruhephasen aktiv sind, verhindern sie die Entspannung, weil sie stets für ein gewisses Erregungsniveau sorgen.

Gedanken zu kontrollieren ist ausgesprochen schwierig. Eine Variante, damit umzugehen, habe ich im Kapitel 'Gedanken und Gefühle' mit dem Gedankenstopp vorgestellt. Manche lassen sich schwer bremsen, andere möchte man auch durchaus weiterdenken, um in einer Sache voran zu kommen oder sie abschließen zu können. Dazu wäre es hilfreich, sie möglichst geordnet zur Verfügung zu haben. Doch wer seine Gedanken beobachtet, weiß, dass sie sich der Ordnung gerne entziehen. Sie hüpfen munter von hier nach da, bekommt man einen zu fassen, löst er schon den nächsten aus, der womöglich aus einer ganz anderen Ecke auftaucht. Die Geschwindigkeit, mit der sie aufeinander folgen, ist abenteuerlich schnell.

Wäre es nicht schön, wenn man ein Mittel hätte, die Gedanken zu bändigen, ohne sie komplett in ihrer Bewegungsfreiheit zu behindern? So ließen sie sich besser unter Beobachtung halten, auch wenn sie weiterhin ihr Eigenleben führen dürften, gewissermaßen an der langen Leine.

EINFANGEN

Ein solches Mittel ist das Schreiben. Da die Geschwindigkeit, mit der man Stift oder Tastatur bedienen kann, natürlicherweise begrenzt ist, ist man gezwungen zu entschleunigen und sich im Denken an die Geschwindigkeit des Schreibprozesses anzupassen. Zudem braucht das Gehirn auch für die manuelle Tätigkeit selbst Konzentration. Deshalb können beim Aufschreiben nicht alle Gedanken ganz und gar wild durcheinander gehen, sondern werden durch eine Art Schleuse geschickt, in der sie sich zwangsläufig verlangsamen und auch ordnen. Es passt immer nur einer nach dem anderen hindurch, was sie zwingt, sich auszurichten. Natürlich ist das nur ein symbolisches Bild und kein realer hirnphysiologischer Prozess.

Wenn man beginnt aufzuschreiben, was einem im Kopf umherschwirrt, dann erlebt man, dass allmählich eine Art von geschäftiger Stille einkehrt. So als wüssten die Gedanken, dass sie alle dran kommen, wenn sie sich nur in Reihe aufstellen und auf ihren Einsatz warten. Mit der Zeit werden einem, je nach Thema, die Dinge klarer oder das Herz leichter. Die Gedanken, die vorher nur in wilden Wirbeln im Kreis rennen konnten, haben jetzt eine Richtung gefunden, ein Ventil, eine Adresse, wie auch immer die persönliche Assoziation dazu sein mag.

Während man noch schreibt, schaut man sich gleichsam selbst dabei zu und gewinnt dadurch einen hilfreichen Abstand, der einem aus einer Art Beobachterperspektive erlaubt, das Gedachte bzw. Geschriebene zu verfolgen und wenn notwendig zu bewerten. Dadurch erscheint manches bereits in einem neuen Licht oder kommt überhaupt erst aus dem Schattenreich ins Helle.

BERUHIGEN

Ich bin überzeugt davon, dass der Kanal, den man schafft, und die manuelle Tätigkeit des Schreibens selbst gemeinsam zu einer Beruhigung des Nervensystems und einem Abbau der stressauslösenden Hormone beitragen. Teilweise schon dadurch, dass man aktiv ist. Zugleich ist man gezwungen, die diffusen Gedanken in Worte zu fassen, sie dabei zu drehen und zu wenden und damit ihrem Kern ein Stückchen näher zu kommen. Selbst wenn sich beispielsweise belastende Dinge nicht sofort lösen, fühlt es sich besser an, wenn man sie loswerden kann. Ein leeres Buch ist ein sehr geduldiger Zuhörer, der immer verfügbar ist und bereitwillig alles aufnimmt. Als Bewahrer von Informationen kann das Buch auch jederzeit wieder zur Hand genommen werden, um die flüchtigen Gedanken wieder an den Schreiber (und Leser) zurückzugeben, der sie sonst womöglich in der Zwischenzeit verloren oder durch neue Informationen überdeckt hätte.

Als Ad-hoc-Maßnahme ersetzt das Schreiben ein Beruhigungsmittel, mittelfristig ist es eine Denkhilfe, da durch das Aufschreiben der Arbeitsspeicher entlastet wird und widersprüchliche oder komplexe Inhalte gedanklich besser sortiert werden können. Langfristig lernt man etwas über sich selbst, wenn man irgendwann das Geschriebene wieder zur Hand nimmt und die Worte als Zeitzeugen berichten, was man später so nicht mehr oder nicht in der Intensität oder nicht mit der Bedeutung sehen würde.

LOSLASSEN

Entscheidend für die positive Wirkung des Schreibens ist, dass man alle Kontrolle außen vor lässt. Das meint, dass Höflichkeit, gute Manieren und sonstige gesellschaftliche Konventionen im Dialog mit sich und seinem Buch außer Kraft gesetzt sind. So wie man die Dinge akut fühlt, kann man sie niederschreiben, ohne sich Gedanken über ihre Wirkung oder diplomatische Formulierungen und Anpassungen an ein Gegenüber zu machen. Wer nur schreibt, was auch andere jederzeit lesen könnten oder was ein positives Licht auf einen selbst wirft, der braucht eigentlich gar nicht zu schreiben, es sei denn, sein Innerstes ist stets frei von Groll und Selbstzweifeln, kennt keinen Ärger und keine Selbstanklagen. Wer seinen wenig schmeichelhaften Gedanken einen inneren Zensor vor die Nase setzt und sich nicht dem freien Fluss der Worte überlässt, beraubt sich der befreienden Wirkung, die damit verbunden ist und wichtiger Erkenntnisse über sich selbst.

Beim spontanen Schreiben werden Erlebnisse festgehalten, es können auch verborgene Wünsche und Ängste sein, auch 'böse' Gedanken, für die man sich am liebsten vor sich selbst verstecken würde. Was hier herrscht ist das pure Gefühl und nicht die Vernunft, die im menschlichen Miteinander ein absolut wichtiger Vermittler zwischen Emotionen und der Realität ist. Es ist gut, einen Ort zu haben, an dem man über seinen Chef, seine Mutter, seine Kinder, den Schwarm seines Lebens, den Beruf, die Zukunftsträume, seine Traurigkeit, seine Hoffnungen und Befürchtungen, seine Ängste, Wünsche und Sehnsüchte ausdrücken darf, was man momentan fühlt, auch wenn es nicht nett, nicht realistisch, nicht erreichbar oder in den Augen anderer anmaßend oder überheblich sein mag. Die Betonung liegt dabei auf 'momentan'. Bei längerem Nachdenken und manchmal auch Schreiben, kann man durchaus zu anderen Bewertungen kommen, genau zu dieser Klärung und Sortierung trägt das Schreiben selbst ja bei.

SPONTAN

Entscheidend ist weiterhin, dass es sich um ein persönliches Buch (bzw. eine geschützte Datei im Computer) handelt, dem man seine unzensierten Gefühle und Gedanken anvertraut. Niemand liest es, keiner kann verletzt werden, spontane Gefühle, wie sie der Augenblick produziert, dürfen einfach so in die Feder fließen und seien sie auch noch so leidenschaftlich. Es kann eine gute Übung und gleichzeitig sehr erleichternd sein, einmal nicht 'einfühlsam und umsichtig', sondern einfach nur im Moment und bei sich selbst zu sein. Wer die Sorge haben muss, dass andere darin lesen, beraubt sich der Freiheit seiner Gedanken und Gefühle.

Ist man erst alles los geworden, was einen freut, beschäftigt, ärgert, was sich nicht lösen lässt, was an Fragen im Laufe des Tages aufgeworfen wurde, ist dies vergleichbar mit der Wirkung, die man erzielt, wenn man alles einem guten Freund erzählen konnte. Auch hier erlebt man das Erzählen an sich schon als Erleichterung, auch ohne gute Ratschläge. Dieser Freund, das Schreiben, ist immer verfügbar, 5 Worte, 5 Sätze oder 5 Seiten lang. Er klagt nicht an, er fordert kein Verständnis, er hört einfach zu. Das Herz wird leichter, wenn die Buchstaben das Papier füllen oder die Tastatur bewegen.

Möglicherweise erschrickt man selbst hin und wieder später beim Lesen (das ich für weniger wichtig halte als das Schreiben) über die Formulierungen oder die Intensität der darin beschriebenen Gefühle. Vielleicht staunt man auch über die Genialität oder Weisheit mancher formulierter Gedanken, vielleicht wundert man sich, dass manche Erkenntnis immer wieder aufgeschrieben wird, ohne sich daran zu erinnern, vielleicht animiert es einen, den schon fünf Mal gefassten Vorsatz beim sechsten Mal doch umzusetzen, vielleicht sind im Ansatz schon Gedanken beschrieben, die erst später in eine bewusste Erkenntnis münden. In jedem Fall lernt man etwas über sich selbst. Das ist Entwicklung.

Eine Variante des Schreibens und Bewahrens ist das Schreiben und Loslassen. Als Ritual kann es helfen, sich von belastenden Themen und Dingen zu befreien. Hierzu formuliert man die Angelegenheit in schriftlicher Form, um sie anschließend zu verbrennen. Man übergibt das 'beschriebene' Thema der Natur, dem Universum, das es in Feuer und Licht verwandelt. Es ist eine Form der Bewältigung, des Abschlusses und Aufräumens von Dingen und Gedanken, die man loslassen möchte.

Für mich ist immer schon das Aussuchen des Buches ein besonderes Erlebnis. Der Umschlag, die Bindung, das Papier sind Ausdruck meiner Persönlichkeit in der jeweiligen Zeit, durch die mich das Buch begleitet. Auch meine Schrift verändert sich und ist Zeuge ihrer Zeit und Ausdruck des Gemütszustands, in dem die Zeilen entstanden sind. Besonders die bewegenden Zeiten (auch die positiven!) werden ausführlich beschrieben, weil es mir bei der Verarbeitung des Erlebten ein wichtiger Begleiter ist.

ACHTSAMKEIT

WARUM DER SCHLÜSSEL FÜR VIELES IN DER ACHTSAMKEIT LIEGT

Möglich, dass das Wort inzwischen schon keiner mehr ertragen kann. So wie 'Nachhaltigkeit', ist es etwas, worüber alle sprechen und das nur wenige praktizieren. Ob Modeerscheinung oder nicht, das Thema verdient hier seinen Platz, weil es wichtig ist für Menschen, deren Geist dazu neigt, auf die Reise zu gehen.
Achtsam zu sein, heißt zunächst nichts anderes als dabei zu sein, wenn etwas passiert. Im Moment sein, in der Gegenwart sein. Klingt einfach und ist doch so schwierig. Ich möchte zeigen, welche Vorteile es speziell HSP bringen kann, wenn sie gelernt haben, in diesem Sinne achtsam zu sein.

Durch ihre besondere Art der Wahrnehmung nehmen HSP nicht *mehr* pro Zeiteinheit, sondern *Unterschiedliches* auf, also Aspekte, die andere vielleicht zunächst nicht erkennen oder auch nicht deuten können. Das wird oft als 'feinere Wahrnehmung' bezeichnet. Sie registrieren zum Beispiel nicht nur Form und Farbe einer Mango, sondern riechen die mannigfaltigen Facetten ihres Aromas, fühlen die glatte Oberfläche ihrer Schale, stellen vielleicht Vergleiche mit der menschlichen Haut an, spüren die Wärme der Sonne, die darauf geschienen hat ... Sie schenken diesen Informationen 'Be-Achtung', ohne sich besonders darauf konzentrieren zu müssen. Andere Menschen könnten das ebenfalls sehen, schmecken, fühlen, wenn sie ihre Aufmerksamkeit darauf richteten. Doch selektieren sie im Allgemeinen schon früh (unbewusst) das heraus, was wesentlich erscheint und verlieren für den Moment die übrigen Informationen. Diese Auswahl ist bei Hochsensiblen weniger restriktiv, so haben sie oft das Gefühl, von den vielen auf sie einströmenden Ein-Drücken im wahrsten Sinne des Wortes er-drückt zu werden. Das kann sich ändern, wenn man lernt, die Wahrnehmung aktiver zu steuern.

Genau hier kommt die Achtsamkeit ins Spiel. Wenn man, statt mit seinen Gefühlen und seinem Verstand irgendwo in der Vergangenheit und Zukunft, in Hoffnungen und Befürchtungen, in Schlussfolgerungen und Ableitungen herum zu galoppieren, ganz in der Gegenwart dabei ist, kann man Einfluss darauf nehmen, was mit den Gedanken und, wie schon beschrieben, auch mit den Gefühlen geschieht.

Was man aus der Umwelt und aus dem Inneren aufnimmt, hängt davon ab, worauf man seine Aufmerksamkeit richtet. Der Scheinwerfer der Aufmerksamkeit kann nie den ganzen Raum ausleuchten, sondern immer nur einen Teil und wir sitzen dabei am Lichtmischpult, der Steuerungszentrale. Allerdings gibt es gewisse Voreinstellungen. Neue Reize, bewegte Reize, schmerzhafte Reize und sich verändernde Reize haben gewissermaßen Priorität. Sie ziehen den Lichtkegel an, auch ohne die willentliche Steuerung. Das hat ganz uralte und ganz praktische Gründe. Es sicherte früher beim Steinzeitonkel und auch noch heute (zum Beispiel im Strassenverkehr) das Überleben. Wir können Gegenständen ausweichen, die plötzlich in unser Sichtfeld kommen, auch ohne dass wir mit unserem Verstand langwierig darüber nachdenken müssen. Viele Dinge nehmen wir auch wahr, die wir zunächst gar nicht bewusst registrieren, später aber abrufen können, wenn wir nochmals darüber 'nach-denken'.

Irgendeiner entscheidet immer, welche Informationen aufgenommen werden und welche nicht, auch wenn wir uns dessen gewöhnlich nicht bewusst sind. Dieser 'Irgendwer' trifft seine Wahl auf Basis der Ausstattung der Sinnesorgane und auch auf Basis von Vorstellungen, Vorlieben, Werten, aktueller Befindlichkeit und Interessenslage. Jeder kennt vermutlich das Phänomen der 'selektiven Aufmerksamkeit'. Man registriert primär das, was für einen gerade von hoher Bedeutung ist: das vorbereitete Buffet, die abenteuerlich hohen Highheels der Gastgeberin, die stimmungsvolle Musik im Raum, die umwerfende Aussicht von der Terrasse ...

Neben diesen unwillkürlichen Attraktoren bleibt genügend Wahlfreiheit, die Aufmerksamkeit selbst zu steuern. Man kann den Scheinwerferkegel aktiv bewegen und somit Inhalte vom Schatten ins Licht und – das ist zwangsläufig damit verbunden – vom Licht in den Schatten rücken lassen. Die Aufnahmekapazität in einem bestimmten Moment ist begrenzt wie der Strahlwinkel des Scheinwerfers. Das empfindet man oft als Nachteil. Genau dieses Phänomen kann man sich auch zu Nutze machen, wenn man lernen will, bestimmte belastende Informationen auszublenden. Dazu gleich mehr.

Ein kleines Experiment ...

___Hören Sie genau auf die Geräusche, die gerade jetzt an Ihr Ohr dringen. Verfolgen Sie die unterschiedlichen Töne und Klänge genau. Nehmen Sie sich eine halbe Minute dafür Zeit.
...

___Nehmen Sie nun genau wahr, wie Sie jetzt sitzen. Wo ist Ihr linker und Ihr rechter Fuß? Wie sitzen Sie? Welcher Teil des Körpers berührt die Sitzunterlage? Was machen Ihre Schultern? Ihre Hände? Geben Sie sich auch dafür etwa eine halbe Minute.
...

___Jetzt spüren Sie einmal Ihre Atmung? Geht sie schnell oder langsam, tief oder flach? Können Sie Ihren Atem eher im Brustraum oder im Bauch spüren? Verfolgen Sie Ihren Atem einige Züge lang.
...

Haben Sie während der zweiten und dritten Übung weiterhin die Geräusche vernommen, die eingangs im Mittelpunkt standen? Haben Sie bei der Beobachtung des Atems noch Ihre Füße gespürt?

Vermutlich haben Sie die akustischen Signale nicht mehr verfolgt. Vermutlich haben Sie auch *entweder* Ihren Atem *oder* Ihre Füße gefühlt. Immer nur ein Teil der Informationen kann die Pforte der bewussten Wahrnehmung passieren. Wir können die verschiedenen Aspekte immer nur nacheinander und nicht gleichzeitig aufnehmen. Selbst wenn es manchmal so scheint, ist es nur eine dichte zeitliche Abfolge, aber nicht der gleiche Moment. Das ist ganz wesentlich für das Verständnis der positiven Wirkung der Achtsamkeit.

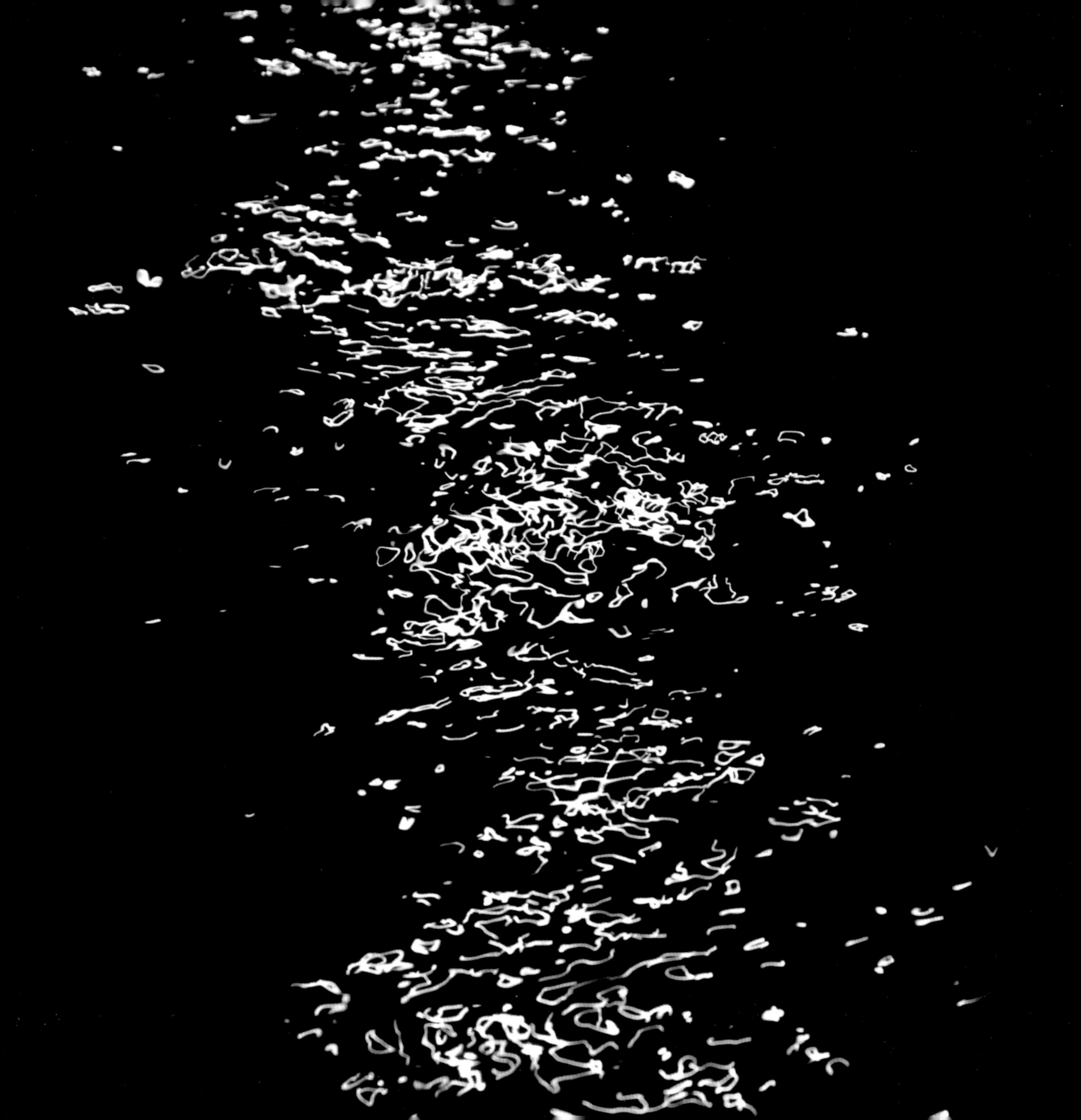

WIRKUNG DER ACHTSAMKEIT

Wenn es gelingt, die Aufmerksamkeit beispielsweise von den Außenreizen zu den Innenreizen zu verschieben und dort zu halten, kann man sich von der Umwelt mit all ihren Eindrücken unabhängiger machen. Man fühlt sich deutlich weniger ausgeliefert, was den Stress unmittelbar reduziert, da einer der wesentlichen Stressfaktoren 'mangelnde Kontrolle über die Situation' ist. Es setzt voraus, dass man mitbekommt, was dieser 'Irgendwer' gerade mit seinem Scheinwerfer im Fokus hat. Dafür muss man im Augenblick, also ganz in der Gegenwart, ganz präsent sein.

Das hat zwei Vorteile

___Sie haben die Möglichkeit, eine neue Wahl zu treffen.
___Sie können die sich der Wahrnehmung anschließenden Gedanken- und Gefühlsketten stoppen.

Das erfordert zwar ein wenig Training, aber es funktioniert. Dabei helfen Übungen zur Achtsamkeit, von denen ich gleich im Anschluss eine vorstellen möchte, für die man gerade mal 60 Sekunden braucht.

Statt die Aufmerksamkeit auf das zu richten, was belastet, wird der Brennpunkt auf etwas anderes, Willkommenes oder Neutrales gelegt. Man kann auch Ablenkung dazu sagen. Statt sich mit lästigen Geräuschen zu beschäftigen, die ungebeten an Ihr Ohr dringen, können Sie den Schwerpunkt auf etwas Angenehmes richten: den Duft, der aus der Küche strömt, den Blick aus dem Fenster, wo der Wind die Blätter bewegt, den eigenen Atem, der Sie durchströmt. Die Konzentration auf den Atem hat übrigens den Vorteil, dass man ihn immer und überall mit dabei hat. Wenn man lernt, ihn bewusst wahrzunehmen und auch gelegentlich willentlich zu beeinflussen, hat man immer eine Chance auf Ablenkung und gleichzeitig auf Ent-Spannung mit dabei.

Der zweite positive Effekt der Achtsamkeit, den ich oben erwähnt habe, ist die Chance, den Geist beherrschende Gedankenketten zu stoppen. Davon war schon im Kapitel 'Gedanken und Gefühle' die Rede. Stellen Sie sich vor, Sie hören ein für Sie unangenehmes Geräusch. Mit dem Eintreffen des Schalls am Ohr und der Markierung als 'schon wieder so laute Musik von nebenan' rattert los, was ich Gedanken- und Gefühlskette nenne: 'wie kann er nur ... das ist doch egoistisch ... wenn das jeder ... schon wieder dieser dröhnende Bass ... ich werd' noch verrückt ... der soll doch ... gleich geh' ich rüber ...'
Lärm ist definiert als lästig empfundener Schall, das heißt, immer wenn wir uns durch ein Geräusch gestört fühlen, haben wir schon blitzschnell eine negative Bewertung vorgenommen. Damit sind Gefühle verbunden, die je nach Intensität sehr beherrschend werden können. Die Folge davon ist, dass sich die geistige Kapazität genau auf das konzentriert, was ungut ist. Das Positive (duftender Kaffee, Anwesenheit eines lieben Menschen), das im gleichen Moment ebenfalls vorhanden ist, wird ausgeblendet. Die innere Aktivierung nimmt zu und das Nervensystem rückt genau die unerwünschten Geräusche ins Zentrum der Aufmerksamkeit, weil sie - erhöhter Pulsschlag, beschleunigte Atmung - als bedeutsam eingestuft wurden. Diese automatisierte Gedanken- und Gefühlskette wirkt wie ein Lautsprecher, der die ohnehin schon störenden Geräusche noch verstärkt.

WO SETZT MAN DEN HEBEL AN ?

Man muss dort ansetzen, wo der Tanz beginnt. Im Augenblick. In dem Augenblick, in dem der Schall das Ohr erreicht und man sich dessen bewusst wird. Genau jetzt wird der zunächst noch neutralen Wahrnehmung von Tönen das wertende Etikett 'Lärm' angehängt, indem man nach raschem Abgleich mit den Gedächtnisinhalten den Wiederholungstäter aus der Nachbarschaft als Quelle allen Übels identifiziert. Die emotionale Reaktionskette mit all den dazugehörigen Hormonen kommt in Gang, je nach Temperament machen sich Opfer- oder Racheengel startklar.

WIE SETZT MAN DEN HEBEL AN ?

Indem man sich der Gefühle und Gedanken bewusst wird und sie absichtlich unterbricht, statt ihnen nachzuhängen.

Das geschieht, indem man sie mit einer 'neutralen mentalen Notiz' versieht. Sie denken 'Stopp'! Einfach so. Oder ein anderes neutrales, emotionsfreies Wort, das Ihnen persönlich passend erscheint, um das Gedankendomino zu beenden. Der 'Trick' dabei ist, dass Sie nicht gleichzeitig die Gedanken selbst weiterdenken können, während Sie die sogenannte 'mentale Notiz' verfassen, um damit die unheilbringende Kette zu unterbrechen.

Han Shan, ein buddhistischer Mönch mit westlichen Wurzeln, empfiehlt in seiner Methode des Insight-Mind-Focussing zur Neutralisierung von Gedanken, selbige innerlich mit 'denken, denken, denken' zu kommentieren, Gefühle mit 'fühlen, fühlen, fühlen', Sinneseindrücke mit 'hören, hören, hören', 'sehen, sehen, sehen' usw. Wem das nicht praktikabel erscheint, kann andere Worte nehmen. Entscheidend ist, wahrzunehmen, was geschieht und es durch etwas Neutrales zu ersetzen.

Das klingt möglicherweise zunächst sehr mechanisch, für manchen Leser vielleicht auch zu 'esoterisch'. Dann können Sie es auch auf den einfachen Nenner bringen: Beenden Sie das, was Ihnen nicht gut tut und machen Sie stattdessen etwas anderes! Das gilt immer dann, wenn Sie feststellen, dass Ihr Verstand sein unheilvolles Gedanken- und Gefühlsprogramm gestartet hat.

Konzentrieren Sie sich auf Ihr Ein- und Ausatmen und verfolgen Sie es einige Momente lang mit aller Aufmerksamkeit. Sie könnten genausogut sonst etwas tun, den Blick in eine Kerzenflamme richten oder dem Wasser im Fluss zusehen. Weil man nicht ständig brennende Kerzen vor sich hat oder am Flussufer sitzt, bietet sich der Atem an. Wenn die Gedanken wiederkommen und Sie es bemerken, stellen Sie es wertfrei fest und unterbrechen Sie sie erneut mit der neutralen Energie der mentalen Notiz. Probieren Sie es einfach aus und beobachten Sie, ob es gelingt, den Gedankenkreisel zumindest langsamer drehen zu lassen.

TAUBEN

Ich liebe Vögel. Und ich hasse Tauben. Sie suchen unseren städtischen Balkon heim, gurren zu jeder Tageszeit und hinterlassen einen Haufen Dreck, wenn nicht gar Eier. Ich rege mich jedes Mal auf, wenn ich eine höre oder zusehen muss, wie sie ihren plumpen Körper voller Gier in das viel zu kleine Vogelhäuschen quetscht. Meine übliche Reaktion ist, wie eine Furie auf den Balkon zu stürzen, um sie zu vertreiben, in der unbegründeten Hoffnung, ihr durch mein Gebrüll auf Dauer einen gehörigen Schrecken einzujagen. Diese Strategie war noch nie von Erfolg gekrönt.

Höre ich jetzt das eindeutige Gurren, stehe ich zwar manchmal ebenfalls noch auf und schicke sie weg, muss mich aber nicht mehr 'überproportional' aufregen. Hören, Hören, Hören. Wenn ich es nicht verhindern kann, kann ich es nur akzeptieren und entsprechend handeln, indem ich zum Beispiel kein Futter mehr auslege, das neben Amsel, Drossel, Fink und Star eben auch die Tauben anlockt. Fühlen, fühlen, fühlen. Weg mit der Wut, die nur meinen Bauch durcheinander bringt. Es sind meine Gedanken, die aus einer Taube einen Elefanten machen. Faktisch ist das Geräusch nicht annähernd so laut wie andere, die mich ständig umgeben.

DIE PRAXIS

Dabei sein, im Augenblick, wenn etwas passiert, kann bedeuten, dass man seinem Verstand auf die Schliche kommt, der gefühlt ein Eigenleben führt und wild durch die Gegend galoppiert in Richtungen, die einem weder lieb sind, noch gut tun. Der Verstand neigt dazu, zusätzlich zu den aktuellen Vorkommnissen, Geschichten aus der Vergangenheit hoch zu holen (schon wieder ...) oder in die Zukunft zu blicken (bestimmt wird dann ...). Dadurch gelingt es ihm hervorragend, die aktuell schon belastende Situation zu quadrieren, indem er zusätzliche Unannehmlichkeiten mit auf die Waage legt. Er ist wie ein wildes Pferd, das einen in ungeahnte Höhen und tiefe Abgründe mitreißen kann. Kaum ist er eingefangen, springt er wieder von vorne los. Das ist sein Naturell.

Wem es gelingt, alle Energie der Suche nach einer Lösung oder der Akzeptanz des Unabänderlichen zu widmen, statt wilden Phantasien über Vergangenheit und Zukunft nachzujagen, gewinnt an Lebensqualität.

Wenn Sie feststellen, dass Sie sich ärgern, haben Sie die Wahl, sich in dieses Gefühl hinein zu begeben oder Ihre Gedanken- und Gefühlskette mit einer mentalen Notiz 'fühlen, fühlen, fühlen' zu unterbrechen. Da Wut im Allgemeinen nichts besser macht, weil man nur selbst darunter leidet, kümmern Sie sich darum, die Ursachen abzustellen oder, falls nicht möglich, sich mit dem, was ist, zu arrangieren. Klingt das zu einfach?

ÜBUNG ZUR ACHTSAMKEIT

Das Wort 'Meditation' suggeriert übrigens vielen, dass es zunächst eine lange Zeit der Übung braucht, um überhaupt meditieren zu *können*. Es ist ein so großes Wort, so östlich, so erhaben. Zweifellos kann man zur Meditationspraxis ganz viel sagen und noch viel mehr aktiv praktizieren. Doch wie alles, beginnt auch die Meditation mit dem ersten einfachen Schritt und schon der hilft, den Strudel der Gedanken ausdrehen zu lassen und neue Kraft zu tanken. Das kann jeder, der gewillt ist, einige Minuten in der Stille seine Aufmerksamkeit dem Augenblick zu gönnen. Eine Minute ist ein guter Anfang und 15 Minuten lassen sich in jeden Alltag einplanen, wenn man die Wirkung für sich schätzen gelernt hat.

Zum Trainieren der Achtsamkeit möchte ich hier eine kleine Übung vorstellen, die es durchaus in sich hat. Sie dauert nur ganz kurz und kann doch viel bewirken. Es geht um die möglichst vollständige Achtsamkeit für die geistigen, emotionalen und körperlichen Phänomene, die gerade jetzt im Augenblick geschehen, ohne etwas daran ändern zu wollen.

Idealerweise sollten Sie aufgerichtet sitzen, um einen ungehinderten Energiefluss zu ermöglichen und Kontakt mit dem Boden haben, doch es ist nicht so wichtig in einer bestimmten Haltung zu sein. Master Han Shan kommentierte einmal die Frage nach der richtigen Sitzposition: "Es hat noch keiner Erleuchtung erlangt, nur weil er stundenlang im Lotussitz verharren konnte".
Vielleicht zwickt oder kitzelt es irgendwo, kommentieren Sie auch das mit einem innerlichen 'fühlen, fühlen, fühlen' und kehren Sie zurück zur Beobachtung Ihres Atems. Es ist nicht wichtig, *nichts* zu denken, sondern festzustellen, was gerade geschieht.

ÜBUNG

"Stellen Sie sich die Uhr: 60 Sekunden Zeit für Sie. Das klingt nicht viel, doch diese eine Minute besteht aus vielen winzigen Augenblicken, die Ihnen allesamt die Chance geben, zu sich zu finden und achtsam zu sein. Erinnern Sie sich: Im Moment liegt alle Kraft.
Sobald Sie den Timer gestellt haben, schließen Sie die Augen. Spüren Sie, wie Ihre Lider sich berühren, und wandern Sie mit Ihrer Achtsamkeit vom Kopf bis zu den Füßen und dann wieder zurück zum Kopf. Nehmen Sie sich aus der Perspektive einer dritten Person wahr. Wenn Gedanken auftauchen, notieren Sie [Anmerkung: gedanklich]: 'Denken ...' und wenn Gefühle auftauchen, notieren Sie: 'Fühlen ...'. Wenn Ihr Verstand zu sehr abschweift, atmen Sie gleichmäßig und konzentrieren sich auf das Heben und Senken der Bauchdecke, um den Verstand zu beruhigen. Dann seien Sie wieder achtsam, für einen winzigen Moment. Beenden Sie die Übung, wenn Sie das Signal des Timers hören. Gönnen Sie sich einen weiteren tiefen Atemzug - und wenden Sie sich wieder Ihren Pflichten zu. [...]
Vermutlich haben Sie erfahren, dass Ihr Verstand selbst in dieser einen Minute abzuschweifen beginnt. Das ist ganz normal, Sie haben nichts falsch gemacht. Notieren Sie es einfach und kehren Sie wieder zum Atem zurück. Vielleicht fällt es Ihnen nach Ablauf der 60 Sekunden schwer, diese Übung zu beenden. Dehnen Sie sie dennoch nicht aus. Sonst werden Ihre Gedanken Sie das nächste Mal davon abhalten, indem sie Ihnen sagen, dass es ja doch nicht bei der einen Minute bleibt und Sie keine Zeit für eine längere Pause haben. Planen Sie stattdessen eine weitere 60-Sekunden Meditation für später ein oder gleich eine längere Zeitspanne, wann immer Sie Zeit dafür haben."

ACHTSAMKEIT | Master Han Shan

[BUCHTIPP | Wer sich ausführlicher damit beschäftigen möchte, dem empfehle ich die Bücher von Master Han Shan . Achtsamkeit . Trinity Verlag 2012 | Das Geheimnis des Loslassens . Lübbe Verlag 2011 | noch besser, den Besuch eines Retreats . Termine z. B. unter www.master-han-shan.de . **]**

YOGA

WIE HOCHSENSIBLE VOM AKTUELLEN YOGA-HYPE PROFITIEREN

Auf die grundsätzlich positive Wirkung von Yoga für Körper und Geist möchte ich an dieser Stelle nicht ausführlich eingehen. Wer sich noch nicht damit beschäftigt hat, findet reichlich fundierte Informationen, zumal derzeit ein wahrer Yoga-Hype das Land erfasst hat. Einen besonderen Aspekt möchte ich hier dennoch herausstellen: Wie man aus den Erfahrungen von Yoga im ganz normalen Alltag profitieren kann, indem man es als eine bewegte Form der Achtsamkeitsübung betrachtet.

Jeder, der auf der Suche nach einer aktiven Möglichkeit ist, seinen überladenen Kopf wieder leer werden zu lassen und wild kreisende Strudel zu beruhigen, kann in Yoga-Übungen eine Lösung finden. Manchen hilft Bewegung mehr als Stille, um innerlich ins Gleichgewicht zu kommen. Wer an guten Yogastunden teilgenommen hat, weiß, dass man mehr Energie bekommt, als man mitgebracht hat, und das, obwohl Yoga ziemlich anstrengend sein kann.
Um Yoga wirklich gut zu praktizieren, muss man wach = achtsam sein, bei allem, was man tut. Wenn man konzentriert dabei ist, schiebt man alle Ablenkung durch sonstige Gedanken und Wahrnehmungen beiseite, denn dafür ist aktuell kein Raum mehr.

Yoga ist ...

EGO-ZENTRIERT

Es setzt voraus, ganz bei sich zu sein. Was die anderen Kursteilnehmer machen, ist gleichgültig. Es geht nicht um den Vergleich. Das eigene Selbst, der eigene Körper ist für diese Stunde das Zentrum des Universums. Nur die eigene Bewegung, Haltung und Atmung ist wichtig.

KÖRPER-ZENTRIERT

Die Position, die Körperspannung, die Aufrichtung, das Ein- und Ausatmen, alles wird konsequent im positiven Sinn wahrgenommen und kontrolliert. Das Bewusstsein ist bei der Stellung der Gliedmaßen im Raum. Arme werden eingedreht, ausgedreht, gestreckt, aufgespannt. Der Rücken nach vorn, nach hinten, zur Seite gedreht. Man ist bei seiner Wirbelsäule, den Händen, Füßen, bei jedem einzelnen Zeh und Finger. In jeder Haltung, die man einnimmt, will so viel beachtet und koordiniert sein, dass es ungeteilte Aufmerksamkeit und Konzentration braucht.

GEIST-ZENTRIERT

Um all das gleichzeitig tun zu können, braucht man die volle Kapazität seines Gehirns. Informationen aus den Muskelspindeln, den Sinnesorganen und dem Gleichgewichtssinn werden verarbeitet, Befehle an die Skelettmuskulatur werden verschickt, um die Haltung zu stabilisieren oder zu verändern. Über die begleitende, im Einklang mit der Bewegung stehende Atmung beruhigt sich das Nervensystem und das aufgewühlte Gedankenmeer glättet sich allmählich. Wer Pranayama, eine der Säulen des Yoga praktiziert, stellt explizit die Atmung in den Mittelpunkt. Durch eine Anreicherung von sogenanntem Prana (darunter versteht man die Lebensenergie, die den gesamten physischen Körper durchzieht und eine Verbindung zwischen Körper und Geist darstellt) wird dem Organismus wieder mehr Kraft zur Verfügung gestellt.

Mit der im Yoga aktiv angewandten Form der Körperachtsamkeit trainiert man auch für den Alltag. Speziell für HSP ist es wichtig, durch Sammlung und Fokus auf das eigene Zentrum, mehr Unabhängigkeit von äußeren Einflüssen zu bekommen. Wenn es im Alltag ebenfalls gelingt, die Aufmerksamkeit von außen nach innen und von anderen zu sich selbst zu lenken, ist man gegen viele störende und als unkontrollierbar empfundene Einflüsse besser gewappnet. Denken Sie einfach wieder an den Scheinwerfer der Aufmerksamkeit, der nicht alles gleichzeitig anstrahlen kann. Das Ziel ist, ihn geeignet zu positionieren.

Es lohnt in jedem Fall, einen guten Yogalehrer zu finden, der zu dieser Konzentration und Exaktheit beim Üben anleitet, dann profitieren Körper, Geist und Seele. Vor allem natürlich auch durch die positiven Effekte des Yoga an sich, auf die ich hier nicht eingegangen bin. Persönlich habe ich mit Iyengar-Yoga sehr positive Erfahrungen gemacht, wobei ich damit keine Bewertung anderer Yogarichtungen verbinden möchte.

QUELLEN DER KRAFT

WELCHE IDEEN ES GIBT, UM ENERGIE ZU TANKEN

Einerseits erscheint es mir selbstverständlich, dass jeder weiß, wie er sich auftanken kann. Auf der anderen Seite gibt es vielleicht Dinge, die man noch nicht oder schon lange nicht mehr ausprobiert hat, deshalb hier einige Anregungen.

Auftanken kann man in der Entspannung. Ent-Spannung entsteht, indem man das Aufgespannt-Sein zwischen vielen verschiedenen Dingen und Themen zugunsten der Konzentration auf eine *einzige* Sache aufgibt, die in den vorgestellten Ideen zudem eine ganz einfache ist.

SPAZIERENGEHEN, am besten in der Natur. Das kann auch ein Friedhof sein, wenn kein Park oder keine freie Landschaft in der Nähe ist. Ein Friedhof hat, wie schon das Wort sagt, etwas friedliches und die Pflanzen spenden Sauerstoff und Lebensenergie. Die Bäume strahlen Ruhe aus, man kann sich an ihren Stamm lehnen und etwas von ihrer Kraft tanken. Die Geräusche der Natur wirken beruhigend und ausgleichend: Wind, Laubrascheln, Vogelstimmen, Wasserplätschern, knirschender Schnee oder Kies auf den Wegen. Auch die positive Wirkung der direkten Sonneneinstrahlung ist nicht zu unterschätzen, sofern Helios seinen Wagen unbeschattet über den Himmel zieht. In unseren Breiten haben viele Menschen eine Unterversorgung mit Vitamin D und einen zu niedrigen Serotonin-Spiegel. Beides geht unter anderem auf Lichtmangel zurück und wirkt sich negativ auf die Stimmung und das Energielevel aus. Vielleicht kann hin und wieder ein Stück des Weges zu Fuß zurück gelegt werden oder ein kurzes Sonnenbad den Gang in die Kantine ersetzen.

AUFRÄUMEN UND AUSMISTEN gehören nicht gerade zur Top-Ten der Lieblingsbeschäftigungen und doch hat dieses äußere Ordnen auch etwas mit innerem Aufgeräumtsein zu tun. In einer chaotischen Umgebung ist es schwieriger, selbst 'in Ordnung' zu sein. Die äußere Struktur strahlt auf die innere aus. Es ist ein befriedigendes Gefühl, sich von Ballast befreit zu haben, der einen beschwert und beschäftigt, ohne Nutzen zu bringen. Vielleicht ist es nur eine Schublade oder ein Schrankfach, das neu eingeräumt wird, die Ablage, die eine neue Gliederung erhält, ein aufgelöstes Biotop in der Kellerecke, der Badezimmerschrank, der von unbenutzten Tuben und Tiegeln befreit wird. Auch wenn es einen Anlauf braucht, ist es den Versuch wert, das zufriedene Gefühl, das sich im Anschluss an eine Räum- und Ausmist-Aktion einstellt, einmal ganz bewusst zu erleben.

GLEICHMÄSSIGER SPORT mit Monotonie der Bewegung. Laufen, gehen, walken, schwimmen, skaten (für Könner), radfahren drin und draußen sind Bewegungsabläufe, die koordinativ keine großen Anforderungen stellen und somit den Geist nicht belasten. Sie bauen Stresshormone ab, sofern man den Leistungsgedanken außen vor lässt und sich in einem Bereich bewegt, der das Herz-Kreislauf-System nicht an seine Grenzen bringt. Stattdessen wird der Körper mit 'Wohlfühlhormonen' versorgt, die auch im Anschluss an die Bewegung noch längere Zeit nachwirken. Der stetige Rhythmus wirkt auch innerlich ausgleichend, stabilisierend und beruhigend. Mit kontinuierlichem Training erreicht man einen Zustand, der nicht zusätzlich auslaugt, sondern das Gegenteil bewirkt. Wer wenig körperliche Fitness besitzt, tut sich mit einem zügigen Spaziergang einen größeren Gefallen.

EINER RUHIGEN MUSIK mit Aufmerksamkeit LAUSCHEN. Für Freunde des guten Klangs eine genießerische Form der Entspannung. Musik wird oft in eine Nebenrolle abgeschoben und plätschert im Hintergrund. Für diesen Zweck sollte man ihr die Hauptrolle reservieren, nichts sonst dabei tun und einfach nur den Tönen folgen, die im Raum verhallen. Musik erreicht uns auf eine sehr ursprüngliche Art und wer sie mit Bedacht wählt, kann seine Gefühle in eine gute Schwingung versetzen. Das 'Köln Concert' von Keith Jarrett oder Ketil Bjornstads 'Floating' halten selbst beim dreiundfünfzigsten Mal Anhören noch Überraschungen bereit. Die Harmonie der Töne findet ihre Entsprechung in der inneren Harmonie.

[MUSIKTIPPS | Keith Jarrett . The Köln Concert | Ketil Bjornstad . Floating | Johannes Tonio Kreusch . Chrystallization . Solo Guitar | Jan Gabarek . Rites | Bobby McFerrin . Circlesongs | Modest Mussorgski . Bilder einer Ausstellung **]**

BADEN. In der eigenen Wanne, in einem Dampfbad, wer mag in einer (moderat warmen) Sauna. Die Wirkung des Wassers ist beruhigend, es trägt, hebt die Wirkung der Schwerkraft auf, löst auf körperlicher Ebene Spannungen in der Muskulatur. Als Ritual zelebriert, mit oder ohne musikalische Untermalung, mit sinnlichem Duft, mit sanftem Licht, ist es auch in den eigenen vier Wänden ein Genuss. Mancher bevorzugt das ausgiebige Ritual des Saunierens, sofern sich eine beschauliche Wellnessoase dafür findet, die nicht auf Hochleistungsgruppenschwitzen spezialisiert ist.

[HÖRTIPP | Auf youtube gibt es vielfältige, mehrstündige Tracks schöner Entspannungsmusik und Naturimpressionen mit Vogelzwitschern oder Wellenrauschen . Einfach zu finden mit den Stichworten 'relax' oder 'relax natur' auf www.youtube.com . **]**

LACHEN. Für tiefgründige Menschen scheint es manchmal schwieriger zu sein, einen Grund zum Lachen zu finden als für Menschen, die mit mehr Leichtigkeit oder 'Oberflächlichkeit' ausgestattet sind. Anscheinend wird's in der Tiefe immer ernster. Die befreiende Wirkung eines Lachens kennt jeder, die aufbauende Wärme eines Lächelns ebenfalls. Wenn auch die klassischen Schenkelklopfer-Serien im Fernsehen wenig geeignet sind, hochsensiblen Menschen ein Lachen zu entlocken, so gibt es doch auch geistreichere Varianten, die gute Laune verbreiten. Für den einen ist es der Besuch des Kabaretts, für den anderen der Film 'Vatertage', für den dritten Loriots feinsinniger Sprachwitz. Bei aller Ernsthaftigkeit des Lebens ist die nachweislich heilsame Wirkung des Lachens nicht zu unterschätzen und nicht mit läppischer Albernheit zu verwechseln. Suchen Sie sich einen Grund zum Lachen, umgeben Sie sich mit fröhlichen, positiven Menschen, suchen Sie mindestens einmal am Tag einen Grund, Ihrem Gesicht ein Schmunzeln zu entlocken, und sei es über sich selbst.

[FILMTIPP | Vatertage . Regie Ingo Rasper
Bayerische Komödie, gespickt mit Klischees, wunderbar komisch und selbstironisch . Trotzdem ernsthaft in der Darstellung der vielfältigen Beziehungsthemen . Nebenbei eine Liebeserklärung an München . **]**

LÄCHELN. Die kleine Schwester des Lachens kann man still für sich selbst genießen oder herschenken. Im Gegensatz zum Lachen, das wie das Weinen dem Spannungsabbau dient, ist das Lächeln eine Art innere Wärmequelle. Man lächelt aus Freude, aus Dankbarkeit, aus Zuneigung, aus Spaß, aus Erleichterung, aus Sympathie und aus vielen anderen guten Gründen. Es bewirkt, dass im Hirn Glückshormone (Endorphine) ausgeschüttet werden und hat damit auch auf körperlicher Ebene einen positiven Einfluss auf das Befinden. Ganz besonders schön finde ich, wenn mir auf der Straße, in der Bahn, aus dem Auto nebenan oder in der Schlange vor der Kasse jemand einfach so zulächelt. Auch ich verschenke gerne ein Lächeln an Menschen, die mir begegnen und freue mich an einer positiven Resonanz. Es kostet mich nichts und bringt mir oft eine kleine Portion Freundlichkeit und Wärme als Echo zurück.

[BUCHTIPP | Ajahn Brahm . Die Kuh, die weinte . Buddhistische Geschichten über den Weg zum Glück . Weisheit, die oft zum Schmunzeln anregt . Lotos Verlag 2006 **]**

GÄRTNERN oder garteln, wie man auf bayerisch sagt. Das hängt natürlich von den Möglichkeiten ab, die sich in der häuslichen Umgebung bieten. In der kleinsten Ausprägung sind es einige Topfpflanzen oder Küchenkräuter, in der grösseren der bepflanzte Balkon oder die Terrasse, im Idealfall der eigene Garten. Die Beschäftigung mit den Pflanzen, säen, gießen, pflegen und hegen 'erdet', bringt einen nah an die Natur mit ihren Zyklen von Wachstum und Vergänglichkeit. Die Freude an der neuen Blüte, das Umsorgen und die Ernte, das Einpacken für den Winter, all das gehört zum ursprünglichen, behutsamen und verantwortungsvollen Umgang mit Leben und seinen Erscheinungsformen, der auf einen selbst ausgleichend zurückstrahlt.

SCHLAFEN. Das natürlichste Erholungsmittel überhaupt. Viele Menschen haben ein zwiespältiges Verhältnis zum Schlaf, da er scheinbar so viel Zeit kostet, die man stattdessen mit etwas Sinnvollerem verbringen könnte. Wie auch immer die persönliche Meinung dazu sein mag, das Schlafbedürfnis von hochsensiblen Menschen ist häufig höher

als von anderen. Eine Kraftquelle kann sein, genau das zu akzeptieren. Wer seinem natürlichen Schlafbedürfnis dauerhaft nicht nachkommt, laugt sich aus. Es gibt bestimmt Lebensphasen, in denen man weniger Rücksicht darauf nehmen wird oder kann. Wenn sie 'lebenslänglich' andauern, läuft etwas verkehrt. Fühlen Sie genauer hin und testen Sie beispielsweise im Urlaub aus, wie lange Sie durchschnittlich schlafen, wenn kein Wecker Sie davon abhält. Wenn Sie auf diese Weise Ihr persönliches Wach-Schlaf-Verhältnis gefunden haben, geben Sie sich die innere Erlaubnis, danach zu leben. Ein Handy, das immer von der Ladestation genommen wird, bevor es 100% erreicht hat, wird Sie auch schneller im Stich lassen. Warum sollte Ihr Körper anders reagieren?

KOCHEN. Man hätte natürlich auch gleich 'essen' schreiben können, was zweifelslos ebenfalls eine Möglichkeit der Energiezufuhr in ganz ursprünglicher Form darstellt. Neben der Stärkung durch die Nahrung selbst, ist der Prozess der Zubereitung für viele Menschen eine Krafttankstelle. Eine mit Bedacht zubereitete Mahlzeit ist gleichzeitig Nahrung für die Seele. Die Auswahl der Zutaten und die vielen kleinen Arbeitsschritte, von denen jeder einzelne in Konzentration ausgeführt wird, bringen den Koch zurück in den Augenblick. Je komplexer das Menü, desto mehr Sein im Jetzt, ohne abschweifende, grübelnde Gedanken. Die Sinne werden angeregt durch die Vielfalt an Gerüchen und Geschmacksimpressionen. Das Brutzeln, Brodeln, das Zischen und Dampfen liefern die Begleitmusik, die Farben der Lebensmittel und das Aroma der Gewürze runden die Komposition ab. Da man selbst wählt, was in den Topf kommt, bleibt man stets der Regisseur der Aufführung.
Kochen ist etwas sehr Elementares. Man kann es mit und für sich allein oder gemeinsam mit anderen praktizieren und – Gemeinschaftssinn der Beteiligten vorausgesetzt – zu einem gelungenen Erlebnis mit Freunden und sogar mit Fremden werden lassen. Als Krönung genießt man das Ergebnis beim Schlemmen an einem geschmackvoll gedeckten Tisch für einen, zwei oder viele.

[BUCHTIPP | Vegetarisch! GU Verlag, 2011 . Das, wie ich finde, beste vegetarische Kochbuch. **]**

FILME ANSCHAUEN. Manchmal möchte man die eigene Welt verlassen und sich in Gedanken auf eine Reise mitnehmen lassen. Dazu eignen sich Bücher und natürlich ganz besonders Filme. Vieles, was im Fernsehen präsentiert wird, hat nicht die Qualität, die man sich wünschen würde oder behandelt Themen, mit denen man als Vielfühler nur wenig anfangen kann. Erfreulicherweise kann man auf einfachem Weg sein eigenes Programm zusammenstellen, sogar wenn man keinen Fernseher hat. Die Auswahl an Filmen, die auf DVD oder als Download zur Verfügung stehen, ist inzwischen sehr groß und vielfältig. Selbst Städtische Büchereien sind heute gut sortiert.

Jeder hat seinen eigenen Geschmack, manches entdeckt man, weil andere es einem gezeigt haben. Eine kleine Auswahl an feinfühligen Filmen möchte ich deshalb hier vorstellen.

Die anonymen Romantiker (Jean-Pierre Améris)
In den Anonymen Romantikern geht es explizit um das Phänomen Hochsensibilität. Als Kritiker könnte man auch sagen, es geht eher um Schüchternheit. Wie auch immer, ist er schön anzusehen und zaubert einem gelegentlich ein verstehendes Lächeln ins Gesicht.

Die fabelhafte Welt der Amelie (Jean-Pierre Jeunet)
In der Fabelhaften Welt der Amelie ist auf wunderbare Weise die Gefühlswelt einer Hochsensiblen dargestellt, obwohl das keiner so benennt. Spätestens, wenn Amelie ihre Hand in einen Sack mit Getreide gleiten lässt und sich an dem Gefühl so offenkundig freut, kann man die Seelenverwandtschaft spüren. Mit kreativen Einfällen sorgt sie auf ihre Art für Gerechtigkeit, indem sie dem 'bösen' Gemüsehändler übel mitspielt, um für seinen Angestellten bessere Umstände zu erreichen.

Jenseits der Stille (Caroline Link)
Kritik im film-dienst 25/1996: "Der Film überzeugt sowohl als sensible Gestaltung der Probleme von Behinderten als auch in seiner universalen Thematik des Selbstfindungsprozesses einer jungen Frau und dem Plädoyer für Verständnis und

Offenheit gegenüber unvereinbar scheinenden Erfahrungswerten."

Nirgendwo in Afrika (Caroline Link) wurde in der Kategorie 'Bester Fremdsprachiger Film' 2003 mit einem Oscar ausgezeichnet. Faszinierende Landschaftsaufnahmen, Tragik der Deutschen Geschichte, Dynamik von Beziehungen, unerwartete Unterschiede und Gemeinsamkeiten.

Im Winter ein Jahr (Caroline Link) mit einem herrlich bärbeißigen Josef Bierbichler als Maler Max Hollander, der mit seinen Bildern der Wahrheit näher kommen möchte.

Die Filme von Caroline Link sind mit sehr viel Einfühlsamkeit gedreht, ob sie hochsensibel ist, weiß ich nicht, sensibel im guten Sinn, ganz bestimmt.

Die Kinder des Monsieur Mathieu (Christophe Barratier)
Die Kinder des Monsieur Mathieu rühren mich immer wieder ganz tief an. Musik wie Geschichte sind einfach wunderbar schön-traurig. Der Film ist nur etwas für Tage, an denen man selbst gut drauf ist oder es ohnehin egal ist, wenn noch ein paar Tränen dazu kommen.

Cyrano de Bergerac (Jean-Paul Rappeneau)
Gérard Depardieu schmilzt als unglücklicher Liebhaber der schönen Roxane dahin, wenn er nicht gerade in draufgängerischem Heldentum den Degen schwingt. Ein poetisches Werk, in dem die Dialoge nach der Vorlage des gleichnamigen Theaterstücks in Versform gehalten sind. Ein Film für alle, die Poesie und Sprache lieben, die sowohl geistreich, wie humorvoll ist.

Solino (Fatih Akin)
Solino ist auf den ersten Blick sicher nicht der klassische Film zur Hochsensibilität. Vordergründig erzählt er die Geschichte zweier Brüder (italienische Einwandererfamilie in den 60er Jahren). Auf der Ebene dahinter ist es eine Hommage an die Toleranz gegenüber Andersdenkenden und –fühlenden. Gut und Böse sind keine Kategorien, die hier leicht zu vergeben wären. Wenn Giancarlo (Moritz Bleibtreu) am Ende die Tränen über die Wangen kullern, bleiben auch meine Augen nie trocken. Nominiert in der Kategorie Lieblingsfilm.

Mikrokosmos - Das Volk der Gräser (Claude Nuridsany und Marie Pérennou)
Ein liebevoll gedrehter Dokumentarfilm, der das Leben auf einer Wiese aus der Perspektive der Insekten zeigt. Sehr beeindruckend, was allein ein Regen in dieser Welt bewirkt.

Die wertvolle Wirkung des Schreibens, der Meditation und des Yoga wurde schon ausführlich in den vorigen Kapiteln beschrieben. Für das Lesen, die Beschäftigung mit Kunst, das Tanzen oder die Wirkung verschiedener Entspannungs'techniken' brauche ich hier nicht mehr zu werben.

RITUALE. Als letzten Punkt möchte ich aufnehmen, dass sich die Wirkung liebgewonnener Kraftquellen noch rascher abrufen lässt, wenn man sie rituell in sein Leben einbauen kann. Schon die Kerze, die man immer dann anzündet, wenn man vom Arbeitstag in den Feierabend wechselt, kann Signalcharakter für Körper und Geist entwickeln und einen schnelleren Zugang zur Entspannung ermöglichen. Klischeehaft zieht sich der Mann die Pantoffeln an und öffnet sein Bier, um den Feierabend einzuläuten. Auch wenn man das belächeln möchte, erreicht er damit genau das, worum es geht: einen raschen Übergang von Anspannung zum Loslassen, von Leistung zum Auftanken.
Vielleicht ist es der Espresso zwischendurch, den man sich gönnt, um eine Zeitlang zu verschnaufen und der so zum Symbol für eine Pause wird. Die Tasse Tee, die man sich bewusst zubereitet, die Dusche und der Wechsel der Kleider nach der Arbeit, die markieren, dass jetzt etwas anderes beginnt.

Mit der Regelmäßigkeit entsteht eine emotionale Verknüpfung. Aus der wiederholten positiven Wirkung entsteht eine Kraftquelle, eine Erinnerung, ein Anker, an den Sie immer wieder andocken können und der mit jeder Wiederholung an Stärke gewinnt.

EPILOG
WAS ES ZUM SCHLUSS NOCH ZU SAGEN GIBT

BÜCHER UND BILDER
WO MAN WAS ZUM NACHLESEN UND ANSCHAUEN FINDET

WAS ES AM ENDE NOCH BRAUCHT

ANHANG & NICHT ANHÄNGSEL

6

a&na

EPILOG

WAS ES ZUM SCHLUSS NOCH ZU SAGEN GIBT

HSP zu sein, ist *ein* Aspekt der Persönlichkeit, der Rest hat die volle Bandbreite. So verschieden Menschen sind, so verschieden sind HSP. Die spezifische Ausprägung ihres Nervensystems unterscheidet sie von anderen Menschen und schafft gleichzeitig auch viele Gemeinsamkeiten zwischen HSP, doch erst die Summe aller Teile macht den individuellen Charakter jedes Menschen aus. Diese Differenziertheit möchte ich zum Ende nochmals explizit herausstellen. Oft war in diesem Buch von 'den HSP' und 'den anderen' die Rede, als ob es sich dabei um Klon-Armeen handelte, was absolut nicht der Fall ist. Manchmal hilft das Mittel der Reduktion, die Kontraste deutlich zu machen, Vielfarbigkeit wird beschränkt auf Grautöne oder gar Schwarz-Weiss-Schnitte, was nichts daran ändert, dass die Wirklichkeit viel bunter und facettenreicher ist.

Sich selbst und andere besser zu verstehen, ist ein Ziel dieses Buches, das auf diese Weise für Toleranz und Akzeptanz werben möchte. Die Erkenntnis, ein HSP zu sein, hilft Menschen im Bewusstsein der eigenen Besonderheit, ihr Leben stimmiger nach den eigenen Maßstäben einzurichten. Es ist die Einladung, das Umfeld wohlwollend kritisch unter die Lupe zu nehmen: der Blick auf die Freunde, den Lebenspartner, die Wohnsituation, die Arbeit, das Tempo, mit dem man unterwegs ist, die Aktivitäten in der Freizeit. Wie angepasst muss man sein, wie viele Möglichkeiten hat man, die eigenen Fähigkeiten zur Geltung zu bringen? Möglicherweise ergeben sich ganz neue Perspektiven, wenn man sich selbst die Freiheit einräumt, Dinge anders zu gestalten als die meisten.

Im Lichte der Erklärungen für die Gegenwart lässt sich auch die Vergangenheit an einigen Stellen neu interpretieren und erlaubt die friedliche Aussöhnung mit Erlebnissen des 'Versagens' oder der 'Selbstverurteilung'. Manches kann mit dem Wissen um die eigenen Gaben und Begrenzungen in der Rückschau verträglicher und akzeptabler erscheinen.

Wer sich im Bewusstsein, ein HSP zu sein, selbst für seine Veranlagung schätzen kann, statt sich als Außenseiter zu fühlen oder gar zu schämen, schafft eine wichtige Voraussetzung, um auch von anderen Wertschätzung zu erfahren. Alle Begabungen sind Geschenke der Natur. Die Chancen, die das Leben bietet, um sie zur Entfaltung zu bringen, liegen nicht in unserer Hand. Jedes Individuum, ob HSP oder nicht, bekommt die Rohstoffe, aus denen sich die eigene Persönlichkeit formt. Das Zusammenspiel vieler Komponenten macht die Einmaligkeit und den Wert jedes Menschen aus.

Die Natur hat im Tierreich und bei den Menschen solche und andere hervorgebracht. Hochsensibilität ist nur ein Aspekt von vielen. Unterschiede haben oft etwas Trennendes, doch im Zusammenspiel liegen Stärke und Kraft. Ich wünsche mir, dass möglichst viele die Chancen der Vielfalt erkennen, schätzen und nutzen.

BÜCHER UND BILDER

WO MAN WAS ZUM NACHLESEN UND ANSCHAUEN FINDET

QUELLEN

1 |

Aron, E.N.: *Sensory Processing Sensitivity: A Review in the Light of the Evolution of Biological Responsitivity.* Personality and Social Psychology Review 2012, 16, S. 262-282

Aron, E.N.: *The Highly Sensitive Person: How to Thrive When the World Overwhelms You.* Harmony Verlag, Reprint 1997

Parlow, G.: *Zart besaitet: Selbstverständnis, Selbstachtung und Selbsthilfe für hochempfindliche Menschen.* Festland Verlag 2005

Noerretranders, T.: *Spüre die Welt. Die Wissenschaft des Bewusstseins.* Rowohlt Verlag 1994, 1997

Kagan, J.: *Galen's Prophecy: Temperament in Human Nature*, Westview Press 1997

Borries, F.: *Gibt es „Die Hochsensiblen"? Sensory Processing Sensibility: Dimension oder Klassenvariable?* Universität Bielefeld 2012

Dingemanse, N.J.: *Die Evolution von Persönlichkeit bei Tieren.* Forschungsbericht 2011, Max-Planck-Institut für Ornithologie

Wolf, M., et. al.: *Evolutionary emergence of responsive and unresponsive personalities.* Proceedings of the National Academy of Sciences 2008, 105 (41), S. 15825-15830

2 |

Beard, G.M.: *Neurasthenia, or Nervous Exhaustion.* Boston Medical and Surgical Journal 1869, 80, S. 217-221

3 |

Pluess, M.; Belsky, J.: *Vantage Sensitivity.* Psychological Bulletin 2013, 139, S. 901-916

4 |

in: Amelang, M.; Barussek, D.; Stemmler, G.; Hagemann, D.: *Differentielle Psychologie und Persönlichkeitsforschung.* Kohlhammer Verlag 2006, S. 303 ff

5 |
Aron, E.N.; Aron, A.: *Sensory-processing sensitivity and its relation to introversion and emotionality.* Journal of Personality and Social Psychology 1997, 73, S. 345-368

6 |
Jagiellowicz, J.; Xu, X.; Aron, A.; Aron, E.; Cao, G.; Feng, T. & Weng, X.: *The trait of sensory processing sensitivity and neural responses to changes in visual scenes.* Social Cognitive and Affective Neuroscience 2010, 6, S. 38-47

Aron, A.; Ketay, S.; Hedden, T.; Aron, E.; Markus, H.R. & Gabrieli, J.D.E.: *Temperament trait of sensory-processing sensitivity moderates cultural differences in neural response, Special Issue on Cultural Neuroscience.* Social Cognitive and Affective Neuroscience 2010, 5, S. 219–226

7 |
Gerstenberg, F.: *Sensory-processing sensitivity predicts performance on a visual search task followed by an increase in perceived stress.* Personality and Individual Differences 2012

8 |
Arbeiten von Pluess, M.: *www.michaelpluess.com*

9 |
Kagan, J.: *The Temperamental Thread: How Genes, Culture, Time and Luck Make Us Who We Are.* Univ. of Chicago Press 2010

10 |
Arbeiten von Fox, N.: *http://education.umd.edu/HDQM/labs/Fox/fox.php*

11 |
Arbeiten von LeDoux, J.E.: *www.cns.nyu.edu/corefaculty/LeDoux.php*

12|
Morschitzk, H.: *Angststörungen: Diagnostik, Konzepte, Therapie, Selbsthilfe.* Springer Verlag 2009

13 |
Arbeiten von Schwartz, C.: *http://connects.catalyst.harvard.edu/Profiles/display/Person/19178*

14 |
Aron, E.N. ;Aron, A. & Jagiellowicz, J.: *Sensory-processing sensitivity: A review in the light of the evolution of biological responsivity.* Personality and Social Psychology Review 2012, 16, S. 262-282

15 |
Baddeley, A.D. & Hitch, G.J.: *Working memory.* in Bower, G.H. (Hrsg.):*The psychology of learning and motivation: Advances in research and theory*. New York Academic Press 1974, 8, S. 47–89

16 |
Zimbardo, P.G.: *Psychologie*. 6. Auflage, Springer-Verlag 1988, S. 575

17 |
Dr.rer.nat. Heitland, A.: *http://www.heilpraktiker-heitland.de*

Mason, J.W. : *A review of psychoendocrine research on the pituitary-adrenal cortical system,* Psychosomatic Medicine 1968, 30, S. 576-607

Kirschbaum, C.: *Das Stresshormon Cortisol – Ein Bindeglied zwischen Psyche und Soma?* Jahrbuch der Heinrich-Heine Universität Düsseldorf 2001

18 |
Schmidt, R.F.; Unsicker, K. (Hrsg.): *Lehrbuch Vorklinik. Integrierte Darstellung in vier Teilen.* Deutscher Ärzte-Verlag 2003

19 |
Smolewska, K.A.; McCabe, S.B.; & Woody, E.Z.: *A psychometric evaluation of the Highly Sensitive Person Scale: The components of sensory-processing sensitivity and their relation to the BIS/BAS and "Big Five".* Personality and Individual Differences 2006, 40, S.1269-1279

TEXTE

Seite 49 |
Hermann Hesse, *Lebenszeiten*. Die Seele. Editiert von Siegried Unseld. © Insel Verlag 1974

Seite 75 |
Hermann Hesse, *Lebenszeiten*. Eigensinn. Editiert von Siegried Unseld. © Insel Verlag 1974

Seite 116 |
Max Kruse, *Urmel aus dem Eis*. Thienemann Verlag 1994

Seite 152 |
Anne Morrow Lindbergh, *Muscheln in meiner Hand. Eine Antwort auf die Konflikte unseres Daseins*. Piper Verlag 1971

Seite 166 |
Han Shan, *Achtsamkeit. Die höchste Form des Selbstmanagements*. Trinity Verlag 2012

© FOTOS

Peter Zarecky
Petra Tomschi

Seite 28 | Karen Preisler

Seite 131 | Rodolfo Monsberger

Seite 175 | Michael Moster

DANKE

Allen
..., die durch ihre Anregungen, ihre Ermutigung, ihre Kritik, ihre Bestärkung, ihr Zuhören, ihre Geduld, auf ihre Weise zum Entstehen und Gelingen des Buches beigetragen haben.

Ganz besonders

Antje Heckmann
... für ausdauerndes Suchen und Finden von Fehlern im Text.

Norbert Zarecky
... für erstes Probelesen und Anregungen zu Inhalt und Stil.

Karlheinz Rau
... für Tipps aus Sicht des professionellen 'Büchermachers'.

Peter Zarecky
... für unendlich viel, das nie in eine Zeile passen würde.

IMPRESSUM

LAYOUT UND TITEL
Petra Tomschi
Peter Zarecky

SATZ
Petra Tomschi
Dieses Buch wurde gesetzt aus der Open Sans 9 pt | 12pt

DRUCK UND BINDUNG
Printed in Germany | LaserLine KG
Scheringstr. 1 | 13355 Berlin

Das vorliegende Werk ist in all seinen Teilen urheberrechtlich geschützt, alle Rechte vorbehalten. Kein Teil des Werkes darf durch Fotografie, Mikrofilm oder ein anderes Verfahren ohne schriftliche Genehmigung reproduziert oder unter Verwendung elektronischer Systeme verarbeitet, vervielfältigt, gespeichert oder verbreitet werden.

3. Auflage | edizione corretto e ampliata
© Petra Tomschi 2017
Spinnereiinsel 3A | 83059 Kolbermoor

ISBN 978-3-00-046199-6

DAS

BUCH